A Story for All Seasons

Un cuento para cada estación

Migration of One

El vuelo de uno

Inés Villafañe-León

LOST
COAST
FORT BRAGG
CALIFORNIA

A STORY FOR ALL SEASONS: *Migration of One*
UN CUENTO PARA CADA ESTACIÓN: *El vuelo de uno*

Lost Coast Press
155 Cypress Street
Fort Bragg, CA 95437
(800) 773-7782
www.cypresshouse.com

Book and cover design: Michael Brechner / Cypress House
Cover illustration: Cindy Olivieri

Library of Congress Cataloging-in-Publication Data

Villafañe-Léon, Inés, 1934-
    A story for all seasons = Un cuento para cada
estación /
    Inés Villafañe-Léon.
      p. cm.
    Text in English and Spanish.
    Summary: A compilation of forty short stories set in
different countries around the world.

    ISBN 1-882897-78-1 (trade pbk. : alk. paper)
    1. English language--Textbooks for foreign speakers-
-Spanish. 2.
    Spanish language--Textbooks for foreign speakers--
English. 3. Readers.
    I. Title: Cuento para cada estación. II. Title.
PE1129.S8V57 2003
428.6'461--dc22
[[Fi
2003015416

Printed in Canada

2   4   6   8   9   7   5   3

Dedication — Dedicatoria

From the seeds I planted when I gave my children life
others grow, exquisite. I call them grandchildren.
My wish for you
Be sensitive to the frailties of the human heart.
Be sincere. Sustain it.

De las semillas que planté al dar a mis hijos vida
otras crecen, exquisitas. Las llamo nietos.
Mi deseo para ustedes
Sean sensibles ante las flaquezas del corazón humano.
Sean sinceros y receptivos para sostenerlo.

Audrey and John
Dominic and René
Valerie, Jared, Samantha and Wade
Rhyan and Shaun

Prefacio

MUCHO HA CAMBIADO DESDE EL COMIENZO del Milenio. La evolución del mundo actual, nos obliga a aceptar ruidosas e insistentes tecnologías, a cambiar el paso habitual de nuestra vida, a mirar alrededor y reflexionar; cómo comprender a gente diferente a nosotros y cómo hacer que ellos también nos comprendan. Comenzamos por hablar.

Hoy aceptamos el desafío de tratar con otras lenguas fuera del inglés. Un ejemplo es el aumento proporcional de inmigrantes hispanos en California de 5 millones en 1990 a 13 millones en 2003. Escuchamos español a menudo.

Parece incómodo al principio, pero al establecer diálogos con otra gente tenemos la oportunidad de enriquecernos culturalmente.

Cada personaje en *Un cuento para cada estación,* ya en California o en el extranjero, actúa en base a creencias subjetivas que lo ponen en contra las presiones de su sociedad. Cautivo de circunstancias accidentales, es vulnerable pero fuerte, a veces, temporalmente débil. Su fuerza interior se une a su mente y espíritu. Se completa entonces. Es un genuino ser humano.

De Sud, Centro y Norteamérica, Rusia, Asia y Europa, los caracteres llevan etnicidades múltiples y habitan uno y muchos mundos.

Nuestro mundo presente en el Siglo XXI.

Preface

MUCH HAS CHANGED SINCE THE BEGINNING of the millennium. Evolving as it is, the world forces us to adapt to loud and insistent technologies, to change our old patterns of life, to look around and notice we have an interesting quandary: how to understand people who are different from us and how to be understood by them as well. We begin talking.

Today we are challenged to deal with languages other than English. Take, for example, the increased Hispanic immigrant population of California, from some 5 million in 1990 to 13 million in 2003. We hear Spanish often. This might be uncomfortable at first, but the positive side is the fact that opening to new dialogues with different types of individuals gives us the opportunity for a new kind of cultural enrichment.

Each character in *A Story for All Seasons,* from wherever in the world, is acting on personal beliefs against pressures from society. A captive to accidental circumstances, this individual is vulnerable but strong, though sometimes momentarily weak. In a combined series of events, mind and spirit reinforce strength; now, he or she is complete, a genuine human being.

From South, Central, and North America, Russia, Asia and Europe, the characters bear multiple ethnicities and inhabit one and many worlds.

Our present world of the twenty-first Century.

Agradecimientos

A mi hija CINDY OLIVIERI, una artista que transforma
la palabra escrita en una hermosa pintura.

A VALERIE HENRY, de diecisiete años, quién leyó mis cuentos
y dijo: "¡Abuelita, tus historias son macanudas!"

A BARBARA NOBLE, maestra, periodista y editora,
"escribe más conciso pero no malgastes tu alma en tal proceso"

A JANE SPANGLER, mi editora maravillosa en el idioma inglés,
"esto suena bello, pero escribámoslo en inglés superior.

A ALONSO PÉREZ, corrector en español, ¿y por qué cortas los pá-
rrafos en español, cuando un buen escritor no para hasta tener una
página entera, sin comas siquiera? ¡Ah, la mala influencia del inglés!

A ANA LUISA KENNEDY, una amiga,
"todos tus cuentos, me hacen sentir algo"

A MICHAEL BRECHNER, un mago de la tipografía
que batalló con los desafíos lingüísticos en cada página.

A JOE SHAW, editor de Cypress House, ¿qué falta en esta escena?

A todos, mis sinceras gracias, con mucho amor.

Acknowledgments

To CINDY OLIVIERI, my daughter, an artist who can transform the written word into a beautiful painting.

To VALERIE CRISTINA HENRY, seventeen, who read all my tales and said, "Grandma, your stories are really cool!"

To BARBARA NOBLE, teacher, journalist, editor, "Write more succinctly, but don't spare your soul in the process."

To JANE SPANGLER, English editor, "This sounds beautiful, but what do you really mean? Let's say it in better English."

To ALONSO PEREZ, Spanish editor, "This is great, but why do you break your thoughts every five lines, when a good Spanish can write a full page without even putting commas?

To ANA LUISA KENNEDY, friend, "Every one of your stories makes me feel something."

To MICHAEL BRECHNER, wizard of typography, who overcame the linguistic challenges on every page.

And to JOE SHAW, editor at Cypress House, "What's missing from this picture?"

To all, with thanks and much love.

Contents

Book 2

Book 1

Libro 1

Atrévete

El miedo a "algo" se esconde en la mente humana. Ya sea este sentimiento racional o irracional, no importa. Ahí está. Saldrá de adentro, cuando menos se espera.

Yo no sabía si tenía agallas. El significativo, sobreprotector manto de seguridad que mi familia había extendido durante mi niñez, con buenas intenciones y gran afecto, me hicieron pensar que no tenía temores. Hasta que…

Salamanca, España

—¡Ya! gritó el joven grupo de estudiantes norteamericanos ¡que vaya!

La pista para "la tienta", una versión menor de un rodil torero en la Plaza Mayor de Toros en Madrid, se veía igual de peligrosa.

Una hacienda ubicada en las afueras de Salamanca era el lugar donde mis alumnos de California querían aprender a lidiar toros. Ellos querían hacerlo. Yo, no.

A ver, ¿me atrevo? ¿Por qué no? Pero, ¿estaba yo en buena posición de hacer una decisión cuerda?

En espera que nos sirvieran el almuerzo, en un día andaluz de extremo calor, maestra y estudiantes tragaron una refrescante sangría. Esta bebida maravillosa, enaltecida aún más con jerez y licores fue la única ofrecida a los sedientos invitados. Nada de agua congelada. Nada de agua. ¡No habría sido la costumbre española!

¡Ah, la magnífica paella! Más sangría, por favor. La famosa mezcla española sabía mejor y mejor a cada trago.

El grupo se sentía feliz, parlanchín, relajado y valiente. Tan benevolente en realidad, que si alguien les hubiera dicho, que el General Franco había salido a almorzar con unos amigos vascos con los cuales sostenía una acerba lucha política, debido a que querían proclamarse como provincia independiente de España, se lo hubieran creído.

Daring

FEAR OF SOMETHING HIDES IN EVERY HUMAN MIND. Whether this feeling is rational or irrational does not matter. It is there. It will come out when you least expect it.

I didn't know if I had any guts. The overprotective shawl of security that my family had with good intentions and deep affection unfurled during my childhood made me think I was fearless. Until...

Salamanca, Spain

"Yeah," shouted the group of young American students. "Go for it!"

The arena for the *tienta* was a smaller version of a true bullfight ring, smaller than a regular *Plaza de Toros,* but looked just as dangerous.

The hacienda located in the outskirts of Salamanca was the place where some of my Californian students wanted to learn how to fight bulls. They did. I didn't.

Let me see. Do I dare? Why not? Am I in a position to make a sound decision?

Waiting for lunch to be served during an extremely Andalusia-hot day, teacher and students gulped refreshing sangria. This marvelous drink spiced with sherry and other liquors was the only beverage served to thirsty guests. No iced water. No water at all. That was not the Spanish way!

"Ah, the magnificent paella! More sangria, *por favor.*" The famous Spanish concoction tasted better and better.

The group felt happy, outgoing, relaxed, daring. So congenial, in fact, that if someone had confided General Franco was out for lunch with Basque friends with whom he had a bitter struggle about becoming an independent Spanish province, they would have believed it.

Creí entonces, que yo podía lidiar con un toro. *¿Cómo se sentiría hacerlo?*

En el medio de la arena. Sola. Esperando. *¿Cómo llegué allí?* Una capa roja cuelga de mis manos.

Un torito sale disparado a través de la cerca zamarreando la cabeza con gusto. Se detiene a rascar la tierra con sus pezuñas delanteras, mira alrededor para asegurar su posición, rasca de nuevo preparándose a atacar. Entonces, me ve.

—*¡Dios mío!*—digo—el torito viene. Vuela hacia mí. Tiene una estructura mediana, pero al acercarse, parece transformarse en una enorme bestia de fijos ojos asesinos. Agarra velocidad.

Quiero correr tan rápido como pueda antes que el torito me derribe. Pienso lanzarme a tierra para evitar el ataque, pero soy hija de padres de sangre española, ¡nunca podría hacer eso! El orgullo no me permitiría acto tan humillante.

Extiendo la capa lejos de mi cuerpo, dejando toda fineza de movimiento para un verdadero matador. El toro se desliza bajo mis brazos. ¡Ahí viene otra vez! Pero cambia de parecer. Se detiene, lo piensa. ¡Uf, suf! ¡Esta vez te agarro, mujer!

Estoy preparada. Bueno ... más bien paralizada. La sangre no circula por mi cuerpo. El animal se estrellará en contra una muralla humana. Moriremos juntos. De pie lo espero. —*Torito, si tú te atreves, yo también me atrevo.*

Esta vez viene tan de cerca que siento el estilete de sus cachos rozándome las costillas. Nos desafiamos por unas pocas vueltas más. No me rindo. El torito se achica. *¿Qué te parece? ¡Olé, olé!*

Los ayudantes de la tienta vienen a rescatarme, encaminando al torito hacia su corral.

—Señorita, es Ud. muy valiente, bravo.

Mis estudiantes corren a abrazarme. Ven que tienen una maestra loca. Es su turno de torear. Y se comportan a la par. ¡Olé a ellos!

En completa calma, me siento estupendamente bien, mi mente clara, la sangría disuelta en sudor estrujado por el pánico.

I believed then that I could bullfight! *How would it feel?*

Middle of the ring, alone, waiting. Alone. *How did I get here?* A red cape hangs in my hands.

The *torito* darts out through the fence, tossing his head with gusto. He stops to paw the ground with his front hooves, looks around to assess his position, hooves again preparing to charge. Next, he sees me.

"Oh, my God!" The torito is coming. He takes flight in my direction. He is medium sized, but as he comes nearer, he grows into a monstrous beast with fixed, killer eyes. He picks up speed.

I want to run away as fast as I can before the torito strikes me down. I think of throwing myself to the ground to avoid his charge, but I am the daughter of Hispanic parents; I could never do that! Pride wouldn't allow such a humiliating act.

I extend the red cape far away from my body, leaving finesse to a true matador. The bull slides under my arms.

"Olé," shout the students.

He's coming at me again! But he changes his mind. He stops, thinks it over. Huff, huff! This time I'll get you, woman!

I am prepared for him. Well... frozen, rather. No blood circulates through my body. He will crash into a human wall. We will both die. I stand waiting for him.

"Torito, if you dare, I dare too."

This time he comes so close, I feel the stiletto of his horns sliding near my ribs.

We challenge each other a few more times. I won't budge. The torito becomes smaller. *How about that?* "Olé, olé!"

The tienta helpers finally come to my rescue, distracting the bull and leading him to his corral.

"Señorita, you are very *valiente,* bravo."

My students hug me. They have a crazy teacher. It's their turn to bullfight. They're magnificent. "Olé," to them.

Totally calm, I feel great, my mind clear, fear conquered, sangria dissolved in the sweat of panic.

Me han explicado acerca del significado de las corridas de toros antes y nunca pude aceptar el raciocinio de la brutalidad en este pasatiempo tan español.

Los españoles dicen que lidiar toros no es el simple acto de disponer del noble animal en una escena sangrienta. No se trata de tenerle miedo al toro, sino vencer el propio miedo. El torero toca la muerte en cada corrida. Solo ante el peligro, confronta su pavor, sin huir.

La gente valiente hace lo mismo. Uno se para en el medio de la vida con una capa roja o sin ninguna capa, manteniendo la cabeza en alto.

Chamonix, Francia

Altas montañas: El Monte Blanco, el Matterhorn, los Alpes Pennini, el Weiss Horn a 4,505 metros.

Unos compañeros de viaje se preparan a esquiar. Paso por alto la invitación. No me interesan los deportes de invierno. Pienso en secreto que los alpinistas son chiflados; todo ese resoplido voluntario para congelarse y quedar agotado. De ninguna manera. ¡Hawaii es para mí!

Me propongo sentarme a leer. El incitante olor que vuela a mi nariz desde una pastelería suiza me seduce los sentidos. Una visita de rigor para más tarde. Tibieza, sabor y confort en mi mente.

La ventana del dormitorio del hotel encuadra una vista de L'Aguille du Midi, el segundo pico más alto de tres montañas en Chamonix, hermoso, desafiante.

Una idea perversa me ataca. *¿Cómo se sentiría uno de escalar aún más arriba de la última parada del teleférico?*

Voy fuera del sendero oficial, odiando cada minuto, viendo a cada paso que la montaña no se acerca a mí en absoluto, a pesar de tres horas de una agobiante marcha. Respiro lento, sigo a 4,128 metros.

Me envuelve una sensación extraña. Apenas puedo moverme. Es hora de regresar.

La única gente que se divisa son los esquiadores dentro de la góndola bajando de la montaña. Les hago señas tratando de llamar su atención.

Bullfights have been explained to me before, but I couldn't buy the rationale for the brutality of this very Spanish pastime.

Spaniards say a bullfight is not a simple act of disposing of a noble animal in a bloody killing. Its essence isn't fear of the bull, but fear itself. The torero touches death in every *corrida*. Alone in a crowd, he confronts danger without running away.

Brave people do the same. One stands in the middle of one's life, with a red cape or no cape at all, holding the head up.

Chamonix, France

High mountains: Mont Blanc, the Matterhorn, the Alp Pennini, and the WeissHorn at 14,782 feet.

My friends prepare to go skiing. I take a pass on the invitation. I don't care for winter sports. I secretly think mountain climbers are fools—all that hard puffing to get colder and exhausted. No way. Hawaii for me!

I plan to read. The wonderful smell coming from a Swiss coffee shop seduces my senses. A "must" visit later on—warmth, flavor, and comfort on my mind.

The window of my bedroom at the hotel frames a view of L'Aguille du Midi, the second-largest peak of three mountains in Chamonix—beautiful, challenging.

A perverse idea strikes me. *How would it feel to climb higher than the last stop of the cable car?*

Off the trail, hating every minute and every step, I look up the mountain, getting no nearer despite three hours of strenuous walking. My breathing slows down. Keep walking up to 13,546 feet. A strange sensation overtakes me.

I can hardly move. Time to go back.

The only people in sight are skiers inside the gondola returning from skiing down the valley. I wave at them attempting to call their attention.

¡Ayúdenme! Me devuelven la seña con gesto amistoso.

La cabeza me da vueltas. Giro hacia el sendero pero no lo veo. De repente, todo se pone negro. No tengo fuerzas para regresar, respiro febrilmente. *¿Es mi último respiro?* Me desmayo.

El equipo de rescate francés acude prontamente. Un hospital, una cama abrigada, una bebida caliente y una sauna me resucitan.

—¿Por qué? —me preguntan mis amigos. No pude responderles.

Algarbe, Portugal

Algarbe, la exótica provincia al sur de Portugal puede alcanzarse sólo por automóvil.

El camino, bordeado por capullos rosa desciende hacia el Cabo San Sagres. Las playas blancas parecen inocentes al contacto de la civilización, aunque no haya sido siempre así.

Los exploradores portugueses en pequeñas caravelas planearon desde allí, viajar por rutas desconocidas a Africa.

Abismos descollantes de diseños caprichosos bordean el terreno de la exquisita línea costal.

Dos veces la altura del Empire State Building desde la cima hasta la bahía abajo, las casas de los pescadores brotan cual guijarros en la arena.

El terreno al borde del abismo en el altiplano, tiene una inestabilidad peligrosa. No se ven avisos de seguridad ni rejas protectoras. El viento ruge.

Mientras tanto, mis colegas admiran un puente romano del Siglo XVIII y unos acueductos de singular valor histórico.

Una compulsión me anima a acercarme al borde mismo del precipicio. *¿Qué sensación sería mirar hacia abajo desde allí?*

Me echo a tierra, arrastrándome sobre el estómago. A diez metros del barranco, a cinco, a cuatro, tres, dos, uno. Extiendo los dedos y toco los bordes afilados del despeñadero. Centímetro por centímetro, ahora mi cabeza cuelga en el vacío. El viento locamente desgreña mis cabellos.

Help me! They wave back in a friendly gesture. My head starts spinning. I turn around to retrace my path but I see no trail. Suddenly, it's very dark. I have no strength to go back, I gasp for air. *Is this my last breath?* I pass out.

The French rescue team arrives promptly. A hospital, a warm bed, a hot drink, and a sauna bring me back to life.

"Why, why?" my friends ask. I couldn't respond.

Algarve, Portugal

Algarve, the exotic southernmost province in Portugal, could only be reached by car.

Lined by pink almond blossoms, the road descends to Cape St. Ságres. The white, sandy beaches seem untouched by civilization, but this was not always the case.

Portuguese explorers in their tiny caravels planned to travel from here via unknown routes to Africa.

Jagged cliffs of tortuous design border the exquisite coastal terrain; twice the height of the Empire State Building from above to the extended bay below, where fishermen's houses sprout like pebbles on the sand.

The ground rising high from sea level is dangerously unstable, but no warning signs or protective fences are posted. The wind roars.

Meantime, my friends are admiring an eighteenth-century Roman bridge and aqueducts of singular historical value.

Compulsion moves me near the edge. *How would it feel to look over the cliff?*

I lie flat on my stomach, crawling. Ten meters away, five meters. Four. Three. Two. One. I feel the sharp edges of the rocks with my extended fingers. Inch by inch, my head now hangs out in space. The wind blows my hair madly.

Un empuje final. No me muevo, tengo los ojos cerrados. Necesito de toda mi voluntad para abrirlos. Me mareo al ver los acantilados rocosos enfrentando al mar atormentado. Verlo ejerce una fascinación morbosa, invitándome a saltar al espacio y volar como un pájaro. *¡Qué no lo soy!*

Muy lento retrocedo, calmando la locura disparada de mi corazón. Me levanto. Tengo agallas. Me siento fantástica. Soy valiente. Amén. Una victoria sobre el vértigo.

El regreso a casa después de viaje tan aventurero es una bendición: una cama cómoda, jugo de naranja, bastante agua helada, el maravilloso clima californiano. Además, he conquistado todos mis temores.

Silbando una canción de moda en Europa, decido sorprender a mi familia con una nueva receta para preparar un soufflé.

Del rabillo de mi ojo, veo "algo" corriendo por el rincón de la cocina, mientras Pelusa, nuestra gata, agacha su cuerpo felino, lista a atacar. *¡Un ratón!*

Trepo al mostrador en la cocina con la rapidez de Superman. Comienzo a temblar. El pánico me sobrecoge. La bestia podría saltar donde yo estoy y meterse debajo de mi falda. *¡Que sí lo hacen!*

No puedo dejar de temblar. Mojada en transpiración fría, llamo a gritos a mis hijos *¡un ratón!*

Vienen corriendo, divertidos, pretendiendo un temor falso, por casi una hora. Yo no abandono mi posición a salvo en el mesón. No termino el soufflé. Nos vamos a McDonald's.

¡Adiós de pelear con toros, desafiar picos montañosos, avistar abismos insuperables! El miedo, y el miedo a una rata tonta, algo irracional-lo inadvertido-me ha bajado los humos de gloria para enfrentarme con mi verdadero YO.

One final stretch. I don't move, eyes closed. It takes all my will to open them. A wave of dizziness floats around me as I stare at the walls of rock below, standing against the tormented sea.

The view evokes a morbid fascination, inviting me to jump and fly like a bird. *But I am not a bird!* Very slowly I retreat, calming the wild beating in my heart. I stand up. I have guts. I feel fantastic. I am brave. Amen. Victory over vertigo!

The return home after such an adventurous trip is a blessing: a comfortable bed, orange juice, plenty of water with ice, and the marvelous California weather. And, I have conquered all my fears. Whistling a trendy tune popular in Europe, I decide to surprise my family with a new recipe for a soufflé.

Out of the corner of my eye, I see something running close to the wall in the kitchen, while Pelusa, our cat, lowers her feline body for a hunting attack. *A mouse!*

I climb onto the kitchen counter with Superman's speed, screaming. I begin to tremble. Fear seizes me. The beast could jump up and get under my skirt! *They do, you know!*

I can't stop shaking. Soaked in cold sweat, I call out to my children. *A mouse!*

They come running, amused, pretending fear in false alarm, for almost an hour. I don't quit my safe position on the counter. I don't finish the soufflé. We go to McDonald's.

Goodbye, daring bullfighting, challenging high peaks, insurmountable cliffs. Fear and fear of a lousy mouse, the irrational, the unpredictable, has finally caught up with my airs of glory to show the real me.

La pérdida de Alá

Túnis, África del Norte, 1997

TEMPRANO EN LA MAÑANA. COMO SIEMPRE.

El sol amenazaba con cubrirlo todo, calentándolo cada vez más fuerte hasta hacia el mediodía, cuando se hacía intolerable.

Sonidos idénticos venían cada día con la luminosidad solar: el despertador, los pasos del esposo al baño pequeño, el ruido predecible en el excusado. Desde la cocina, el agua hirviendo, los utensilios de comer puestos en la mesa.

Leila esperó que su marido se lavara en el estrafalaria ponchera con agua limpia, usando la misma agua para asearse ella. Terminó lanzando afuera el contenido hacia las calles empedradas.

Las palabras entre ellos faltaban, no eran necesarias. Después de años, no había que agregar.

El esposo levantó la mano en un gesto silencioso de "adiós." Se detuvo ante la puerta, por un rato más largo que de costumbre, tratando de llamar la atención de Leila, pero no encontrándola, se dio vuelta bruscamente y salió.

Aziz era un buen marido y un buen obrero. Trabajaba de artesano; cientos de platos de cobre pasaban por sus manos. Tallaba diseños originales, los pulía, raspaba imperfecciones, corregía líneas indeseables, hasta hacer un producto perfecto. Ni una distracción lo interrumpía. Su intensidad lo guiaba hasta que terminaba.

Porque hoy *debía* terminar.

Abdul era el supervisor de Aziz. El jefe seguía la rutina diaria dando rondas para examinar el progreso de los trabajadores en la calidad de producción que aseguraría mayores ganancias. Nunca se preocupaba de Aziz. El joven permanecía pegado a sus labores hasta el mediodía, cuando él y sus compañeros se rendían a la hora de las plegarias durante el almuerzo. Tímido y de confiar, había pedido hace años atrás, tres días de vacaciones para contraer matrimonio. Sonreía entonces y estaba

The Loss of Allah

Tunisia, North Africa, 1997

EARLY MORNING.

As always, the sun threatened to cover everything, making it hotter. By noon, the heat was intolerable.

Identical sounds came each day with the sunshine: the alarm clock, her husband's steps to the small bathroom, his predictable relief at the toilet. From the kitchen, the sounds of boiling water, utensils banging at the table.

Leila waited for her husband to wash in the scuffed old bowl, using the same water to wash herself. She finished and dumped the contents into the descending cobblestone street.

Words were scarce between them and not necessary. After years, there was nothing left to say.

The husband raised a hand in a silent salute of "goodbye." He stood at the door longer than usual, trying to catch his wife's attention but failing, turned briskly and left.

Aziz was a good husband and a good worker. An artisan, hundreds of copper plates passed though his hands. He etched them with original patterns and polished away scratched imperfections to make a perfect product.

No distractions could interrupt his concentration. His intensity kept him on task until he finished — because today, he *had* to finish.

Abdul was Aziz's supervisor. The boss followed a daily routine, made rounds to check the workers' progress for quality production to ensure higher profits. He never worried about his worker Aziz. The young man remained at his duties until noon, when he and the rest of the laborers stopped for prayer and a lunch break. A shy and reliable young man, Aziz had asked, a few years ago, for a three-day vacation to get

algo distraído. Sólo una vez se le vio así.

Abdul se preparó a cerrar con llave la tienda. Con el taller ahora vacío, caminó al baño.

¡Qué extraño! Alguien había apagado la luz que siempre permanecía encendida. Fue al generador.

No estaba descompuesto.

—Un corte circuito pensó y entró al excusado.

Un bulto pesado lo golpeó de repente, haciéndole retroceder. Saltó atrás temeroso de ser atacado.

Se calmó por un instante, recuperado.

Con cautela, Abdul abrió la puerta. Allí, suspendido por las cuerdas que usaban para amarrar pesadas cajas de mercadería colgaba Aziz. ¡Ahorcado!

—¡Oh, no Alá, Alá, no, no! gritó. *¿Debería bajarlo para cerciorarse si aún estaba vivo?*

Mirando de cerca los opacos ojos de la muerte se convenció que Aziz había dejado este mundo.

Regresó del taller con un par de tijeras cortando las amarras mortales que suspendían al obrero. El cuerpo cayó pesadamente sobre él, arrastrándolo al suelo. Abdul aulló al contacto físico con el muerto, empujándolo fuera de sí.

El cuartel de policía quedaba a unas pocas cuadras del taller. El jefe llegó cojeando, azorado y sudoroso. Quería que lo atendieran de inmediato, pero el policía de turno levantó su mano.

—Debe Ud. esperar, hay otros aquí antes que usted. La justicia toma tiempo —pronunció solemnemente.

Pasó una hora y otra. La estación de policía comenzó a llenarse de gente, la mayoría con quejas por robos.

La mente de Abdul retornó al sitio de la tragedia con Aziz solo en la tienda, habiendo traspasado las paredes de la vida a la muerte. *¿Por qué? ¿Por qué?*

Leila completó sus quehaceres domésticos y consultó su reloj de pulsera. Lo había encontrado en el suelo en el bazar Medina —algún

married. He was then smiling and a little distracted—just once.

Abdul prepared to lock the shop. The warehouse now deserted, he walked to the bathroom.

How strange! Someone had turned off the lights, which were always lit! He examined the fuse panel; it was not blown.

" A blackout," he thought entering the toilet stall.

A heavy bundle suddenly hit him, pushing him out forcefully. He jumped back, afraid of being attacked. He calmed down, recovered for an instant.

Cautiously, he opened the door. There, suspended by ropes used to tie heavy boxes of merchandise, was Aziz, hanged!

"Oh, Allah, Allah, no, no!" he screamed. *Should I get him down to see if he is still alive?*

With a closer look at the man, the opaque eyes of death faced him. Aziz had left this earth.

Returning from the warehouse with a pair of scissors, he clumsily cut the killing ropes suspending his worker. The body fell heavily, taking him down with it. Abdul shrieked at the physical contact with the dead man, pushing him away.

Police Headquarters was a few blocks away. Abdul limped in, flushed and sweating. He wanted immediate attention but the policeman in charge raised his hand.

"You must wait. Others were here before you. Justice takes time," he enunciated solemnly.

An hour went by and then another. The police station started to fill with people with complaints, mostly about robberies.

Abdul's mind kept returning to the site of the tragedy, to Aziz alone at the shop, trespassing walls of life and death. *Why, why?*

Leila finished her domestic chores and checked her wristwatch. She had found it on the ground at the Medina—some tourist had

turista lo habría perdido. Era un buen reloj. Las horas, minutos y aún la fecha en un circulito le daban gran gusto, medían su vida diaria.

Trajo agua fresca en un balde, se despojó de sus vestiduras aplicando agua de jazmín en su cuerpo. Se puso el mismo vestido viejo, tirándolo con fuerza. Y en seguida, el velo.

—¡Lo odio, lo odio! Se despojó del velo-jeela, rompiéndolo. Mirándose fijo en el espejo, Leila vio a una bella mujer de 22 años, de enormes ojos negros en una cara pálida de labios sensuales. Se pasó las manos por los contornos de su cuerpo, palpó todo su ser; formas de carne y huesos, senos protuberantes, y su corazón ubicado tan profundo, pero siempre latiendo. ¡Qué decepción le había traído! Un corazón rebelde ante las imposiciones en su vida, escondiendo un secreto que nunca podría revelar. Podría costarle. Siguió pensando en su vida pasada, el presente golpeándola con su realidad, diariamente.

De niña, sus preguntas le habían acarreado bofetadas de su padre y miradas angustiadas de su madre. Entonces, se olvidaba de las reglas, preguntaba y se la castigaba otra vez. La jovencita se habituó a empinar los codos y proteger la cara. *"Silencio"* se decía.

Tahar Koumi, padre y esposo, no trabajaba. Era un fantasma que aparecía y desaparecía de la casa, colocaba unos dinares en un jarro para gastarlos al día siguiente y marcharse nuevamente.

Su verdadero lugar de residencia era el Café Bagdad, donde pasaba días y noches fumando pipas, bebiendo té verde y observando a otros jugadores de naipes que podía engatusar fácilmente.

Se vanagloriaba de ser un hombre magnánimo. Le permitía a su mujer que trabajara, algo que no todos los hombres musulmanes concedían. Había escuchado al presidente defender los derechos humanos de las mujeres en la televisión, declarar que podían laborar, obtener un divorcio pero mantener a los niños, aún volverse a casar si eran atractivas. Todas estas "libertades" dependiendo del permiso que diera del marido.

Somalie, la madre de Leila, era el sostén económico de la familia.

Un día, ambas mujeres asistieron a la Mezquita en el único viernes

dropped it. It was a good watch. The hours, minutes and even the date in the small circle gave her great pleasure, measured her daily life. She brought clean water from a bucket, took off her garments, rubbing jasmine perfume over her body. Then she put on the same old dress, pulling it down harshly. And then, the veil.

"I hate it, hate it!" She snapped away the *jeela*-veil, tearing it. Looking intently at a mirror, Leila saw a beautiful woman of twenty-two, huge black eyes on a pale face with sensuous lips. Her hands followed the contours of her body as she envisioned her whole being; shapes of flesh and bones, full breasts, and her heart, placed so deeply inside her, hiding but always beating. What a deceiver it had been! A rebel at the impositions in her life, concealing a secret never to be revealed. It could cost her. She kept thinking of the past, hitting her present with new blows almost daily.

When she was a child, her questions had provoked slaps from her father and anguished looks from her mother. When she forgot the rules, she was punished again. The young girl got into the habit of raising her elbows to protect her face. *"Keep quiet,"* she advised herself.

Tahar Koumi, father and husband, didn't work. A living ghost the family saw coming and going out of the house, placing some *dinars* in a jar, only to retrieve them the next day and leave again. His true place of residence was the Baghdad Café, where he spent his days and nights smoking pipes, drinking green tea, and watching other gamblers he could cheat easily.

Tahar thought of himself as a magnanimous man. He allowed his wife to work, something Moslem men rarely permitted. He had heard the president of Tunisia defending women's rights when he talked on television, saying wives might labor, get a divorce but keep the children, even remarry if they were attractive. All of these "liberties" were theirs, depending on the approval of their husbands.

Somalie, Leila's mother, was the family's only economic support.

One day, both women attended the mosque on Friday, the only day

que se les permitía a las mujeres venir a orar. Aunque Leila bajaba su cabeza ante la autoridad suprema en la Mezquita, no existía ni una pizca de fe verdadera en ella. Además, Alá era un Dios de hombres —razonó— no podía agradecer que por ser mujer debía tener una existencia tan restrictiva. *Quiero volar con los pájaros, nadar en las nubes, correr con el viento.*

Después de rezar, se dirigieron a una tienda de antigüedades donde Somalie compró una vieja máquina de coser por tres dinares que había logrado ahorrar. —Ahora que tengo una máquina, podemos coser batas de casa y ganar dinero le explicó a su hija. —Vamos a pedírselo a Omar Sheik, el dueño de la tienda, a ver si nos compra nuestras batas.

Mientras esperaban a Omar, Leila se dio vuelta para encontrarse con los ojos verde-oliva de un guapo joven tunisiano que repartía platos de artesanía en otra tienda. Se quedó inmóvil ante el milagro, hasta que Somalie la empujó afuera de la puerta bloqueando el emocionante lazo.

Abandonaron la tienda-souk para tomar el autobús. El hombre las siguió. Subieron.

El también subió. En una de las vueltas, la cabeza del joven sobresalió entre las otras y se miraron. Ella le sonrió desde arriba del velo con sus luceros brillantes, pero él no correspondió.

Leila percibió con intensidad el sudor de los sobacos de la gente colgando su cansancio en las manillas de cuero del vehículo. Despertó a sus sentidos que la abarcaron en una emoción extraña de alegría que nunca había experimentado su alma. Una segunda mirada al joven antes de bajarse del autobús reveló a un hombre serio y determinado.

Para Leila, felicidad equivalía a asistir a la escuela. De adolescente, rápidamente se calificó como una alumna avanzada, aunque aprendió que debía mostrar su inteligencia con modestia y no abiertamente. Ofrecía entonces las respuestas correctas, en sutiles proverbios árabes, así no ofendía a nadie. Pronto se interesó en aprender francés y el inglés —éste último, el idioma del futuro se decía. Siguió su primer año en la Universidad de Tunisia.

Otra fuente de felicidad era su amiga Sonya, entusiasta del cine.

allowed for women to pray. Although Leila bowed her head under the high authority at the mosque, there was not one ounce of true faith in her. Besides, Allah was a man's God, she reasoned, and she could not be thankful as a woman to live such a restrictive existence. *I want to join the flying birds, swim in the clouds, run with the wind.*

After prayers, they headed to an antique shop where Somalie bought an old sewing machine for three dinars she had managed to save. "Now that I have the sewing machine, we can sew robes and make some more money," she explained to her daughter. "Let's go to ask Omar Sheik, the bazaar's owner, if he will buy our robes."

While waiting for Omar, Leila's eyes met the olive-green eyes of a handsome young Tunisian delivering ornamental plates in another store. She stood transfixed before the mirage until Somalie pushed her out the door and shielded her from the exciting connection.

They left the *souk* to board the bus. The man followed behind. The women got on the bus. So did he. At one of the turns, the young man's head lurched forward and their eyes met again. She smiled with the brilliant lights of her amazing suns just above the jeela but he didn't smile back.

Leila smelled the intense odor of human sweat from the underarms of the people hanging on to the leather handles suspended from the roof of the vehicle. A sensory awareness overwhelmed her; a strange feeling of contentment never experienced before permeated her soul. A second daring look before they got off the bus revealed a man who was serious and determined.

For Leila, happiness was to attend school. At first, as an adolescent, she rapidly became an advanced student. She showed her intelligence openly but modestly. She offered the proper answers in class through Arabic proverbs so that her correctness wouldn't offend anyone. Soon, she took an interest in French and English—the language of the future, they said. College followed. She began her first year at the University of Tunisia.

Another source of happiness was her girlfriend, Sonya, a movie buff.

—¿Qué te parece si vemos una película norteamericana esta noche? invitó Sonya.

A Leila no le agradaban los norteamericanos. Era quizás en lo único que estaba de acuerdo ante las enseñanzas del imám en la Mezquita. Se reían en alto, sin control, y a veces se lanzaban pasteles en la cara, desperdiciando el alimento. Prefería, en cambio, los movimientos felinos de los franceses con un "Je ne sais quoi" de sex-appeal y aire misterioso.

Sin embargo, fue una película norteamericana la que le dio valentía para hablarle a Aziz.

Desde el momento de su muda alianza en el souk, él la había seguido por las calles y los bazares cuando menos se esperaba, pero nunca la abordaba.

—¡Qué Alá Esté con Usted! Venga conmigo —le pidió la próxima vez que lo vio siguiéndola.

Él obedeció y dejó que lo llevara a conocer a sus padres. De allí adelante, conversaron bajo la estricta supervisión de Somalie.

Aziz propuso matrimonio muy pronto. Leila aceptó viendo una oportunidad de liberarse del control de sus padres. Y su novio parecía dulce y comprensivo.

En un día de verano, Sonya, su mejor amiga, ayudó a Leila a vestirse para la ceremonia de la boda. Las dos familias celebraron la unión bailando, comiendo mechouia, ensalada de pimientos asados y atún, couscous, condimentos kefta, harissa y mariscos. Baklavas, tortas de maqrouth, miel.

Las nupcias terminaron cuando los recién casados tomaron un taxi a la humilde casita de Aziz, tocando fuerte las bocinas alrededor de la ciudad como se acostumbraba en Tunis.

El matrimonio trajo pocas sorpresas a Leila. Ella era apasionada, pero su marido la introdujo a un acto sexual tranquilo que rápidamente se convirtió en rutina. No se embarazaba después de meses de casada.

—Me gustaría que me dieras un hijo, Leila pidió él una vez ve a casa de Mashie-En, la médica, para que te dé remedios. Pero dos años transcurrieron sin que ningún niño llegara a llenar el deseo de los padres.

"Leila, how about watching an American movie tonight?" invited Sonya one evening.

Leila didn't care much for Americans. It was probably the only thing she and the imam agreed upon at the mosque. They laughed loudly and uncontrollably in the movies, and threw food at each other, wasting it. She preferred the feline moves of Frenchmen with a *"Je ne sais quoi"* sex appeal and air of mystery.

However, it was an American movie that gave her the courage to approach Aziz. Since the day of their silent alliance at the souk, he had followed her on the streets and in the market when she least expected him, but never approached her.

"May Allah be with you. Come with me," she asked him the next time she saw him follow her. He obeyed and let her take him home to meet her parents. From then on, they talked under the watchful supervision of Somalie.

Aziz proposed marriage shortly thereafter. Leila agreed, seeing an opportunity to be free from her parents' control. And her fiancé seemed sweet and understanding.

On a summer day, Leila's best friend Sonya, helped the bride dress for the wedding ceremony. The two families joined in dancing, eating salad of roasted peppers and tuna, couscous, *kefta, harissa,* seafood, and baklava for dessert.

The wedding ended with the newlyweds taking a taxicab to Aziz' humble dwelling, blowing the horn around the city as is customary in Tunisia.

Marriage brought few surprises to Leila. She was passionate, but her husband introduced her to a tranquil sex that very soon turned into a routine. She didn't conceive babies after months of being married.

"I'd like you to give me a son, Leila," Aziz once requested. "Go and ask Mashie-En, the medic, to give you medicine." But two years went by and no children came to fulfill the parents' wishes.

—Aziz —Leila insinuó —hasta que los niños vengan, ¿puedo regresar a la universidad?

—Sí, puedes —concedió algo aprehensivo. Sus compañeros en el taller ya se habían burlado de su esposa, "una suelta," cuando Aziz mencionó orgulloso la preparación académica de ella.

Nuevamente, la vuelta al colegio dio a Leila los elementos de felicidad que añoraba.

—Esposo, aprendí tanto hoy, ¿sabe que la tecnología puede cambiar las vidas de la gente?

Saber lenguas extranjeras y aprender a usar los computadores nos ahorrarán mucho trabajo en las oficinas y en todas partes. Y se detenía, notando que su marido no le prestaba la menor atención.

—¡Mujer!— le gritó en una ocasión— me humillas. Después de este arrebato, Leila se cuidó de no mencionar su progreso educacional. Allí concluyeron los diálogos.

Elevada en un trampolín de emociones, Leila pasaba de la felicidad a la pena. Veía ahora que su escape del hogar paterno no fue un gran trueque. Sin embargo, Aziz le permitía educarse y ella se lo agradecía profundamente. Aún, no se embarazaba.

Leila completó estudios universitarios, reconocida por sus profesores por su inteligencia y cualidades de liderato.

En un día maravilloso, su profesora de economía la citó a una conferencia.

—Leila, tienes un gran talento y debes usarlo. Te he recomendado para un trabajo. Un hotel nuevo y de lujo, el Abou Nawas se abrirá pronto. Están buscando a alguien multilingüe y con habilidad para asuntos administrativos. Tú, ciertamente los tienes. Un futuro brillante te espera, hija.

Leila apenas se contuvo para contarle a su esposo.

Aziz llegó a casa, agotado. Ella lo recibió con un feliz abrazo y lanzó su novedad.

—¡Aziz, tengo grandes noticias que contarte!. En pocos segundos le relató el ofrecimiento.

"Aziz," Leila asked, "until the children come, may I go back to the university?"

"Yes, you may" he granted but he was apprehensive. Coworkers at the shop had already teased him about his "loose wife" when he had mentioned her schooling.

Once again, the educational institution gave Leila the elements of happiness she needed.

"Husband, I learned so much today. Do you know that technology will change people's lives? Knowing foreign languages and computers will save us many chores at the offices and everywhere." Then she would stop talking, realizing she could not kindle his attention.

"Woman," he had shouted at her once, "you are humiliating me!" After his outburst, Leila kept quiet about her educational gains. They ceased their dialogues.

Riding a seesaw of emotions, Leila went from happiness to misery. She could see now that her marriage to escape from home was no great trade-off. However, Aziz allowed her to get an education and she thanked him deeply for it. Still, no pregnancy.

Leila completed her studies at the university. Her instructors recognized her intelligence and high leadership qualities.

One wonderful day, her business economics teacher summoned her. "Leila, you have great talent and should use it. I have recommended you for a job. A new, luxurious hotel, the Abou Nawas, will open soon. They are searching for someone with multilingual and administrative skills. You certainly have them. A bright future awaits you, my child."

Leila couldn't wait to tell her husband.

Aziz arrived looking exhausted. She greeted him with a joyful embrace and blurted out, "Aziz, I have great news to tell you." In seconds she related her job offer.

La cara por siempre tranquila de Aziz se tornó en un petardo rojo. Saltó hacia ella, la agarró por los cabellos y comenzó a golpearla, sin parar, hasta que ella se desmayó. *¡Recuerdos de su padre!*

Leila se debatió en un mar de nieblas, sangrando. El ataque físico la tomó completamente por sorpresa. Aziz no era violento, nunca se opuso a sus actividades escolares.

El marido la agredió nuevamente, arrojando un balde de agua al cuerpo derribado de su mujer. —¡Ahí estás! Agua al agua. Purifícate. Actúa como mujer musulmana. Sé mujer, sé madre, sé esposa.

Dejándola en el suelo, se fue a la cama pretendiendo dormir. *He actuado como cualquiera hombre musulmán lo hubiera hecho. Soy el amo, Leila debía saberlo.* Pero lágrimas amargas le ardieron en los ojos.

Su sombra dibujada en la pared gris de la pieza fue la única testigo de su sufrimiento interno.

Leila se estiró alcanzando la manta Berbera que su madre le había dado, se enrolló en ella, sintiéndose serpiente y feto, mujer y arena.

Un fuerte golpe en la puerta interrumpió el sueño de Leila. Dos policías se metieron a la casa.

—¿Es Ud. Leila Marsaui? —le preguntó uno.

—Sí, yo soy. ¿Por qué?

—Venga con nosotros a la estación de policía. Ha sucedido un accidente.

—Su marido está muerto —agregó el segundo sin un dejo de compasión.

Leila se puso pálida. El corazón le pulsó midiendo la inmensidad de sus heridas. Respiró con dificultad. Se envolvió en su bata y los siguió, tropezando en las esquinas tratando de no perder el equilibrio. La fetidez de la basura no recogida a tiempo llenó su nariz cual penetrante veneno.

Al llegar al cuartel, la pusieron en un cuartito. Pasó un largo tiempo. Un policía viejo acarreando unos cartapacios finalmente entró.

—Firme aquí —le ordenó.

Aziz's peaceful face turned into a congested red poker. He jumped up, grabbed her by the hair, and beat her relentlessly until she fainted. *Memories of her father!*

Leila sank in a sea of unconscious fog, bleeding. The attack took her completely by surprise. Aziz was not a violent man and had never opposed her school activities.

Her husband went at her again with a bucket of water, dumping it over his wife's fallen body. "There you are. Water to water. Purify yourself. Act as a Moslem woman. Be a woman, be a mother, be a wife."

Leaving her on the floor, Aziz went to bed, pretending to sleep. *I acted as any Muslim man would have. I am the master, she should have known that.* But bitter tears filled his eyes.

His shadow on the gray wall of the room was the only witness to his internal suffering.

Leila collected herself, reached for the Berber rug her mother had given her, and curled around it, feeling like a snake and a fetus, woman and sand.

A strong knock at the door shook Leila's sleep. Two policemen made their way into the house. "Are you Leila Marsaui?" one asked.

"Yes, I am. Why?"

"Come with us to police headquarters. There's been an accident."

"Your husband is dead," the other policeman said with no compassion.

Leila grew pale. Her pulsing heart measured the immensity of pain. Her breathing uneven, she wrapped herself in her robe and followed them, stumbling in the alleys, trying to keep her balance. The fetid smell of garbage uncollected for days filled her nose like penetrating poison.

On arriving at the police station, they put her in a small room. She was there alone for a long time.

An old policeman carrying papers and an office stamp finally entered.

"Sign here," he commanded.

—¿Qué firmo? —interrogó ella recordando su clase de instrucción cívica.

—Que usted ha contribuido a la muerte de su esposo.

—Pero no es verdad —arguyó ella discutimos acerca de un trabajo.

El hombre cruzó a trancadas el cuarto, furioso. —Y ¿cómo explica usted los moretones en su cara y el hecho que él se suicidó? Eso sólo sucede en caso de adulterio gritó —y se castiga con la muerte. Leila emitió un quejido, aterrada. El policía ya la había condenado.

La cárcel donde la encerraron olía a aceite rancio, orina y sucia humanidad. La empujaron a una celda con dos prostitutas francesas que estaban sentadas descaídamente con las piernas abiertas, mostrando su sexo. Al ver al guardia, le gritaron obscenidades.

—Señor Puto, déjenos salir. Somos francesas, no inmundas puercas tunisianas. ¡Oye!

Leila incapaz de retener sus lágrimas, no se consolaba. Como si hubiera levantado finalmente el velo de su cara, pudo ver claramente las consecuencias de su impulsivo corazón.

Había trocado una vida de limitaciones por otra al casarse con Aziz. Ahora, al acabar el esposo con su vida, así también acabarían con la suya. *¡Nunca debió querer ser una mujer moderna! ¡Pero el suicidio de él tampoco cambiaría a la sociedad musulmana! ¡Nunca! Y allí estaba Alá... Alá la había finalmente aprisionado. Sabía cómo pensaba ella de ÉL. ¡Alá la había castigado, pero perdido también para siempre!*

Tres meses transcurrieron sin audiencia legal, sin prueba de acusación y le permitieron marcharse.

El veredicto especificó que la acusada podía ganar dinero en labores femeninas, pero no trabajar en lugar público alguno.

El país de Túnis, uno de los más "liberales" entre los estados africanos, no querría arriesgar su reputación ante la historia increíble de un hombre musulmán, matándose por una mujer.

Sucia, sin peinarse y sintiéndose miserable, Leila usó el agua potable en la cárcel para lavarse.

Se apresuró a ir a casa. El candado estaba forzado, el lugar arrasado por ladrones en su ausencia, tazas rotas, partes de muebles, papel que-

"What am I signing?" she questioned, remembering her civil rights class.

"That you have contributed to the death of your husband."

"But that is not true," she argued. "We quarreled about a job."

Looking furious, the man crossed the room in big steps. "And how can you explain the bruises on your face and the fact he committed suicide? This only happens when husbands are cheated," he yelled. "That is punished by death."

Leila gasped. The policeman had already condemned her.

The jail they took her to had odors of rancid oil, urine, and dirty humanity. They pushed her into a cell together with two French prostitutes sitting with legs apart, carelessly showing their sex. At the sight of the guard, they began to scream obscenities.

"Monsieur Putin, let us out of here. We're French citizens, not damned Tunisian pigs." "Hey!"

Leila's unstoppable tears gave her no relief. As if she had permanently lifted the veil from her face, she could see clearly the result of her impulsive heart. She had traded a life of limitations for another just as limited by marrying Aziz. Now, in taking his life, her husband would take hers as well. *Never should have wished to be a modern woman! But his suicide will not change this Muslim society! Ever! And there was Allah. Allah had imprisoned her! He knew how she felt about him! Allah had punished her—but also lost her forever!*

Three months later, without a formal hearing and no proof for their accusations, they let her go. The verdict specified she could earn money in female-related chores but not work in a public job. The country of Tunisia, one of the most "liberal" among the African nations, would not risk being put to shame with the unbelievable story of a Moslem man killing himself for a woman.

Dirty, uncombed, and miserable, Leila used the water from the jail's well to clean herself.

She rushed home. The lock was broken, thieves had ransacked the place in her absence—broken cups, pieces of furniture, burned paper.

mado. La residencia que sostuvo sus sueños destrozados, parecía aún más sombría. Reinaba el vacío.

Algo brillaba en una esquina de la cocina. Con curiosidad, se movió hacia el reflejo.

Era el borde de metal de la máquina de coser que su madre le había dado cuando ya no la ocupó más. ¡Salvada de milagro! Leila colocó el abollado artefacto sobre una mesa de tres patas que lograba sostenerse en el suelo. ¡Funcionaba!

En un hoyo detrás de la estufa, encontró una capa que su amiga Sonya le había hecho de regalo de matrimonio. Leila se arropó cuerpo y cara en la prenda de vestir. La aspereza de la tela la abrazó tibiamente. Un olor familiar infiltró su ser.

Su mente reaccionó. Abrió la puerta con vigor. El brillo del mundo exterior la cegó.

Forzó sus piernas debilitadas pero tenaces a mantener marcha arriba hacia los bien conocidos laberintos del souk, sin detenerse, hasta que llegó.

La tienda para la que su madre había trabajado estaba abierta. El dueño, Omar, reconoció a Leila. La ignoró, pero notando que ella no se marchaba, comprendió su pedido silencioso.

Tomó dos piezas de telas, se las pasó.

—Haz quince batas en dos semanas, ¿ah?

Ella asintió.

El sol amenazaba con cubrirlo todo, encandeciéndolo. Como siempre.

*jeela –velo que cubre la cara
*souk –tiendita dentro de El Medina, un bazar
*El Medina –conglomerado de tiendas pequeñas

The residence, holder of her fallen dreams, seemed darker than she remembered. Emptiness remained.

Something was shining in a corner of the kitchen. Curious, she moved toward the reflection. It was the edge of the sewing machine her mother had given her, when she could not sew anymore. Saved by a miracle! Leila placed the battered appliance on a three-legged table still standing on the floor. It worked!

In a hole behind the stove, she found a cape her best friend Sonya had made for her as a marriage gift. Leila engulfed her face and body in the garment. The roughness of the cloth embraced her warmly. A familiar scent infiltrated her soul. Her mind raced. She burst open the door. The brilliance of the outside world struck her. With determined steps, she climbed the well-known labyrinths up to the souk. She forced her weakened but unfaltering legs to keep up her march without rest until she arrived.

The clothing store her mother had worked for was open. The owner, Omar, recognized the daughter. He ignored her, but after a while, noticing she was standing there without leaving, he understood Leila's voiceless request. He took two bolts of cloth and handed them to her.

"Make fifteen robes in two weeks, eh?"

She nodded.

The sun was threatening to cover everything, making it hotter. As always.

*jeela = veil covering the face
*souk = small store at a Moslem Bazaar
*medina = building where souks sell products

Un hombre de madera

Brookings, Dakota del sur, USA

KEVIN SPEARS JAMÁS HABÍA HECHO NADA fuera de lo común ni diferente de lo que se le pedía que hiciera. A los 36 años de edad, la gente diría cuánto éxito tenía en verdad.

Ejercía el cargo de Vice-Presidente de una Compañía de Inversiones en Negocios Internacionales ubicado en el piso 95avo de las Torres Gemelas, en el Centro de Comercio Mundial en Nueva York; su futuro bien asegurado. Rayaba el 1ro de septiembre de 2001.

Después de manejar metro tras metro en un tráfico infame, oliendo gases apestantes del fondo de acequias abiertas, dos horas soportando las bocinas airadas de los conductores ante el paso de una horda de gansos canadienses en el Parque Central y de pagar una pequeña fortuna en hacer estacionar su carro por un valet. *¿Es esta la gran vida?* —gruñó.

Pensó que la vida mejoraría más avanzada la tarde. Tenía una cita. Le pesó.

¡Volver al centro de la ciudad! Tendría que batallar con los mismos elementos de cualquier día. ¡Qué hacer!

La sala de conciertos relucía a la par con los asistentes que llevaban sus mejores prendas de vestir. El también vestía elegante a pesar de un molesto incidente ocurrido minutos antes. Empujando con los codos al gentío sudoroso, habiendo pasado una barrera de olor de orina detrás del teatro y de soportar la cargada atmósfera de la tarde, se había resbalado y caído. Recuperándose con aplomo, miró a su alrededor buscando a su cita pero ella aún no llegaba.

Esperó una hora. Ivonne llegó finalmente, atrasada y sin disculparse. Entraron al espectáculo que también se había retrasado.

—Señores y señoras, sentimos comunicarles que la función de hoy ha sido cancelada debido a la imprevista enfermedad de nuestra estrella principal.

The Spirit of a Wood Man

Brookings, South Dakota, USA

KEVIN SPEARS HAD DONE NOTHING UNUSUAL, NOR had he deviated from what was expected of him. At age thirty-six, people would remark how tremendously successful he was, indeed.

He held a job as vice president of an international trade investment company on the ninety-fifth floor of the World Trade Center in New York, his future insured. It was September of the year 2001.

After inching his way out of a vise of traffic and hot concrete, smelling fumes rising from open gutters, and two hours of horns honking nonstop like hordes of Canada geese, he reached the parking spot, where he paid a small fortune for valet service. *"Is this a great life?"* he groaned.

He thought the day might improve later on. He had a date, but regretted making it.

Back to the center of the city! He would have to struggle with the same elements he'd battled that very morning. Oh, well."

City Hall shone as brightly as the patrons in their best clothes. He was dressed up too, though a mishap had occurred minutes before. Elbowing his way through the sweaty crowd and the stuffiness of the evening, past the urine-filled air behind the theater, he had stumbled and fallen. He recovered promptly and looked around for his date, but she wasn't there yet.

An hour of waiting. When Ivonne finally arrived, she didn't apologize. They went in late, but the show was also delayed.

"Ladies and gentlemen, we are very sorry to announce that today's show has been canceled due to the sudden illness of our star."

—¿Y ahora qué hacemos? —chilló ellá su actitud le chocó. Parecía a ella no importarle que él le había extendido todas las debidas atenciones para invitarla a la representación, trasportarla en su clásico Mercedes y otorgarle su grata compañía *¿Es esta una gran vida?* —se preguntó Kevin.

Esa misma noche, cerró los ojos y pinchó un alfiler en un mapa. Cuando tocó un lugar que no reconocía, decidió irse allí. El alfiler en el mapa le había indicado su nueva vida y destino. Era el pueblito de Brookings en Dakota del Sur.

Al día siguiente, puso a la venta su encumbrada y reluciente penthouse por mucho menos dinero del costo original. Se desprendió prácticamente de todo lo que poseía y lo llevó a la Sociedad de San Vicente de Paúl, y por último, dejó atrás a todos esos anteojudos y arrogantes tipos que una vez había llamado amigos.

No se arrepentiría de su elección. Se escapaba de una cárcel. Y partió.

En las afueras del pueblo elegido, encontró una casita de madera con un taller adjunto.

El sitio colindaba con la frontera más retirada del pueblo, rodeado por unos eternos pastos verdes. Una vieja torre de agua se erigía como única evidencia del paso del hombre a la civilización.

En su vida pasada, Kevin prefirió murallas de madera en su residencia, así como pisos de madera y muebles de lignito. Era su gusto. La madera daba calidez a su ambiente preferido.

Escondida en su mente estaba la noción romántica de elaborar flautas. No tenía idea de como trabajar en madera. —*Tengo suficiente dinero, deseo y más que suficiente disgusto por lo que dejé atrás cómo para comprar conocimiento.*

Kevin adquirió herramientas, libros e información para aprender hacer flautas.

Le encantaba tocar y oler los exóticos paneles que ordenó de lugares lejanos. Le daba un inmenso placer pensar que podría fabricar una pieza de madera y darle vida con sonido, uno especial y diferente en cada obra, hacer hablar al instrumento. Todo esto creado por sus propias manos. *¡Qué gusto!*

"Now what do we do?" His date's disgusted whine struck him hard. It didn't seem she cared that he had extended her every due courtesy, inviting her to the show, driving her in his classic Mercedes, and giving her the pleasure of his company. *"A great life?"* he thought.

That same night, he closed his eyes and stuck a pin in a map. When he hit a name he didn't recognize, he made up his mind to go there. The needle on the map had pinned down his new life and destination. The little town was Brookings, South Dakota.

Next day, he put his showcase-cum-brass-peacock Manhattan penthouse up for sale for a lot less than he could have. He dumped virtually everything he owned at the Society of St. Vincent de Paul, and finally decided to leave behind all the pretentious, bespectacled suck-ups he formerly designated as friends.

He didn't regret anything. He felt he was escaping from a sort of jail. He left.

On the very edge of town, he found a small wooden house with an adjacent shop. The dwelling marked the outermost boundary between the town and an endless grassy prairie. An old water tower was perhaps the only evidence separating man from civilization.

Earlier in his life, he had always preferred wood paneling for walls at home, wood floors, and wooden furniture. It was a natural personal taste—wood gave him a warm feeling.

In the back of his mind, he had romantic thoughts of becoming a flute maker, but he didn't know the first thing about woodworking. *I have enough money, enough drive, and enough disgust for what I left behind to buy knowledge.*

Kevin bought tools and acquired books and information about how to make flutes.

He loved to touch and smell the exotic woods he ordered from faraway places. It gave him great pleasure to think he could bring a piece of wood alive with sound and music, make it talk. All of this, coming from his own hands. *How exciting!*

Careciendo de objetos tecnológicos que lo distrajeran —como aquellos que tenía cuando vivía en Nueva York—decidió caminar al pueblo para comprar abarrotes que bien necesitaba.

Tocó una campanita. El vendedor apareció, reflejando intensa preocupación.

—¿En qué puedo servirle? Y Kevin le leyó su lista de alimentos.

—Terrible lo de hoy, ¿cierto? —comentó con tristeza.

—¿Qué pasó? —preguntó Kevin. El hombre no respondió, pero levantando un dedo, indicó que lo siguiera. Ambos fueron atrás de la tienda a mirar la televisión.

Kevin se enteró entonces que su oficina, su piso, sus colegas, habían desaparecido. Era el 11 de septiembre del 2001.

Por meses quiso explicar su destino, su atinada decisión de dejar aquel lugar que ya no existía. También la compasión le llenó el alma. Se sintió culpable. *¿Cómo fue que me tomó hacer una decisión a sólo unos pocos días de tal destrucción? ¿Significaría algo?*

El resto del año fue bastante tranquilo. Pasó la mayor parte del tiempo escribiendo su memoria, recreando su niñez y la historia de sus padres inmigrantes de Kiev, Rusia, cuando arribaron a América.

No recordaba mucho de su vida familiar, sus padres a menudo se ausentaban para ir a trabajar mientras Kevin completaba sus tareas de matemáticas, siempre perfecta. Pero el hogar para Kevin, eran sus padres echándole troncos al fogón para mantenerse abrigados.

Pasó noches infinitas leyendo a Laura Ingalls Wilder una y otra vez, y se durmió imaginando que era un pionero en la pradera salvaje, aunque con una bella mujer a su lado.

Las mujeres son seres sociales —recapacitó—y yo soy un hombre escondido en el bosque. No puedo escaparme de mi verdadero destino.

Dentro de las próximas semanas, salió. Se hizo amigo de los niños que desafiaban la primera tormenta de la estación y pedían caramelos en el Día de los Muertos, Halloween, para ellos. Los niños le apreciaban porque Kevin adivinaba siempre quiénes eran al ver asomar sus ropas de entre sus disfraces escondidos bajo las parcas y máscaras de esquiar.

Having no technological gadgets to distract him, as he had when he lived in New York, he decided to walk downtown to buy groceries he badly needed. He rang a little bell for service at the country store.

The grocer came out, his face showing sorrow.

"What can I do for you?" he asked. Kevin read his food list aloud.

"A terrible day, today, isn't it? the grocer said with sadness.

"What's the matter?" said Kevin. The man didn't respond, but beckoned with a finger to follow him. They went back to watch TV.

Kevin learned then that his office, his floor, his colleagues were gone. It was September 11, 2001.

For months, he pondered his destiny, his decision to leave that now nonexistent place. Compassion filled his heart. He felt guilty. *Why did he make his decision to leave just a few days before such destruction? Would it mean something?*

The rest of the year was pretty quiet. Most of the time he busied himself writing a memoir of his life, recreating his childhood and the story of his immigrant parents coming to America from Kiev, Russia. He didn't remember much of his family life; his parents went to work while he did his math homework, always perfect. Mostly, home was his parents sitting around a fire, adding chunks of firewood to stay warm.

He spent many fireside nights reading Laura Ingalls Wilder over and over again, and went to sleep imagining he was a settler of the harsh and rugged prairie, a beautiful frontier woman by his side.

Women are social beings, he recalled, and I am a man hiding in the forest. I can't hide from my true destiny.

In the next weeks, he went out. He made friends with children who braved the first storm of the season to ring his doorbell for Halloween treats. The kids liked him, especially because he could guess who they were from hints and bits of fabric that peeked out from under their parkas and ski masks.

—¿Quién soy yo? —le desafiaban. —El lobo —adivinaba él y le seguían las preguntas.

Kevin adquirió un trineo. En él trasladó al centro del pueblo los monos de nieve que los chicos producían, a cambio de su ayuda en excavar la nieve acumulada a su puerta. El resto, los niños la usaban para construir castillos y lanzarse bolas de nieve.

El señor Palmer, un lechero que fuera de ser un buen ciudadano había tenido la osadía de detener a un bandido que robaba el banco —el primer desfalco ocurrido en Brookings—y había sufrido lesiones durante el curso del evento.

La realidad fue que el lechero estaba descargando las botellas de leche y no vio al ladrón fugitivo hasta el último momento, tropezándose con él. Al detenerlo, aunque fuera por casualidad, sus vecinos lo aclamaron y se le agradecieron. Kevin se encargó de tomar la ruta de entregas del señor Palmer hasta que éste se repusiera.

En la tienda de provisiones, conoció a Doris Baumgartner. Ella desplegaba una gran energía y buen carácter además de poseer unos senos estupendos. Kevin cortésmente la ayudó a llevar sus provisiones al auto. —Muchas gracias. ¿No es usted el vecino nuevo? ¿Le gusta aquí? Y él lo confirmó.

-¿Le gustaría venir a tomar té conmigo? —lo invitó.

Doris era una mujer con mucho sentido común, sin embargo, también poseía una actitud natural casi infantil que la hacía encantadora. Trocaba un simple paseo por el pueblo en un orbe de conocimiento de la tierra de allí. A la caída de nieve fresca, se lanzaba al suelo revolcándose en ella. Se detenía a observar las placas de hielo y las rompía para que corrieran fácilmente por los arroyos, desviándolos hacia las acequias por las calles. Kevin apreció a Doris por ser una gran amiga y gozó con lo divertida que era.

La señora O'Connell le pidió si él podía cortarle las flores, ya que sus manos reumáticas no le permitían alcanzar los brotes más altos de las ramas. Con buena voluntad, Kevin accedió.

"Who am I?" they would scream. "The wolf," he'd guess, eliciting more questions.

He purchased a sled. In exchange for their help shoveling the snow from his door, he transported the big snowmen the children had built to town, and they used it to build frozen castles and throw snowballs at each other.

Mr. Palmer, a milkman and a good citizen, was injured trying to apprehend a robber — the first robbery ever in Brookings. In reality, Mr. Palmer had been unloading a crate of empty milk bottles and didn't see the getaway bicycle until thief and milkman ran into each other.

However, the villagers praised and acknowledged him. Kevin took Mr. Palmer's route until he was back on his feet.

At the country store, he met Doris Baumgartner. She showed an energetic and happy disposition — in addition to a wonderful chest. Kevin courteously helped her to carry her provisions to her car.

"Thank you so much. Aren't you the new neighbor? How do you like it here?" she asked with an ample smile. Kevin replied.

"Can you come in for tea?" she invited.

Doris was a woman with a lot of common sense, but she also had a natural childlike attitude, which made her charming. She turned a walk around town into a world of discovery about the land. At the sight of fresh snow, she would drop to the ground and roll in it. She would spend time crushing the sheets of ice that hung over the flowing streams, pushing them into the gutters along the street curbs. Kevin appreciated her as a terrific friend, and enjoyed the great fun she always was.

Mrs. O'Connell asked Kevin to trim her flowers — her rheumatic hands couldn't reach the upper blossoms. He helped her gladly.

Ahora Kevin era un miembro aceptado por su comunidad. No pasaba día en que no se le pidiera ayuda y él la diera. Y continuó trabajando en sus proyectos.

Una noche completó de fabricar una flauta de madera natural de arce —Pera-Suiza, decía la etiqueta. Delicadamente se la puso en los labios para sacar sonido. Nada sucedió. Le abrió entonces más agujeritos y los pulió. No hubo sonidos, pero pareció sentir un eco.

Desde uno de los rincones sombríos de su taller, escuchó una voz apenas audible. Prestando bastante atención, la escuchó nuevamente.

—*Soy la voz callada de tu existencia. Sé que necesitas comprender esto. Tanto ha pasado por ti y aún no puedes descubrirlo. La tierra que has pisado te puso aquí, allí. Te envió desde un cielo lejano el que no comprendías tampoco, pero que te eximió de la muerte.*

Escucha: la vida no es sólo para mantenerla. Es para compartirla. El amor de la madre tierra no es sólo la belleza, la gracia pero cierto poder. Aún la furia y el dolor que son necesarios para alcanzar nuevas dimensiones de lo que es ser y existir. Has elegido venir a este pueblo. Estás ahora en contacto con tus sentidos, con seres que te aman porque tú los amas. Tienes sentimientos y sueños profundos. Tu nuevo conocimiento se nota en la manera que caminas, hablas, actúas. Lo muestras en tu faz. Todos los seres humanos buscan un hogar y un lugar en este mundo. Tú lo has encontrado haciéndote parte de esta comunidad, al igual que las raíces son a su tierra. Has elegido bien.

Kevin tomó la flauta de nuevo. La tocó y unos sonidos maravillosos fluyeron. La madera del instrumento parecía fundirse en sus manos y henchirse en su boca.

Y fue entonces que las voces internas de Kevin le rindieron la verdadera razón de desviarse tan imperativamente de su vida pasada.

El Hombre de Nueva York, El Hombre Éxito, El Hombre Loco, El Hombre Humano, El Hombre de Madera acababa de encontrar su alma.

He was by now an accepted member of his community. He came to the aid of whoever needed it. And he kept working on his wood projects.

One night, he had finished making a flute from an old piece of orchard wood, listed in the invoice as Swiss Pear. He put it in his lips to get a sound. Nothing happened. He opened up the little holes, filed them. No sound. But he seemed to hear another kind of sound. From a dark corner of his workshop, he heard a barely audible voice. Paying attention, he heard it again.

I am the silent voice of your being. I know you need to understand this. So much has happened to you, but still you have not noticed it. The earth you have stepped on put you here and there. It sent you from a faraway heaven you didn't comprehend either, but saved you from death.

Listen: life is not just to keep; it is to share. The love of Mother Earth embraces not only beauty and grace, but also power. Even fury and pain force open the door to new dimensions of what it means to be, to exist. You chose to come to this small town. You have learned to use your senses, to love nature, and to love your neighbor. You have deeper feelings and dreams. Your new knowledge shows in the way you walk, talk, and do. You show it on your face. All humans are in search of home, of a place in this world. You have found yours by making yourself as much a part of this community as roots are to the soil they grow in. You have chosen well.

Kevin grabbed his flute. Marvelous sounds floated forth. The instrument made of wood seemed to melt in his hands and fill his mouth. Kevin's internal voices revealed to him the true reason why he had deviated from his past life.

The New Yorker, the Successful Man, the Crazy Man, the Human Man, the Wood Man had just found his soul.

El color del miedo

Nueva York, USA

Todos somos hermanos

Las torres gemelas se han silenciado,
muerte, dolor reinan en los escombros.
Lloramos, cuánto lloramos por nuestros hermanos,
fantasmas sin tierra, perdidos en el cielo.

Hermanos de otras naciones
que no palpan de la miel sabores,
amargura, ignorada tristeza
acompaña su jornada.

Caen bombas del firmamento,
soldados, armas invaden el mundo
la gente se ampara, bólidos de fuego
encandecen almas convertidas ahora en hierro.

Iraq, Japón, Chile, Nicaragua,
Libia, Vietnam, Corea, Guatemala
Torres de conflicto y disidencia
eficientemente subyugadas.

Lo bueno, lo malo, ¿dónde? ¿cómo?
Sentimos hoy nuestra congoja,
indulgente del sufrimiento de otro,
demorando pensar en el mañana.

The Color of Fear

New York, USA

We Are All Brothers

Twin towers of power are silent,
death and pain lay in the rubble.
We cry, how much we cry for our brothers,
wandering ghosts in unearthly heavens.

Brothers of foreign nations
rarely taste the sweetness of honey.
Bitterness, disheartening sadness
accompany their journey.

Bombs fall from the sky,
soldiers, guns invade lands.
People hide from rockets of fire,
souls melting in iron dire.

Iraq, Japan, Chile, Nicaragua,
Libya, Vietnam, Korea, Guatemala,
towers of conflict and dissent
expediently bent.

Goodness and evil, where, how?
We feel today our sorrow,
demeaning the agony of others,
delaying thoughts of tomorrow.

Roja es la sangre humana
y blanco es el color del miedo.
Lágrimas empapan la destrucción y violencia,
¿No son amor y compasión por todos, más apreciados?

Hermanos, somos hermanos
La agresión nuestra enemiga, venganza la derrota.
Sepultemos odio e indiferencia
Resueltos a salvar nuestra conciencia.

Blood is red for the human race
and white is the color of fear.
Tears soak violence, destruction,
aren't love and compassion for all, dear?

Brothers, we are brothers.
Aggression is our enemy, retaliation our defeat.
Let's bury hate and indifference,
resolved to save our conscience.

Una muerte equivocada

San Francisco, California

BOSCO ESCUDRIÑÓ LA CALLE DESDE LA CONFINADA VENTANA de su departamento en el tercer piso.

Estaba solitaria.

Levantó un canasto de plástico con sus pertenencias que necesitaban de un buen lavado. Debía ir a la lavandería ahora. Envolvió una pila diferente de ropa sucia en una caja de cartón y la colocó en un compartimiento en el techo interior arriba de la estufa.

Otra mirada rápida por la ventana le aseguró que la calle estaba aún desierta.

Bosco salió del edificio apretando su fardo en contra de su cadera izquierda. La brisa helada de San Francisco penetró por su espalda, cuello y hombros. A pesar de la protección de su viejo abrigo, tembló, el frío invadiendo su cuerpo.

La lavandería "El Lavado Feliz" estaba abierta 24 horas al día. Por once años, la había manejado como jefe y consumidor.

Se aseguró que no hubiera otros clientes. Nadie adentro. Entró. Sus movimientos fueron mecánicos al abrir rápido la puerta de la lavadora —ropa adentro, jabón y una generosa porción de cloro que no lo distrajeron al continuar observando la puerta principal.

El murmullo del agua agitándose, empapando el bulto, le alivió. De pie, observó sus vueltas y revueltas. A cada movimiento, notó los latidos de su propio corazón unidos a la faz de su único hijo, Dominic.

Se sentó. La rotación acompasante de la rueda se extendió hacia su cerebro animándole a dormir. ¡Estaba tan cansado! La máquina cambió de ciclo a uno más ruidoso, despertándolo.

Sobresaltado, brincó para encontrarse con un hombre apuntándole la cara con una pistola. —¿Lavando la ropa, Bosco? Debes ser un tipo muy limpio, ¿ah?

A Wrongful Death

San Francisco, California

BOSCO SCANNED THE STREET FROM ONE OF THE SMALL WINDOWS of his third-floor apartment.

It was clear.

He lifted a plastic basket with his belongings, much in need of washing. He should go the Laundromat now. He wrapped a separate pile of dirty clothing tightly and put it in a cardboard box, which he stuck behind a panel in the ceiling, high above the stove.

Another quick glance through the window reassured him the street was deserted. Pressing his bundle against his left hip, Bosco walked out of the building. The chilly breeze of a San Francisco night spread over his back, neck, and shoulders. Despite the protection of his good old coat, he shivered, cold entering his whole being.

The "Happy Wash Laundry" was open twenty-four hours a day. He had been both manager and customer there for eleven years.

He checked for other patrons. No one inside. He went in. His movements were mechanical, quickly opening the door of the washing machine — clothes, soap, and a generous amount of bleach. That didn't distract him from watching the main entrance door.

The splattering noise of the water soaking the load gave him a sense of relief. He stood gazing at its revolving action. At each turn he became aware of the beating of his own heart, reflecting the face of Dominic, his only son.

He sat down. The rotation of the wheel extended to his brain, inducing sleep. He felt so tired! The washing machine switched noisily into another cycle, waking him up. Startled, he jumped up to find a man holding a gun to his face.

"Doing laundry, Bosco? You must be a very clean fellow, eh?"

Bosco, un hombre de cincuenta años de contextura fuerte, no respondió. Sabía que hacer. Se trataba de Tomás Handler, un jefe de policía igual que fue Bosco; su ex-compañero y con él un pasado compartido, el odio siempre presente.

—Déjeme tranquilo.

La lavadora terminó su ciclo. El pistolero la escuchó. Caminó y abrió el cerrojo.

Sacando a tirones la ropa de Bosco prenda por prenda, las examinó, lanzándolas al suelo.

No encontró nada.

—¿Limpiando la evidencia, Bosco? ¿Dónde está tu hijo? —exigió.

Bosco siguió callado. El hombre al fin se dio por vencido.

—Te toca a ti, Bosco. Ya pescaré a tu chiquillo, Bosco... y te pescaré a ti también.

Bosco recogió sus ropas del suelo y las colocó en el canasto con una leve sonrisa en la cara. La treta había funcionado.

Bosco caminó con pasos seguros hacia su casa. Subió las escaleras a su departamento y le echó llave a la puerta. Llenó un balde con agua y vació una gran cantidad de amonio que restaba de su primer lavado agregándole otra botella.

Bajando desde el techo de la cocina la caja de cartón para un segundo lavado, la desempaquetó, sumergiéndola en el balde. El agua se tornó roja.

Entró a su dormitorio, se sacó el abrigo sin colgarlo y abrió una partición secreta detrás del closet.

—Dominic, ¿estás ahí? Un joven se arrastró hacia afuera de un espacio de no más de dos y medio metros cuadrados, estirando las piernas.

—Sí papá. Estoy bien. Estoy acalambrado, pero bien. Debo dejar de vivir de esta manera —sonrió apenas. —¿Ya lavaste?

Bosco afirmó mirando fijamente a su hijo. —Dame los detalles, Dominic.

—Bajé al garaje de la estación de policía durante mi tiempo libre alrededor de las 7:00 de la tarde para sacar la billetera que había olvidado en mi auto esta mañana. Quería ir a comer algo. Cuando estaba adentro del

Bosco, a man in his fifties, his body heavyset but fit, didn't answer. He knew better. It was Thomas Handler, a police officer, as Bosco had been, his ex-partner, and with him came a past and an ever-present hatred.

"Leave me alone."

The washing machine completed its cycle. The gunman noticed. He walked toward it and opened the latch.

Pulling out Bosco's clothes, piece by piece, he scrutinized them, dumping the full load on the floor. He found nothing.

"Washing the evidence, Bosco? Where's your son?" the man demanded.

Bosco remained silent. The man finally retreated, saying, "It's your turn now, Bosco. I'll get your boy, Bosco … I'll get you too!"

Bosco gathered his belongings from the floor and placed them in the basket, a smirk on his face. The trick had worked.

Walking back home, Bosco's steps were steadier. He climbed the stairs to his apartment and locked the door. Filling a bucket with water, he poured in the unused bleach left from his first wash, adding an extra bottle.

From the stove above, he lowered the cardboard box, and took out and unwrapped the second wash, dunking it into a bucket. The water turned red.

Bosco entered his bedroom, took off his coat without hanging it up, and opened a secret space behind the closet.

"Dominic, are you all there?" A young man came out from a space no wider than three square feet, stretching his legs.

"Yes, Dad. I'm all right. I've got cramps in my legs but I'm okay. I have to stop living this way," he smiled faintly. "Laundry done?"

Bosco nodded, fixing his gaze on his son's eyes. "Tell me the details, Dominic."

"I went down to the police station parking garage during my break time at around 7 P.M. because I needed to get my wallet. I'd left it behind in my car this morning. I wanted to buy something to eat.

coche, escuché un estampido. Esperé un rato y salí. Un hombre yacía desangrándose a pocos metros míos. Me acerqué a él, me agarró tratando de hablarme, pero cuando me agaché para ayudarle, se desmayó.

Tu ex-compañero, Handler, apareció de repente en el ascensor.

—¡Pare! —gritó, apuntándome con el revólver. En un momento de ofuscación, recordé del pasado tu experiencia bajo las manos de tal individuo. Intentaba dispararme. Huí, él me persiguió pero fui más veloz. Tenía en mi bolsillo las llaves de un Mercedes que acababa de estacionar minutos antes. Me subí y escapé.

—¿Viste al atacante? —indagó Bosco.

—Apenas. Ella fue muy rápida.

—¿Ella?

—Sí. La mujer de Handler. La vi una en una ocasión en el estacionamiento con él; una señora agradable, me dio una buena propina por estacionar su coche.

Bosco levantó las cejas con una expresión espectral, ensombreciendo su cara normalmente calmada.

—¿Vino Handler a la lavandería? —preguntó Dominic.

—Seguro.

—¿Te dejará alguna vez en paz?

—Las relaciones humanas son difíciles, Dominic.

—Ahora es cuando debes decírmelo papá. ¿Qué pasó en realidad entre ustedes dos?

Bosco bajó la cabeza angustiado ante la pregunta inquisitiva.

—Michelle Handler fue una vez mi amante, Dominic. Es tu madre.

Las noticias de medianoche se transmitieron: Un tiroteo sucedió en la calle Eddy y Turk en San Francisco, en un Estacionamiento de Policía. El asesino, un joven empleado que se le identificó de trabajar allí, había huido. Era el hijo de un ex-policía, Bosco Barbieri, despedido de la Fuerza Policial por matar a un colega, Brian Collins.

While I was inside the car, I heard a shooting. I waited a while and got out. A man lay bleeding a few yards away from me. I went to him, and he grabbed me, trying to talk when I bent down to help him, but he passed out.

Your ex-partner, Handler, suddenly appeared from the elevator. "Stop right there!" he screamed, threatening me with his gun. I remembered in a flash from the past what happened to you at this guy's hands. He could shoot me. I ran away; he chased me but I was faster.

In my pocket I had the keys of a Mercedes I had parked minutes before. I jumped in and drove away."

"Did you see the attacker?" Bosco inquired.

"Barely. She was quick."

"She?"

"Yes. Handler's wife. I saw her with him once, at the parking garage. A nice lady, she tipped me well.

Bosco raised his eyebrows, a somber expression shadowing his usually relaxed face.

"Did Handler come to the Laundromat?" Dominic asked.

"Sure."

"Will he ever give you a break?"

"Relationships are difficult to explain, Dominic."

"Now it's the time for you to tell me, Dad. What really happened between you two?"

Bosco put his head down, troubled by the interrogation.

"Michelle Handler was once my lover, Dominic. She's your mother."

The late news came at midnight: "A shooting has taken place at Eddy and Turk in San Francisco, in the garage of a police station. The assassin, a young attendant working there, fled, but has been identified as the son of an ex-policeman, Bosco Barbieri, discharged from the police force for killing a partner, Brian Collins."

Padre e hijo escucharon las noticias con deliberada atención, dándose tiempo de sortear sus pensamientos, resistiendo abrirse a mayor comunicación. Cada cual luchaba con la intensidad de un secreto guardado por años.

La confesión de Bosco había dejado mudo a Dominic.

—¿Quieres un sándwich? —ofreció Bosco.

—Sí, yo me lo haré papá.

Más tarde continuaron las noticias: El hombre muerto era mellizo idéntico del detective Tomás Handler. Sin hacerse anunciar, Harold Handler había venido a visitarlo desde Chicago.

Dominic se volvió a su padre. —Pero, ¿por qué ella quiso matar ya sea a su marido o a su cuñado?

—Las relaciones humanas son difíciles, Dominic —repitió él. —Ni tu madre ni yo nunca quisimos herir a nadie. Tom Handler se comportó como un cazador herido, un marido vengativo. Me acusó falsamente de haber matado a un colega policial, Brian Collins, que murió en circunstancias dudosas en un caso de drogas. Nuca maté a nadie, pero no pude aceptar la sombra de la sospecha sobre mí, y renuncié voluntariamente al cuerpo de policía.

—Pero ¿por qué quiso ella matar a su esposo ahora?

—Odio, venganza... y amor. Michelle debe haber sospechado que Tomás trataría de eliminarte tarde o temprano. Fue por accidente que atacó a su hermano Haroldo. Estoy seguro que ella avistó tu presencia en el garaje. ¡Pobre querida Michelle!

—¿Qué pasará ahora si Tomás descubre que su mujer es la asesina de su hermano?

—Tomás se las arreglará. Querrá retenerla bajo un nuevo dominio para jamás dejarla. Es su modo de pago. Pero Dominic, por favor trata de comprender. Su terrible acción fue el gesto amante de una madre a la que su marido no le permitió jamás relacionarse contigo. Debes perdonarla. No sabemos si la ley lo hará.

Bosco se levantó y fue al lavabo. La camisa y los pantalones ensangrentados de Dominic se hallaban ya sin manchas. Varios enjuagues mostraron el agua clara.

Father and son listened to the broadcast with careful attention, trying to sort out their feelings, unable to open up to each other. Each man was struggling with the intensity of a guarded lifetime secret.

Bosco's confession had left Dominic speechless. "Want a sandwich?" Bosco asked.

"Yeah, I'll make it, Dad."

Later on, updated news came on: "The dead man was the identical twin brother of detective Thomas Handler. Unannounced, Harold Handler had come to visit him from Chicago."

Dominic turned to his father. "Why would she kill either her husband or her brother-in-law?

"Relationships are hard, Dominic," he repeated. "Your mother and I never wanted to hurt anyone. Thomas was the wounded hunter, the vindictive husband. He falsely accused me of killing Brian Collins, a fellow policeman who died under suspicious circumstances in a drug case. I never killed anyone, but I couldn't bear to be to be a suspect, so I quit the police force voluntarily."

"But why would she kill her husband now?"

"Hate, revenge … and love. Michelle knew Thomas would eliminate you sooner or later. Instead of killing her husband, she got his brother Harold by accident. I'm sure he saw you at the garage last night. Poor, dear Michelle!"

"What will happen now if Thomas discovers his wife is his brother's killer?"

"Thomas will manage to cover it up. He'll hold her under a new power, and never let her go. That's his pay off. But Dominic, please try to understand. Her terrible action was a last loving gesture of a mother unable to have her son because her husband wouldn't allow it. Forgive her. We don't know if the law will."

Bosco stood up and went over to the sink. The load of wash, Dominic's stained shirt and pants, was bleached free of the dead man's DNA, where he had touched Dominic before dying. Several rinses showed clear water.

—Camina conmigo, hijo —sugirió el padre —vamos a la estación de policía. El lavado está hecho, libre de DNA y no hay evidencia de haber sido tú, el malhechor. Y dejaremos la investigación en manos de los detectives, ¿cierto?

Bosco esperó la respuesta de Dominic.

—Estoy listo papá. Vamos.

El viento estaba aún penetrante y frío pero la llovizna había aclarado el cielo y olía a tierra húmeda. Ambos hombres se levantaron automáticamente el cuello de sus chaquetas y marcharon abajo de las empinadas calles de San Francisco.

—Las estrellas están siempre allí, aunque uno no las haya mirado por veinte años —dijo Bosco.

Dominic rodeó con su brazo derecho los hombros de su padre, marcando el ritmo de sus pasos.

—Pues ahora las miramos juntos, papá. Todo está bien. Todo saldrá bien.

"Walk with me, son. Let's go to the police station. The washing is done, there's no evidence of wrongdoing from you. We'll leave the guesswork to the detectives, right?" Bosco waited for agreement from Dominic.

"I'm ready, Dad. Let's go."

The San Francisco wind was still penetrating and cold, but drizzle had cleared the sky, and the air smelled of wet earth. Both men automatically pulled up their jacket collars and marched down the curvy streets of the city.

"The stars are always there, even if you haven't looked at them for twenty years," Bosco observed.

Dominic put his right arm over his father's shoulders, keeping pace with his steps.

"We'll look at them together, Dad. Everything is all right. Everything will be all right."

Terremoto

Concepción, Chile, 22 de mayo de 1960

No hay donde esconderse.
No hay donde correr.
No hay invocación a los cielos ni Dioses benignos a quien llamar.

EL TERREMOTO EN LOMA PRIETA EN 1989, trajo a mi memoria aquel tiempo en que mi familia y yo sobrevivimos un terremoto de 9.5 grados en la Escala Richter. Fue 7.900 veces más fuerte que el de Loma Prieta en California, Estados Unidos. Es difícil siquiera imaginárselo. Sucedió en el pueblo de Concepción en Chile, el 22 de mayo de 1960. Marcó el grado mayor de destrucción en la historia de los movimientos sísmicos del mundo.

Chile es una tierra de terremotos. De niños, entrenamos el oído a escuchar el rugido proveniente de la Madre Tierra; un balanceo suave de nivel 2 o 3 sólo lo siente la gente que está acostada, o en un edificio alto. A nosotros los chilenos, apenas les prestamos atención.

Levantamos la cabeza con uno de nivel 4 o 5. Las lámparas que oscilan ya caen, las puertas y las ventanas vibran y los paneles de madera crujen. Calmadamente, nos levantamos para salir y nos refugiamos, evitando la caída de objetos volantes. Los terremotos no matan, pero los edificios, sí.

Allí teníamos temblores casi todas las semanas —una situación que nunca cambiará porque Chile yace en el Plato Pacífico de Nazca, constantemente rozándose con el Plato Continental Sudamericano, acumulando energía de 8 a 9 centímetros al año.

Con el paso del tiempo, cada 120 años se libera, provocando un gran terremoto.

En el caso de Chile, justamente ubicado a lo largo del Plato Continental Sudamericano, un temblor a menudo sigue a otros, extendiéndose

'Earthquake

Concepcion, Chile, May 22, 1960

No place to hide.
No place to run.
No invocation to the heavens nor benign Gods to call.

THE EARTHQUAKE IN LOMA PRIETA IN 1989 triggered my memory of the time when my family and I survived an earthquake of 9.5 on the Richter scale, 7,900 times stronger than one in Loma Prieta, California, USA. It is difficult to imagine such a jolt.

It took place in the town of Concepcion, Chile, May 22, 1960, the strongest quake ever recorded in the history of the world's seismic shocks.

Chile is a land of earthquakes. As children, we trained our ears to hear the usual incoming roars from Mother Earth; a soft shake of a level two or three was one people lying in bed or inside a tall building would barely notice. We Chileans would give those no attention.

We lifted our heads at one of a level four or five. Swaying lamps falling down, doors and windows vibrating, and wood panels creaking. Calmly, we would leave the building, taking refuge from flying objects. Earthquakes do not kill, but buildings do.

We had tremors almost every week—a situation not likely to change, because Chile lies on the Pacific Plate of Nasca, constantly bumping into the Continental South American Plate, accumulating the energy of moving eight to nine centimeters a year.

With the passing of time, every 120 years, the Pacific Plate frees itself, causing a big earthquake.

In the case of Chile, placed along the South American Plate, the tremors follow one after another along the whole length of Chile.

a lo largo del territorio chileno. El suelo bajo nuestros pies gira constantemente. Ha pasado a ser una tradición en Chile.

Nada nos acondicionó previa y mentalmente en ese día del 22 de mayo.

Vivíamos en una encantadora casita de dos pisos; mi marido, yo, dos hijitas, una de dos años y una bebita de 6 meses. Mi mamá había venido a visitarnos.

Cerca de las 6:00 de la mañana, nos despertó un inmenso remezón sísmico de movimiento circular, revelándonos la despótica furia de la profundidad terrestre. Cual barcos elevados en una tormenta marina, saltamos de la cama en direcciones opuestas, pero nos desplomamos de espaldas otra vez incapaces de levantarnos.

Mi instinto de madre más poderoso que el miedo, me empujó a coger a mi hija infante de su cuna, al lado de nuestra cama. Entonces, el cielo del dormitorio se desplomó, aplastando la cama matrimonial, separándonos a mi esposo y a nosotras.

Un minuto en este movimiento brutal fue el minuto más largo de nuestras vidas. Siguiendo a la caída del techo, los muebles volaron disparados en alto, destrozándose.

Con una gran desesperación y terror, nos arrastramos de rodillas y manos hacia el dormitorio donde mamá y nuestra chiquita de dos años dormían. La puerta estaba atascada y no escuchamos respuestas a nuestras llamadas.

Muertos de angustia, pateamos y empujamos la puerta hasta que cedió. Mamá y la niña se habían refugiado bajo una cama. ¡Estaban vivas! Nos habíamos salvado aunque temporalmente.

De terremotos anteriores, sabíamos que siguen otros, y ante la magnitud de este último, era necesario abandonar las premisas del hogar inmediatamente.

Sin embargo, estábamos atrapados en el segundo piso. Rápidamente, tiramos las sábanas de las camas para hacer una cuerda rudimentaria, ya que las escaleras se habían desplazado.

Mi esposo saltó hacia el primer piso y nosotras tratamos de deslizarnos por las sábanas. No fue fácil cargar a las niñitas por temor de

The floor beneath our feet constantly swinging has become a Chilean tradition.

None of our previous mental experience prepared us for that May 22.

We lived in a charming little two-story house, my husband, a two-year old, a six-month-old baby, and myself. My mother was visiting us. At around 6 A.M. we were abruptly awakened by an intense circular movement coming from the earth's deepest fury. Like ships heaving in a storm, we jumped in opposite directions, but fell back again unable to stand up.

A mother's instinct stronger than fear pushed me to grab my infant daughter from her crib at the side of our bed. Then the ceiling of the bedroom blasted down, smashing the bed separating us. My husband was on the other side of the room.

The single minute of this seismic shove was the longest minute of our lives. Following the collapse of the ceiling, we watched as our furniture was thrown around and smashed.

In frantic desperation and terror, we crept on hands and knees to where Mother and our two-year-old slept. The door was blocked and we heard no response to our calls.

Sick with anguish, we kicked and pushed the door open. Grandmother and child had hidden beneath one bed. They were alive! We had been temporarily spared.

From other quakes, we had learned that aftershocks follow, and from the strength of this quake, we knew instinctively that we should leave the premises immediately.

However, here we were trapped on the second floor. Quickly, we pulled sheets from the beds to make a rudimentary rope, because the stairs were damaged beyond use.

My husband jumped down to the first floor and we attempted to slide down the sheets. It was not easy carrying the babies. We were

soltarlas, pero otro temblor nos apuró a lanzarnos hacia abajo.

Sólo tres murallas permanecían paradas en el lugar combinado de sala-comedor. Una pared aún sostenía la chimenea, aunque el hueco de salida al exterior no existía.

Miramos consternados el panorama fantasmagórico de afuera. Cada hogar destruido.

Las casas estaban aplastadas como la nuestra. Vimos la carretera principal que anteriormente estaba a más de dos cuadras lejos de nuestra vivienda. El pavimento rajado, manchado de rojo y surcos abiertos, amenazaba reclamar nuevos cuerpos.

La tierra se había descompaginado. Nos sentimos perdidos y desorientados.

El silencio después del terremoto sólo era interrumpido por los gritos de dolor de nuestros vecinos ante la pérdida de sus seres queridos. El sonido mecánico de las herramientas, punzones, palas se detenía brevemente al rescatar nuevos cadáveres. ¡El grito estridente al encontrarlos no podríamos nunca olvidar!

Estábamos paralizados. Mamá no hablaba y envuelta en su chal, lloraba. Las niñitas contentas sonreían en espera de la comida diaria. A mí se me había cortado la leche para amamantar a la pequeña. Teníamos que sobrevivir de alguna manera.

Lentamente, nos recuperamos. La cocina era un campo afilado de cortantes peligros; los platos, los vasos, rotos. Usábamos loza, ya que el plástico no entraba aún de moda, pero salvamos ollas y sartenes. Pronto, los usaríamos para todo servicio. Cortamos el flujo de las cañerías del gas.

Inmediatamente seguido al terremoto, comenzó a llover. Descubrimos que la tina de baño había sido arrancada de su base hacia el medio del baño, rompiendo las tuberías y el agua que brotó hasta extinguirse. El agua es lo más importante de tener en un terremoto y la habíamos desperdiciado. Corrimos a recoger la lluvia y llenamos todos los envases a mano que encontramos.

afraid of dropping them, but another shake made us hurry and we reached the bottom floor.

Only three walls were left standing in the combined dining and living room quarters. One wall still retained the fireplace, although the chimney no longer existed. We looked at the surreal landscape outside.

Every home was destroyed. Flattened houses faced ours, just as flat, enabling us to see the road from our living room, although we lived a full block away from the traffic. The cracked concrete on the streets was stained with blood, and open fissures threatened to swallow new bodies.

Mother Earth had rearranged our land. We felt dislocated and disoriented.

The silence of the aftermath was broken by our neighbors' cries of grief at the loss of dear ones. The sound of tools, picks, and shovels was exceeded by screams at the sight of newly found corpses—a shrieking we would never forget!

We were numb. Mother didn't speak, but wrapped herself in her shawl and prayed. The little girls were smiling, ready to be fed. I discovered no milk came from me to breast feed my baby. We had to survive somehow.

Slowly, we stood up. The kitchen was a field of sharp, cutting danger—plates and glasses destroyed. We had only china, since plastic was not yet in fashion, but we rescued pots and pans. Soon we would soon use them for every need. We secured gas pipes, turning them off.

Immediately following the earthquake it started to rain. We discovered that the bathroom tub had been uprooted from its corner and shoved toward the middle of the room, breaking the water pipes. Water gushed out. Water is the most important thing to have in an earthquake and we were wasting it. Out we ran to collect rain, filling every available container.

En seguida arreglamos la chimenea para hacer fuego. Estaba húmedo, oscuro, frío.

Buscamos provisiones en conservas que nos darían alimento por unos pocos días. Recogimos útiles de cocina y los acomodamos en una mesa provisoria para comer, cerca de la chimenea.

Temerosos de otros temblores, nos atrevimos a subir al segundo piso otra vez con la intención de construir una tienda de campaña dentro de la casa. Con la ropa de cama que aunque sucia estaba en buenas condiciones, fabricamos un lugar donde pudiéramos dormir juntos. ¡Nuestra niñita de dos años estaba feliz con este arreglo!

Hacia el fin del día, aquellos vecinos sobrevivientes empezaron a llamarse y reunirse en una calle cercana. Acordamos juntarnos en un sitio erial y encadenarnos de los brazos en caso que se abriera la tierra para reclamar más víctimas. Nos hicimos accesibles a necesidades en común.

El peligro anima a desplegar una valentía que no sabemos si la tenemos, hasta que actuamos ante el desafío. La mayoría de los vecinos se arriesgaron para salvar otras vidas, compartieron la comida que escaseaba, repararon techos destrozados con sus propias manos.

Todas estas acciones provenientes corazones sinceros.

Los movimientos sísmicos continuaron por seis meses, y por dos meses, subsistimos: una toalla mojada para lavarnos, encontrar alimento, medir el consumo diario de agua y acurrucarnos cuando el viento y la lluvia nos estremecía.

La ayuda vino muy lenta para nosotros. El gobernador evacuó a los heridos primero, unos 5,000 de ellos. Cientos habían perecido. Las familias con niños siguieron después. Regresamos por fin a Santiago.

Por extraña coincidencia, o quizá porque aprendimos a vivir con terremotos, nuestra familia, años después, emigró a California.

Habiendo experimentado una vida de vaivenes, les aseguramos a nuestros amigos californios:

—¡Oigan, no teman! California sólo tiene temblorcillos! ¡De verdad!

Next, we tried to repair the fireplace to make a fire. The weather was wet, dark, and cold.

The search for groceries gave us enough canned food to last for only a few days. Gathering kitchen utensils, we created a makeshift table so we could eat near the fireplace.

Fearing aftershocks, we dared climb back to the second floor to build a tent inside the house. With bedcovers, dirty but in good condition, we made a sleeping place for all of us. Our two-year-old simply loved this arrangement!

Later that day, surviving neighbors started to call on each other and meet at a nearby street. We agreed to gather at a place where the buildings had been completely leveled, clasping arms in case the earth burst open to claim more victims. We made ourselves available to those in need.

Danger evokes a sense of bravery we aren't sure we have until we prove otherwise. Most neighbors risked their lives saving others, shared what provisions they had, and helped repair damaged roofs with bare hands. All these actions came from open hearts.

The seismic waves continued for six months, and for two months we managed to survive — using a wet towel for washing, finding edibles, measuring the drinking water supply, and huddling together when the wind and rain made us shudder with cold.

Help was very slow to reach us. The governor evacuated the wounded first, some 5,000 of them. Thousands had been killed. Families with children like ours were sent out next. Finally, we returned to Santiago.

By an odd coincidence — or perhaps because we had learned how to live with earthquakes — our family later immigrated to California. Having experienced a lifetime of bouncing, we reassured our fellow Californians, "Hey, folks, don't be afraid. California only has little shakes! Honestly!"

El secreto

Antibes, Francia, verano de 1995

MAURA MONTIEL ENTERRÓ A SU ESPOSO rodeada de familia y amigos que compartían su pena.

La inesperada partida de León Montiel a causa de un accidente automovilístico, le había congelado el corazón. La nieve en su alma bien escondía, su control era aparente y su falta de lágrimas, forzada apatía que sus conocidos admiraban. ¡Una torre de fortaleza!

Maura estaba ahora sola; cincuenta años de espléndida belleza desperdiciada.

¡Cuánto echaba de menos a León! De noche trataba de alcanzarlo pero el lugar estaba vacío y frío. El olor de su cuerpo y la fragancia de su colonia aún podía sentirlos al cerrar los ojos. *¿León, dónde estás?*

Su única hija, Nicole, llorosa, asistió al funeral de su padre desde Lyón donde asistía a la universidad en su segundo año de estudios en el campo de oceanografía.

—Te quiero mucho mamá, nos tenemos ahora las dos. Te lo prometo. Nada puede separarnos. Regresaré a casa tan pronto termine mis estudios.

Pasaron tres años. Maura se convirtió en una reclusa. No tenía ningún interés en actividades sociales. Leía, escuchaba música y daba largas caminatas por la playa.

El Dr. Gerardo Souci, médico personal de Maura y amigo, la visitó. No era una visita profesional. El siempre había amado a Maura, pero Maura aún pertenecía a León.

—Maura, ¡me encanta verte!. ¡Te ves tan linda! No pretendo sacarte de tu duelo, pero me gustaría que consideraras una oferta —se sonrió —no aceptaré rechazo. ¡Ven conmigo a una fiesta!. Ella aunque insegura, terminó por aceptar la invitación.

The Secret

Antibes, France, summer 1995

SURROUNDED BY FAMILY AND FRIENDS who shared her sorrow, Maura Montiel buried her husband.

Léon Montiel's unexpected departure, the result of a car accident, had left her heart frozen. She hid the snow in her soul well. Her apparent self-control, lack of tears, and forced calm made her acquaintances admire her—a tower of emotional strength!

Maura was now alone, fifty years of splendid beauty left behind. How much she missed Léon! She reached for him at night, but his place was empty and cold. When she closed her eyes she could sense the smell of his body and the light scent of his cologne. *"Léon, where are you?"*

Her only daughter, Nicole, had come tearfully home to her father's funeral from Lyon, where she attended the university as a sophomore in the field of oceanography.

"I love you, Maman. We will always have each other, I promise you. Nothing can ever separate us. I will return home to you as soon as school is over."

Three years went by. Maura had chosen to be a recluse. She had no interest in social activities of any kind. She read, listened to music, and spent time walking on the beach.

Dr. Gerald Souci, Maura's personal physician and closest friend, paid her a visit. It wasn't a professional one. He had always loved Maura, but the married Maura had belonged to León.

"Maura, it's so great to see you! You look so beautiful! I won't take you away from your mourning, but I'd like you to accept this offer," he smiled. "And I will not take no for an answer. Come to a party with me!" Reluctantly, she accepted the invitation.

La recepción se llevaba a efecto en el Gran Palacio Lafayette.

Los invitados brillaban a tono con las luces reflectoras de los candelabros interiores. El salón principal daba a la Costa Azul, cerca del Museo Picazo, con una maravillosa vista del amplio océano en una noche de luna llena que enfocaba caras y conducía al romance.

El Dr. Souci fue al bar a traer bebidas. Maura sintiéndose culpable de pasarlo bien después de reprimirse por tan largo tiempo, no se mezcló con la animada multitud y caminó hacia la terraza.

Lo vio *a él,* entonces. Un hombre con el color del sol mediterráneo en su piel, pelo tornándose canoso, sin ser buen mozo era atractivo y exhumaba masculinidad.

Estaba inmiscuido con otros hombres y concentrado en la conversación, dejando de lado la música y el ruido circundante de la fiesta.

Volviéndose a depositar su vaso de champaña vacío, él también la vio. Dejó el grupo y caminó rápidamente hacia Maura, acortando la distancia entre ellos.

Maura no se movió. No podía moverse.

—Armando Calma a su servicio—bromeó. Y con soltura, la tomó de la mano llevándola hacia la pista de baile sin pedirle permiso, clavando sus ojos en los de ella con extremo placer.

Atento, encantador y apetecible, no tenía competencia.

Conversaron acerca del Partido Socialista que aumentaba cada vez más su influencia en Francia, bromearon de lo obsoleto del término "avant garde" actual, paladearon un excelente paté fois y bailaron toda la noche.

El Dr. Souci pudo verlo claramente. Maura estaba cautivada por este hombre.

Llamadas telefónicas, flores, más llamadas e inesperadas visitas a la casa de Maura siguieron a aquella noche desde aquel día.

Maura habiendo amado tanto a su esposo, no había experimentado nunca la pasión que sentía por Armando. Sus manos, cual poderosos imanes, la atraían a juegos sensuales al toque mínimo de sus dedos.

Envuelta en este nuevo sentimiento, Maura, cautiva de la lujuria, no podía controlarse. Pero era feliz nuevamente.

The reception took place at the grand Châteaux Lafayette. The guests shone as brightly as the lights of the candelabra inside. The main salon overlooked the Côte d'Azur near the Picasso Museum, offering a splendid view of the vast ocean. It was a night of the full moon illuminating faces, radiating romance.

Dr. Souci went for drinks. Maura felt too guilty to have fun openly. Having repressed her feelings for too long to mix with the lively crowd, she walked out to the terrace.

She saw *him* then. A man with the color of the Mediterranean sun in his skin, grayish hair, not handsome but very attractive. He exuded masculinity.

He was mingling with other men, his concentration on the conversation away from the music and the surrounding party noise.

Turning around to put down his empty champagne glass, he saw her also. He left his group to walk directly toward Maura, quickly lessening the distance between them.

Maura didn't move. She couldn't.

"Armand Calma, at your service," he joked. He simply took her hand and led her onto the dance floor without waiting for her consent. His piercing eyes looked into hers with obvious joy. Solicitous, charming, and enticing, he had no competitor.

They talked about the growing new Socialist Party in France; discussed the *avant garde* philosophy left behind in modern times, sampled an excellent *pâté fois,* and danced most of the night.

Dr. Souci could see it then — this man captivated her.

A call, flowers, more calls, and surprise visits to Maura's home followed after that day.

Maura, even loving her husband as she did, had never experienced passion the way she did with Armand. His hands were powerful magnets to which she submitted at his slightest touch. Engulfed in this new feeling, Maura was a prisoner of lust she could not control. Nevertheless, she was happy again.

Una carta de Nicole anució el término exitoso de su carrera y el hecho que sus patrocinadores le permitían trabajar en Antibes. Regresaba a casa para quedarse. La noticia llenó de felicidad a Maura. Amaba a su niña. Ya tenía 23 años.

Se presentaron. —Nicole, este es mi amigo Armando Calma. Hubo una instante conge-nialidad entre su amante y su hija que Maura bien percibió.

La madre no les dio la oportunidad de encontrarse a solas. Aparecía en cualquier parte de la casa; invitó a jóvenes a alternar con Nicole y luego la envió a visitar a otros parientes fuera de Antibes.

Cuatro meses transcurrieron. Nicole regresó a su casa. La madre y la hija siempre gozaron de su mutua compañía, pero ahora apenas se hablaban. Un silencio incómodo caía a la hora del desayuno cuando Armando las acompañaba, aunque siempre era muy atento con ambas. Y así a poco, dejaron de comer juntos.

Un golpe a la puerta del dormitorio de Maura y la entrada de Nicole la mostraron en un estado de infelicidad.

—Mamá, debemos hablar. Siento muchísimo lo que te voy a decir. Te quiero mamá. Verás.

Estoy loca por Armando. No puedo evitarlo, lo busco, acecho. Es tan injusto para ti. Por favor, perdóname. ¿Pero es acaso que no lo has notado? Aún más, él también me desea.

El corazón de Maura pareció detenérsele. *No, ella no lo había sospechado pero sí lo había temido.*

Maura lo comprendió bien. *Después de todo, ¿no eran idénticos sus propios sentimientos por este hombre?*

La confesión les dañaba. Sin embargo, lloraron sin culparse y sin reproches.

Armando aceptó la situación presente con satisfacción. Bajo su embrujo sexual dominaba a las mujeres en su vida diaria, en su libertad y en sus camas.

Maura perdió la fuerza de carácter de la que se sintió orgullosa. Era una torre derribada.

A letter came from Nicole announcing the successful completion of her course work. Her sponsors would allow her to work in Antibes. She was returning home to stay, and that made Maura very happy. She loved her child, who was twenty-three years old.

Introductions were necessary. "Nicole, this is my friend, Armand Calma."

In that instant, Maura noticed a congenial attraction between her lover and her daughter. The mother gave them no opportunity to be alone. She appeared everywhere in the house. She invited young people to meet Nicole, and sent her away to visit other relatives. Four months went by. Nicole had returned home.

Mother and daughter had always enjoyed each other's company, but now rarely Nicole spoke to her. An uncomfortable silence fell at breakfast when Armand joined them, although he was especially attentive to both women. Then, they stopped having meals together.

A knock at Maura's bedroom door revealed Nicole in an unhappy state.

"Maman, we must talk. I'm so sorry about what I'm going to tell you. I love you, Maman. But I'm crazy about Armand, you see. I can't avoid it. I search for him, I stalk him. This is so unfair to you. Please forgive me. But Maman, haven't you noticed it yet? And he wants me, too.

Maura's heart seemed to stop. No, she hadn't suspected this, but feared it. She understood it well. After all, hadn't she felt the same feelings for this man?

The confession hurt them both, but they held hands and cried without blame.

Armand seemed to accept the new situation with pleasure. Through sex, he dominated the women, their daily living, their freedom, and their beds.

Maura lost that strength she was so proud of; the tower of fortitude had fallen.

Madre e hija se debatieron entre su pasión por el hombre y la lealtad familiar. En un estado de confusión mental, sintiéndose miserables, celosas de la otra, avergonzadas, mortificadas cuando Armando prefería a una de ellas, y así, continuaban en ser sus esclavas.

El Dr. Souci, sospechando un "asunto de tres", amigo fiel a pesar de su rechazo personal, visitó un día a Maura en su villa. —Es extraño—observó con sorna hablándoles a ambas —que un tipo lleno de temores, fobias y alergias, en especial a las medusas, se comporte con tal osadía y crueldad mental ante vuestra debilidad. Las mujeres permanecieron calladas.

Armando anunció un día al almuerzo: —Nos vamos de pesca el martes. Quiero pescar y que me acompañen ustedes, dos hermosas damas.

En aquel día, las mujeres prepararon sus atavíos de baño, abastecieron la cabina con equipo de pesca, alimento y cacharros para cocinar.

Entrando hacia el mar profundo, Armando se relajó bebiendo en extremo. Después de un rato, acarició a Nicole y a Maura, yendo de una a la otra, dando a conocer intimidades que ellas creían únicas de cada cual. Las trató entonces con la rudeza del hombre que pierde control. Sus compañeras se espantaron ante tal comportamiento.

Finalmente, ancló su bote y se quedó dormido en una hamaca cerca de la cabina.

Madre e hija se sentaron en silencio en la terraza de sol de la nave. La miseria y la humillación las torturaban. Una angustia quieta pero montada en rabia contra la otra, por ser ambas débiles y cobardes, atrapadas en una red hilvanada de desesperación.

Nicole tendida boca abajo desde el techo de la cabina, miraba el agua.

Una corriente metálica de veloces fajas plateadas apareció inesperadamente sobre las olas ondulantes. ¡Era un cardume de medusas cruzando el mar!

La hija tiró la camisa de Maura para mostrarle el maravilloso espectáculo. Los quemadores traslucientes circularon alrededor de la nave una y otra vez.

—Una fuerza cautivadora e irresistible bajo el poder de la hermandad

Mother and daughter struggled between their passion for the man and loyalty to each other. Confused, miserable, jealous of each other, embarrassed, mortified when Armand would prefer one to the other, still they became his slaves.

Suspecting a *"ménage a trois,"* Dr. Souci, faithful friend despite his personal rejection, dropped in to visit at Maura's villa. "Strange," he prodded, "for a fellow full of phobias and allergies, especially to jellyfish, to take such cruel advantage of your human frailty."

Neither woman responded to his comment.

Armand showed up at lunch time one day. "We are going out to sea on Tuesday. I want to fish, and you're coming with me, ladies."

That day, the women prepared bathing suits and helped stow fishing equipment, food, and cooking gear in the cabin.

Entering the open sea, Armand relaxed by drinking heavily. After a while, he went from Nicole to Maura, directing intimacies to both women that each thought uniquely hers. He fondled them roughly, like a man losing control. His companions shriveled.

Finally, he anchored the boat and fell asleep in a hammock hung near the cabin.

Mother and daughter sat silently on the sun deck, misery and shame torturing them. Quiet anguish and mounting rage arose against each other for being weak and cowardly. Both were entangled in a net of despair.

Nicole lay flat on her stomach on the roof of the cabin, looking down at the water.

Appearing from nowhere, silver streaks floated in the soft waves, undulating sheets of living metal. A huge shoal of medusas was crossing the sea!

The daughter pulled at Maura's shirt, showing her the marvelous sight. The translucent jellyfish swirled around the craft, encircling it repeatedly.

"An enchanting and irresistible force under the controlled power

—murmuró Nicole.

—¡Mortífera!

Las mujeres continuaron observando con fascinación a esas especies sin espina dorsal, sin peso, impulsadas por un movimiento unísono de vitalidad y determinación.

—Las medusas —dijo Maura —criaturas sin mente. No son nada, pero pueden ser todo.

Nicole miró a su madre a los ojos y Maura sostuvo su mirada. Era el tipo de amor que una hija y su madre comparten, aún en la traición.

La joven se levantó. Maura la siguió. Se acercaron a Armando. De pie firme, una de ellas se colocó detrás de su cabeza y la otra, a sus pies. Cruzaron su mirada ante un acuerdo tácito y final.

El secreto restauraría el lazo de confianza, amor y cordura que habían perdido.

Armando dormía plácidamente en su hamaca cerca del parapeto del yate. Reuniendo coraje en esfuerzo común y unidas en un acto decisivo, cuatro brazos fuertes mecieron la hamaca de lado a lado lanzando al hombre al agua, fuera de sus vidas.

El hombre ni chapoteó. Se perdió entre los cientos de repliegues de mil medusas que lo abrazaron febrilmente, haciéndolo uno de ellas.

El Jefe de Policía, Terry Tropez, quien rescató el lacerado cuerpo de Armando Calma más tarde, aceptó la teoría de que el finado, altamente embriagado según la autopsia del laboratorio, se había caído accidentalmente al Mar Mediterráneo, mientras sus dos huéspedes en el velero dormían.

Nota: Historia verídica basada en la película "La nuit des méduses" (La noche de las medusas) en Antibes, Francia.

of unity," Nicole whispered knowingly.

"Deadly."

In fascination they kept watching the spineless, weightless creatures driven as a unit, moving with energy and determination.

"The jellyfish," remarked Maura. "Brainless living things. They are nothing, but they can be everything."

Nicole searched her mother's eyes and Maura held her gaze. Between them there was the kind of love only a daughter and mother maintain, even in betrayal. The young woman stood up. Maura followed her. They approached Armand. Steady on their feet, one of them moved behind his head, the other stood at his feet. They exchanged looks in a tacit and final accord.

Their secret would restore the damaged bond of trust, love, and sanity they had lost.

Armand slept peacefully in his hanging bed near the railing of the yacht. Gathering courage in a common effort, united in a decisive act, four strong arms swung Armand's hammock, throwing him overboard and out of their lives. He made no splash, but lost himself in the countless ripples of a thousand medusas embracing him feverishly, making him one of them.

Chief of Police Terry Tropez, who later recovered the mangled body of Armand Calma, accepted the theory that Armand, proven drunk by the autopsy, had accidentally fallen into the Mediterranean Sea while the two guests on the vessel were asleep.

Note: This story is based on actual events in Antibes, France, which were made into the film *La Nuit des Méduses*.

Vocabulary:

Maman = mother
Côte d'Azur = The Blue Coast
avant garde = new attitude about social change
ménage a trois = an affair among three lovers

Música en Moscú

Moscú, Rusia, 1991

Los sonidos de un piano se filtran por entre las cortinas de grueso encaje blanco, a través de la ventana de mi departamento, en el piso de abajo. Es Madame Ricot, la maestra de piano. Quisiera que ella fuera mi maestra.

—No hay dinero para tomar clases —dice mi padre. Pero, aún así, tomo clases. Gratis. Nadie lo sabe.

Tengo nueve años. Mi mamá se va a trabajar, papá también lo hace tan pronto como ella llega a casa. Somos una familia de tres, en cuatro cubículos de realidad llamados dormitorios y una combinación de sala-cocina donde residimos.

La vida es dura en Moscú. —Está más difícil desde que Mikhail Gorbachev, nuestro Secretario General del Partido Comunista ha tratado de movernos hacia una 'democracia' —acusa mi padre cada vez que siente amenazada la seguridad de su trabajo. Mi mamá no replica, pero creo que ella tiene una opinión diferente. —¡Mm! —suspira.

Durante estas discusiones, cuando llegamos a estar juntos, mis padres hablan de la crítica situación económica en la Unión Soviética. Se preocupan. Trabajar y trabajar sin nunca divertirnos.

Me siento a la ventana. Pacientemente espero por mi lección.

Madame Riscot despide a sus alumnos particulares del día. Su tiempo de soledad es también el mío.

Puedo adivinar sus estados de mente por la manera que toca: feliz, melancólica, suave o enérgica. Pero a pesar de su ánimo, su música siempre logra arrebatarme. Yo entonces, me preocupo cuando sus melodías suenan depresivas. Trato de adivinar las razones.

No me he presentado a Madame Ricot, pero la conozco. No se le ve familia en su departamentito, aunque de vez en cuando, un violinista joven la visita por las tardes. Interpretan un dúo de compositores

Music in Moscow

Moscow, Russia, 1991

FROM DOWN BELOW, THE SOUNDS OF THE PIANO sneak through the heavy-white-lace-covered window of my apartment. It is Madame Ricot, the piano teacher. I wish she were my teacher.

"No money for lessons," father says. However, I do get lessons. Free. Nobody knows.

I am nine years old. Mother goes to work; father leaves as soon as she gets home. A family of three in four cubicles of reality called bedrooms and a dining-kitchen space where our lives take place.

Life is hard in Moskva—Moscow. "It has been harder since our General Secretary of the Communist Party Mikhail Gorbachev tried to move us into democracy," father accuses every time he feels his job security threatened. Mother does not reply, but I think she might have a different opinion.

"Mm," she sighs.

During these discussions, my parents talk to each other about the critical economic situation in the Soviet Union. They worry. Work, more work, and no fun for any of us.

I sit by the window, patiently awaiting my lesson.

Madame Ricot dismisses her private students for the day. Her time of solitude is also mine.

I can tell her state of mind from the way she plays. Happy, melancholic, soft, or energetic—whatever her mood, her music always manages to engage me. Then, I worry when the tunes are dispirited. I try to guess the reason.

I haven't met Madame Ricot, but I know her. No family is seen at her tiny apartment, though from time to time a young violinist comes in the evenings. They interpret a duet from romantic composers in

románticos en tal armonía que me hacen llorar.

Ruego que sigan tocando por siempre. Se detienen en el medio de una melodía y continúan tocando mejor al repetirla. El músico se marcha y Madame Ricot permanece al piano. Sus piezas son entonces generalmente tristes.

El viento y la nieve me fuerzan a cerrar la ventana. Me enfurezco. Perderé mi lección. Porque ahora, después de la escuela, es cuando Madame Ricot me pertenece. Ruego para que haya buen tiempo para poder alcanzarla cuando sea posible.

La escuela es un lugar rígido. Cuatro paredes blancas, treinta bancos rudimentarios; nos sentamos de dos en dos. La pizarra negra, el maestro la borra de arriba a abajo, acaba dándonos tarea.

No quiero hacer tareas en casa. Me he habituado a adivinar cual será el trabajo que el profesor nos dará, escribiendo a la par con él y completo la asignatura en la clase. —*¡Eso!*

Corro a pescar el autobús. Llego a casa y saludo a mamá. Ella ya sabe y sonríe.

Abro la ventana y espero. Es la hora de mi participación. Escucho los pasos de la maestra. Enderezo mi espalda contra el cojín. Estoy lista. Madame Ricot comienza.

Cierro los ojos. De primera escucho ruidos indeseables—las campanas de los tranvías, los carros de caballos, la lejana bocina de un conductor tratando de evitar un accidente. Después de unos instantes, sólo oigo a Madame Ricot seleccionando una pieza de Chopin o de Rachmaninoff. Si tengo suerte, será Liszt, mi compositor húngaro favorito.

Cada pieza dirige mis pensamientos hacia un cuadro visual que inesperadamente invade mi mente con hermosos pensamientos. Ahora, la visión se interrumpe por un momento de silencio en la música. Mi atención entonces, vuela a una escena diferente.

Desde la ventana abierta, veo ríos fluyendo y montañas rodeadas de flores multicolores. Cascadas de aguas bajan hacia pozas serenas, donde me meto chapoteando, riéndome feliz.

such harmony that they make me cry.

I wish they would keep playing forever. They stop in the middle of a melody to restart their playing, and always sound better on the second try. The musician leaves and Madame Ricot stays at the piano. Now her pieces are usually sad.

Wind and snow sometimes force me to close the window. It makes me mad. I'll miss my lesson. Because now, after school is over, Madame Ricot belongs to me. I pray for normal weather so that I reach her.

School is a rigid kind of place. Four white walls, thirty rudimentary benches, we sit by twos.

The blackboard is full of information, the teacher moves it up and down, and ends by giving us homework. I don't want to do homework at home. I've gotten into the habit of guessing what the homework will be, writing fast as the teacher does, and I complete the assignment in class. *There!*

I run to catch the bus. I get home and greet Mamma. She already knows and smiles. I open the window and wait. Time for my participation. I can hear the teacher's steps. I straighten up and lean my back against the cushion. I am ready. Madame Ricot begins.

I close my eyes. At first, I can still hear unwanted noise—the bells of the trams, speeding buses, the distant horn of a driver avoiding an accident. After a few seconds, I hear only Madame Ricot selecting a piece by Chopin or Rachmaninoff. If I am lucky, it will be Liszt, my very favorite Hungarian composer.

Each tune directs my mind toward a mental picture, invading my brain unexpectedly with surprisingly beautiful thoughts. Now the vision is interrupted at a moment of silence in the music. My attention is then diverted to the next scene.

From the open window I see flowing rivers and mountains surrounded by multicolored flowers. Cascades of water come to rest in peaceful pools where I splash around, laughing happily.

Voy a playas exóticas con Misha y Josey, mis mejores amigos. Verdes arboledas crecen por todas partes con fruta madura. ¡Basta con subirnos a los hombros del otro para cogerla! Nunca tenemos hambre. Nunca tenemos frío. ¡Ni siquiera el camarada Gorbachev viene aquí!

Eso es lo que Madame Ricot me regala. Sus dedos me transportan a mundos de fantasía que necesito poseer. Es ella mi salvación, y sí ... es mi vida. Sólo su música introduce mi entendimiento a sueños imposibles de realizar ahora, pero los libera para el futuro.

No me he presentado a Madame Ricot, ya sé, pero mañana lo haré. Tengo que decirle de esta música en mis sentidos, ese regalo tan especial que ella me da, el *más* valioso; dar de su existencia a la mía, sin pedir dinero y sin siquiera sospecharlo.

I go to exotic beaches with Misha and Josey, my closest friends. Green groves with ripe fruit grow everywhere. We need only climb onto each other's shoulders to grab it! We are never hungry. We are never cold. Not even Comrade Gorbachev comes here!

That is what Madame Ricot gives me. Her fingers transport me into the worlds of fantasy I need. She is my savior and, yes… she is my life. Only her music introduces my mind to dreams impossible to reach now, but frees them for the future.

I have not met Madame Ricot, I know, but tomorrow I will meet her. I have to thank her for this special gift she gives me, the *most* valuable kind; giving something from her being into mine, without charging, and without even knowing it.

Un paseíto diestro

Kuala Lumpur, Malasia año 2000

EL HOMBRE NO SALE DEL AUTO. Sigue mirando un mapa, dándole vueltas de arriba abajo. Mira por la ventana de su coche forzando sus ojos en busca del nombre de la calle, pero se estrella ante los indescifrables signos malasios. Arroja la carta geográfica al asiento.

Toma ahora un libro Berlitz, Malasio para viajeros está ahora en sus manos con intención de practicar el idioma. Lo abre, lo cierra en un contenido gesto de frustración.

Sus labios pronuncian un bien conocido disparate. —M...! De vuelta al mapa. Permanece dentro del vehículo.

El hombre ha estacionado su auto alquilado al nivel de mi vista enfrente del Café Paraíso donde tomo desayuno todos los días. No puedo evitar notarlo. Él llega a una decisión, sale del auto, le da un portazo a la puerta. ¡No hay duda ahora de que se ha criado en Norteamérica!

El joven norteamericano es alto, lleva unos pantalones sueltos que arruinan completamente su atractiva parte posterior, viste con comodidad. Calza Niké. Respira profundo. Arruga la nariz al penetrarle los vahos de alimento frito y pescado en el puerto de Kuala Lumpur.

Afuera, el mundo lo rodea; la gente se traslada en carros, camiones, bicicletas. Motocicletas de tres ruedas que se parecen a los rickshaws chinos, transportan pasajeros. Cada uno cruza el sendero del otro aunque ninguno tiene derecho a vía.

Es imposible llegar a un lugar sin chocar, empujar o luchar a través de las calles abigarradas de seres vivientes. Las luces del tránsito funcionan pero nadie las respeta. Mercaderes venden peinetas, hojas de afeitar, dulces. Carretas tiradas por bueyes se mueven lentamente por el camino. Perros emancipados marchan libremente al trote, evitando peligros increíbles, sin miedo, con visibilidad que un ciego envidiaría.

The Longest Ride

Kuala Lumpur, Malaysia year 2000

THE MAN DOES NOT GET OUT OF THE CAR. He keeps looking at a map, turning it sideways, up and down. He looks through the window, straining his eyes in search of a street name, but finds signs written in indecipherable Malay. He dumps the chart on the seat.

A Berlitz book, *Malay for Travelers,* is now in his hands in an attempt to try the language. He opens it and closes it, a mute gesture of frustration.

His lips pronounce a well-known expletive — f...! Back to the map. He stays inside the vehicle.

The man has parked his rented automobile at my eye level, in front of the Café Paradise, where I eat breakfast daily. I can't miss him. He comes to a decision and gets out of the car, slamming the door. There is no doubt now about his North American upbringing!

The tall, young American, baggy slacks totally spoiling an attractive rear view, settles for comfort — he wears Nikes. He takes a deep breath and wrinkles his nose at the smells of fried food and fish in the port of Kuala Lumpur.

Outside, the world moves around him, people in cars, trucks, and bicycles. Three-wheeled motorcycles resembling rickshas transport passengers. They all cross each other's right of way.

It's impossible to reach a destination without shoving, pushing, or fighting through the crowded streets. Traffic lights work, but no one obeys them. Merchants sell combs, razor blades, and candy. Ox-drawn carts move very slowly through the streets. Ownerless dogs trot freely, avoiding unforeseen dangers fearlessly and with skill a blind man would envy.

El americano hace señas desesperadas a uno de los conductores de una bicicleta de tres ruedas, se sube. Desaparece de mi vista.

Diez minutos más tarde, lo veo pasando al frente del café en la misma bicicleta.

Quince minutos después. Aquí viene de nuevo. La misma bicicleta y conductor.

Ya parto del café cuando lo veo otra vez viniendo por la calle por tercera vez, sin cambio en su transporte original. Pero ahora divisa a su auto estacionado.

—¡Pare! —grita —pero su boca sólo articula como en las películas mudas, el sonido apagado a causa del ruido de la multitud.

Con valentía y agallas de Rambo se lanza fuera del rickshaw, aterriza en su estómago a mi lado.

—¿Está bien? —le pregunto desde arriba, recordando la pregunta más obvia que he visto en las películas norteamericanas en mi país, Francia, cuando el mal herido responde que sí, aunque esté medio muerto.

—¡Dios! Inglés. ¿Habla Ud. inglés? Se pone de pie sacudiéndose los pantalones.

El conductor de la motocicleta ha regresado cuando se da cuenta que ha perdido un cliente que no le ha pagado por sus generosas vueltas. —Cincuenta dolá —exige.

El hombre está a punto de darle el dinero, pero le pasa un pedazo de papel con una dirección que probablemente le ha enseñado antes.

—Me lleva aquí. ¿Okay? —regatea.

—Sí, lo llevo. Gratis, gratis —concede el chofer.

—Adiós —dice él y se sube al vehículo de nuevo.

Doblo la esquina. Lo veo al frente de la dirección que quería, unos veinticinco metros de su auto y del Café Paraíso. Una caminata de dos minutos.

—Setenta dolá —escucho que el chofer le pide ahora sonriendo, inclinando la cabeza con respeto ante un Buda y en total hipocresía.

The American desperately waves at one of the unoccupied three-wheeled motorcycles, gets in, and disappears from my view. Ten minutes later, I see him passing in front of the café, riding the same motorcycle.

Fifteen minutes later, here he comes again—same motorcycle, same driver.

I'm just about to leave the café when I see him once again, coming up the street for the third time, no change in his transportation arrangement. Now, he catches sight of his parked car.

He screams, "Stop," but his mouth only forms words as if he is in an old silent movie, the sounds lost in the noise of the multitude.

Fearlessly, with Rambo's guts, he throws himself out of the ricksha and lands flat on his stomach next to me.

"Are you all right?" I ask him from above, remembering the obvious question in American movies I've seen in my native country, France, when the respondent appears half-dead.

"Oh, my God—English! You speak English!" He gets up, rubbing the dirt off his jeans.

The driver of the motorcycle comes back when he realizes he has lost a customer who has not paid for the generous ride. "Fifty dolla. Fifty dolla," he demands.

The man is about to give him the money, but instead gives the driver a piece of paper with an address he probably showed him before.

"You take me here, okay?" he bargains.

"Yeah, I take you. Free, free," the driver agrees.

"Bye," he says to me and gets on the motorcycle again.

As I turn the corner, I see him in front of his desired address, some twenty-five meters from his car and the Café Paradise. A two-minute walk.

"Seventy dolla," I hear the driver asking him now, smiling, lowering his head in a Buddha-like gesture of respect and open hypocrisy.

El norteamericano le da una mirada al hombre, cavila, le da dos billetes de $20.00US.

Pensándolo mejor, se coloca detrás del tramposo, le da una patada en el trasero congelando su benigna sonrisa, se echa a reír y se mete rápidamente en el hotel.

The American stares at the man reflectively. He hands him two U.S. twenty-dollar bills.

On second thought, he gets behind the cheater and kicks him in the butt, freezing his benign smile, chuckles, and ducks into the hotel.

Sombras

Palo Alto, California, USA

SE SIENTE ACOMETIDA POR UNA PODEROSA PÉRDIDA. No es infelicidad. Es más bien teniendo que encarar el final de una tarea particularmente fascinante donde se ha dedicado mucho esfuerzo, y una vez completada, el entusiasmo se ha perdido.

Parece ahora que la vida ha pasado muy rápido. ¿Después de 60 años? Un número mágico dirigido por un reloj biológico que alcanzó una hora y se detuvo.

¿Una vacación por vida? ¿Cómo pudo esto sonar tan deseable hace unos pocos años y ser ahora tal amenaza? ¿Cómo pudieron los dedos que detuvieron la alarma del reloj, cuando había que partir a trabajar, permanecer quietos y relajados? ¿Para siempre?

Se da vuelta en la cama forzando los ojos a permanecer cerrados pero los tiene bien abiertos.

Escucha a la vecina duchándose arriba. Quiere unirse al sonido del agua chapoteando en su propio cuerpo, pero no se mueve. No necesita hacerlo. Se acaba de jubilar.

Trata de sacudir pensamientos depresivos. Hace una lista mental de todas las cosas que planeó realizar por años, pero en este momento, desea postergarlas para siempre. Su cama, un refugio ante fatigas, usualmente tibia y acogedora, hoy la acalora.

Un leve dolor de cabeza se hace presente. Con un suspiro, se levanta, salta a la ducha, deja que la regadera le empape el pelo. El cuero cabelludo le destila y estira hacia atrás la cabeza por más tiempo, rechazando pensamientos intrusos, lanzándolos con el agua perdida hacia la alcantarilla.

El gran espejo del baño la saluda arropada en su toalla. La deja caer. Parándose derecha, se observa con rigurosa crítica, tal como lo hace con las piezas de arte en el museo donde acostumbraba trabajar. Pasa

Shadows

Palo Alto, California, USA

SHE FEELS AN OVERWHELMING WEIGHT OF LOSS. It isn't unhappiness. It's more like having to face the deadline of a particularly exciting task on which one has spent a great deal of effort, and once done, the thrill is lost.

Life now seems to have gone too fast. After sixty years? A magic number driven by the hands of a biological clock, reaching the hour and suddenly stopping.

A vacation from life? How could that have sounded so desirable a few years ago but seem so threatening now? How could the fingers stop the alarm clock when it was time to go to work? Stay still and relaxed? Forever?

She turns in bed, willing her eyes to remain shut, but they are wide open.

Her upstairs neighbor starts the shower. She wants to share the sound of the water splashing her own body, but she does not move. No need to. She has just quit work.

Trying to shake thoughts of an imminent depression, she makes a mental list of all the things she planned to do for years, but at just this moment she wants to put them off forever. Her bed, a refuge in times of fatigue, usually warm and reassuring, is too hot today. A slight headache announces its presence.

With a sigh, she gets up, jumps into her shower, and lets the nozzle wet her hair. Scalp dripping, she stays, head back, a little longer, rejecting intrusive thoughts, sending them down with the wastewater.

The big mirror on the bathroom wall greets her towel-wrapped figure. She lets the towel fall to the floor. Standing erect, observing herself critically as she did with pieces of artwork at the museum where she

juicio—aún es una bella escultura con fantásticos genes, sin arrugas marcadas, piel suave, ojos brillantes y una sonrisa perfecta con todos los dientes. *¡Qué divertido!*

Sin embargo, de un día al otro, algo ha cambiado radicalmente. Ya no escucha cumplidos de ningún tipo. Los echa de menos. Y es ahora, cuando ella es perfecta.

Recordando sus años jóvenes, resentía que se la apreciara por sus dotes físicas más que por su intelecto. El empuje venía primero, los senos y las piernas, últimos. ¡La edad ha llegado y ella ha estado demasiado ocupada para notarlo!

Los hombres norteamericanos no se dan vuelta a mirarla, aunque los europeos, aún sí. ¿Habrá perdido su atractivo? Pero es en Norteamérica donde sólo se aprecia lo joven y novel.

Por supuesto que ella está agradecida de los hombres. Le han dado poder y confianza en sí misma. ¿Por qué importan entonces, los hombres, las mujeres, el aspecto físico? Ya no es parte de la jungla pasada. La batalla diaria ha terminado. La familia y los amigos verdaderos son regalos permanentes.

Una última mirada al espejo encuentra varias arrugas en la cara que no notó antes. ¿Son la marca de la belleza de su alma, o un castigo a su despecho por ignorarlas? Se las ha ganado. Ahora las posee.

El desayuno la espera en la cocina, pero no tiene hambre. Camina al salón, prende el televisor al que nunca mira durante el día y raramente por la noche.

La pantalla se llena de luz y sonido; vistas extraordinarias de líderes religiosos aparecen, se vende a Dios, hay racismo en pueblos y ciudades, problemas de viviendas, raptos de niños inocentes, violencia alrededor del mundo.

Y los avisos. Se ofrece la juventud a cualquier costo; píldoras, dietas, ungüentos de cosmética y cirugía plástica, remedios para corregir cada imperfección corporal. ¿Se ha vuelto loco el mundo, o es que ella está muy senil en considerar el valor subjetivo e imperfecto de una persona como mayor testimonio de ser humano?

used to work, she passes judgment: still a beautiful sculpture, wonderful genes, no evident wrinkles, smooth skin, bright eyes, and a perfect smile with all of her teeth. *Funny!*

From one day to the next, however, something has changed. She does not hear any more compliments. She misses them. Especially now, when she is perfect.

Remembering her youth, she resented feeling more appreciated for her looks than her mind. Assertiveness came first, bosom and legs, last. Age has come and she was too busy to notice it!

Men in North America do not turn their heads to watch her, but most European men would. Has she lost her attractiveness? But America appreciates only the young and new, she knows.

Of course, she is very grateful for men. They have given her power and self-confidence. Why should it matter then, men, women, and looks? She is no longer in the jungle. The struggle is over. Family and true friends, permanent assets, they are here to stay.

A last look at the mirror reveals several lines she has overlooked. Are they the mark of the beauty of her soul, or are they a punishment for her having contemptuously ignored them? She has earned them; now she has them.

Breakfast waits in the kitchen, but she is not hungry. She walks into the living room and turns on the television she has never watched before during the day and rarely at night. The screen floods with light and sound.

Extraordinary views come from the box; religious leaders selling God for money, racism in towns and cities, community housing problems, kidnapping of innocent children, and worldwide violence.

And the ads. Youth offered at all costs—pills, diets, beauty ointments, plastic surgery, and remedies to correct every corporal imperfection. Has she gone mad, or is she senile to consider the value of one personal and imperfect life a better measure of being human?

Envuelta en profundos pensamientos, no nota que la neblina matutina ha aclarado mientras los primeros rayos de sol invaden el aposento.

El resplandor le alcanza los ojos. Puede ver mejor ahora su pequeño jardín. Algunas flores ya se avivan, mientras que otras se han puesto café. Forman ambas armoniosas, un conjunto de aceptación y unidad. Sonríe.

El sol calienta más fuerte cubriéndole la cara. Siente su templanza.

Una relación intangible de su propia imagen, la condición del mundo y rodeada de sus flores le dan a comprender que el reloj de su mente no frena después de diarios despertares.

Ni antes. Y ni ahora.

Deep in thought, she doesn't notice the morning fog clearing out as the first rays of sun invade the room.

The unexpected gleam hits her eyes. She can see her little garden better now. Some flowers are perking up while others are turning brown. Together they form a pleasing frame of acceptance and unity. She smiles.

The sun grows stronger, covering her face. She feels its warmth. An intangible connection of her own image, the condition of the world and her flowers, makes her realize that her mind's clock doesn't stop after the daily awakenings.

Not then. Not now.

Las estaciones

El norte y el sur de Chile

¿LLUEVE O ESTÁ CLARO? ¿HAY CHUBASCOS O HACE SOL? ¿Es una u otra estación una bendición o una maldición?

En partes del norte de Chile, hay lugares donde no ha caído la lluvia por 300 años.

El desierto de Atacama es una de las maravillas del mundo, con volcanes rugientes, campos de lava oscura e infinitas dunas ondulantes. Algunos trechos del desierto tienen un ancho de 600 millas.

—¡Mamá, mamá!, —grita la niñita. ¡Está lloviendo!

La madre deja hacer la cena sin poder creerlo.

¿Está lloviendo realmente?. Se quita el delantal y mira a través de la ventana.

Salen afuera de la mano. Se paran en el medio del patio, brincando bajo la débil garúa que prontose convierte en fina lluvia.

El agua les corre por el cuerpo. Están empapadas.

No ha llovido en Coquimbo, un pueblito rural en el norte de Chile, por seis años consecutivos.

Se olvidan de cenar.

Los otros provincianos echan llave a sus casas y caminan a la plaza para celebrar el evento y mojarse.

Los niños saben que hoy no habrá escuela en día tan especial. ¡Nadie quiere paraguas!

Las tiendas cierran también, excepto por el almacenero. Está ocupado cortando tajadas de zapallo.

La tradición obliga que un día lluvioso, es un día de "Sopaipillas". Una vez que todos han jugado con el agua, regresan a sus hogares a cocinar su postre favorito.

The Seasons

North and South of Chile

RAIN OR SHINE? SPRINKLE OR SUN, A BLESSING OR A CURSE? In the
northern part of Chile, there are places where no rain has fallen in 300
years. The desert of Atacama is one of the great wonders of the world,
with soaring volcanoes, dark lava fields, and huge, rolling, trackless
dunes. In some places, the desert is 600 miles wide.

Mother, mother! It is raining! The little girl screams.

Mother stops her dinner preparations in disbelief.

*"Is it raining, really?" She takes off her apron and looks through the
window.*

*They go outside, hand in hand. They stand in the middle of the patio,
jumping up and down in the weak drizzle, which soon turns into fine
rain.*

The water runs down their bodies. They are soaked.

*It has not rained in Coquimbo, a little rural town in the north of Chile,
for six consecutive years.*

Dinner is forgotten.

*The other villagers lock their houses and walk to the plaza to celebrate
the event and get wet.*

*The children know school will not open on such a special day. No
umbrella wanted.*

*The stores close too, except one: the grocer. He keeps busy slicing
pumpkins.*

*Tradition demands that a rainy day is "sopaipillas" day. Once everybody
has had enough water play, people return home to cook their favorite treat,*

Una mezcla de harina, zapallo y manteca amasada y cortada en rodelas se fríe, se mete en melaza hirviente y se consume con gusto.

¡Felicidad es un día de lluvia!

La región más al sur de Chile se llama Tierra del Fuego. Antorchas de petróleo natural arden en llamaradas desde la recóndita tierra hacia la atmósfera glacial, en banal intento de calentarse creando una esplendorosa belleza pagana.

Es el fin del mundo. Cientos de canales, bahías, entradas del mar, fiordos, islas y campos nevados acogen un 3% de la población chilena. La temperatura normal es de 0° F.

En esta parte de Chile, nieva o llueve once meses al año. Durante el invierno, los días son cortos y las noches, 18 largas horas. En el verano sólo tres horas de oscuridad nocturna permiten poco sueño. Los días larguísimos, dan algo de luz solar, no-menos fríos que en los del invierno, ya que el débil sol, no transciende los bloques de nieve acumulada por meses como para derretirla.

—¡Mamá, mamá! ¡Ha llegado el sol!-grita una niñita con felicidad.

La madre abandona sus quehaceres de casa y sigue a la hija afuera.

Juntas, buscan la luz mágica, sacándose los gorros de invierno en los que viven.

El pueblo se llama Punta Arenas, donde la tierra se acaba.

Portando dos sillas, se sientan en la vereda, tostándose.

Los vecinos ya están allí, sonriendo, estirando las piernas, bajo la adoración de tal Dios imaginario.

Más tarde mientras dura el sol, autobuses gratis llevan a los chilotes a la bahía, donde miles de pingüinos yacen en las aguas congeladas.

Los humanos y la naturaleza se unen en uno.

¡Felicidad es un día completo de sol!

Muchos de nosotros hemos vivido en el norte y en el sur. Destino de vida.

Hemos experimentado condiciones climáticas extremas. Somos fuertes, o no. Cuando hay un día húmedo. El sol aparecerá.

Cuando la presión se presenta en el trabajo, en el hogar. Paz vendrá.

pastry-like doughnuts made of flour, pumpkin, and lard, fried, dipped in hot syrup, and consumed promptly with gusto.

Happiness is a rainy day!

Chile's southernmost regions are called "Land of Fire." Torches burning waste oil coming from the earth's depths into the glacial atmosphere, in a vain attempt to warm it, evoke the splendor of a pagan rite. It is the end of the world. Hundreds of channels, bays, inlets, fjords, islands, and snowfields hold only 3 percent of the total Chilean population. The average temperature is below zero degrees Fahrenheit.

In this part of Chile, it snows and rains eleven months of the year. In wintertime, days are short and nights are eighteen hours long. In summertime, only three hours of darkness allow little sleep. Very long days give lingering light, but these days are just as cold as the short ones of winter. The warmth of a weak sun cannot surpass the power of accumulated snow and melt it.

Mother, mother! The sun is out! Shouts the little girl excitedly.

Mother abandons her household chores and follows her daughter outside.

Together, they search for the magic light, taking off the winter caps they live in.

The town is Punta Arenas, where the earth ends.

Bringing two chairs, they sit in the street, getting suntanned.

Neighbors already sitting there are smiling, stretching their legs, worshipers under the spell of an imaginary God.

Later, while the sun lasts, free buses take them to the bay, where thousands of penguins lie near icy waters.

Humans and nature unite as one.

Happiness is one whole day of sun.

Many of us have lived in the north and the south. A destiny life has given us.

We have experienced extreme weather conditions. We are weak or we are strong. When we have a wet day, the sun will show.

When the heat is "on," at work, at home, peace will come.

Las estaciones sazonan el carácter con ráfagas tibias y heladas. Todo cambia.

Tener estaciones es una cuestión de tiempo y de lugar.

¿Llueva o brille el sol? Démosles a ambos la bienvenida.

Seasons temper our character with warm and cold spells. Things change.

Having seasons is a matter of time and place.

Rain or shine? Welcome both.

Rufino

Oaxaca, México, 1995-1998

**Alguien tiene que contar la historia de Rufino. Debo ser yo,
porque él, mi amigo, está muerto.**

NO QUERÍA QUE SE MURIERA. Cada vez que me topé con él en el
mercado, lo saludé.

—Rufino, ¿cómo estás?

La niebla inundaba sus ojos y mente. No podía responderme a mí,
ni a nadie. Era prisionero de su borrachera diaria. Sus nubes nunca se
disipaban como para despejarlas hacia cielos más azules, a caminos más
limpios que podrían transportarlo a un estado permanente de cordura.

Me llamo Tadeo. Rufino era mi amigo. Sí, ya verán. La calle, nuestra
residencia en común. Yo tenía nubes propias, aunque contaba sólo
12 años.

Un día, me encontré temblando con espasmos en mi estómago, de
seguro moriría.

Había estado aspirando "tiner" de pegamento. Me daba calambres
y dolores de cabeza pero también me hacían sentir valiente y con
menos hambre. Por lo menos por un tiempo, hasta que sentía dolor
y hambre otra vez.

Rufino arribó tan emborrachado que tuvo que sentarse en la vereda
para no caerse.

—¡Hola! ¿Puedo compartir tu espacio, compadre?

No le dije nada. No le hablaba a gente extraña. La amistad me había
arruinado. Cuando me guarecí por la noche con otros chiquillos que
me permitieron oler disolvente gratis, como buenos amigos, también
me robaron mientras dormía.

Rufino

Oaxaca, Mexico, 1995 - 1998

Somebody has to tell the story of Rufino.
I must be the one, because he — my friend — is now dead.

I DID NOT WANT HIM TO DIE. Every time I ran into him at the *mercado*, I greeted him.

"Rufino, *¿como estás?*"

The fog covered his eyes and mind. He could not respond to me, to anyone. He was a prisoner of his daily drunkenness. His clouds never dissipated enough to clear his way into bluer skies, into a cleaner road leading to a more permanent state of sanity.

Me llamo Tadeo. Rufino was my friend. *Sí.* The street was our common residence, you see. I had clouds of my own, though I was only twelve years old.

One day, I found myself shivering, having spasms in my stomach, certain I would die. I had been sniffing glue. It gave me cramps and headaches, but also made me feel brave and less hungry — at least for a while, until the effect was gone and I had pain and hunger all over again.

Rufino came along. He was so drunk he had to sit on the sidewalk before he fell down.

"*Hola!* May I share this space with you, *compadre?*"

I said nothing. I did not talk to strangers. Friendliness had ruined me. When I went under the bridge to spend the night with other pals who gave me the glue, sharing it like good friends, they also robbed me while I slept.

Rufino me dio un empujoncito amistoso fuera del lugar donde yo estaba, en una esquina oscura, mi hogar por la noche. *Mi* esquina. No la de él. Pero lo dejé hacer.

En segundos, roncaba fortísimo con la boca abierta, la saliva mojando su pera y pecho. Brincaba preso de sueños que sólo él podía elaborar. En el próximo sueño, se reía en cortas carcajadas y seguía roncando.

La mañana llegaba más temprano para nosotros que para el resto de otros. Cuando no hay un techo sobre la cabeza, el sol y la noche aparecen pronto. No se los puede ignorar. ¡Allí están! Y allí está también la policía. Su primera labor matutina diaria es despedir a los sin casa, a niños vagos, residuos humanos. Como yo.

No tenía adonde irme. Recuerdo vagamente una casa, una mujer que me mandaba a robar comida al mercado mientras ella se quedaba a cuidar a mis hermanos y hermanas, y un hombre que me azotaba si regresaba al hogar con las manos vacías. ¡Y los llantos de los niños! No cesaban nunca.

Huí de casa pero nadie vino a buscarme. Me comencé a olvidar de la mujer, del hombre y de los críos. Mi familia.

El sol quemaba ese día. Rufino despertó, desorientado.

—¿Cómo te llamas, chamaco?

—Tadeo.

—Yo, Rufino. Nos dimos la mano.

Rufino abrió su chaqueta vieja y sacó una botella de tequila. Tragó una buena porción y me pasó la botella.

—¿Quieres?

—No, gracias.

Rufino, el hombre, no era ni joven ni viejo, aunque su piel estaba arrugada.

Al regresar la botella a su lugar, tiras de boletos de lotería colgaban de otros bolsillos.

—Tengo que irme —gimió— te veo, compadre. Ya estaba por irse, cuando se volvió hacia mí prestando atención con ojos enfocados.

—¿Qué día es hoy, Tadeo?

Rufino gave me an affectionate push, away from my place on the corner of a dark street, my home for the night. *My* corner. It was not his, but I let him stay. In a few seconds he was snoring loudly, mouth open, saliva wetting his chin and chest. He jerked in and out of dreams only he could have. He was smiling in the next dream — giggled briefly and continued snoring.

The morning came earlier for us than for everyone else. When there is no roof over your head, the sun and the night appear sooner. You can't ignore them; they're there! So are the police. Their first morning duty is to chase away the homeless, vagrant children, human residue. Like me.

I had no place to go. I vaguely remember a house, a woman who sent me to steal food at the mercado while she cared for my brothers and sisters, and a man who hit me if I showed up at home empty-handed. And the cries of the kids, crying like they would never stop!

I ran away, but no one searched for me. I began to forget the woman, the man, and the children. My family.

The sun was hotter that day. Rufino woke up, disoriented.

"*¿Como te llamas, chamaco?*"

"Tadeo."

"*Yo,* Rufino." We shook hands.

Rufino opened his old jacket and brought out a small bottle of tequila. He took a big gulp and passed the bottle to me.

"*¿Quieres?*" "Do you want some?"

"No, *gracias.*"

Rufino, the man, was neither too young nor too old, though his skin had wrinkles. As he returned the bottle to its place, strands of lottery tickets hung out from other pockets.

"Have to go," he groaned. "I'll see you later, compadre." He was about to leave when he turned to me with full attention, eyes focused.

"What day is today, Tadeo?"

—Es lunes.

—Mierda. Las embarré otra vez.

—¿Qué pasa, Rufino?

—Vendo boletos de lotería. Eso es lo que hago. Compro una tira de números que sortean los sábados por la noche. Me tomé unos tragos con unos amigos, apenas vendí 18 números. ¡Maldición! Ahora tengo que pagar por todos los números, ¿entiendes?. ¡Mierda, mierda! Aún blasfemando se marchó.

Agarré mis pertenencias —una bolsa de papel café con un chicle, un pedazo de jabón, una pipa que había encontrado, una botella vacía de pegamento, un sarape que usaba de cobertor o almohada y unos pocos pesos.

Inicié mi rutina diaria; me lavé la cara en una fuente de agua potable, para verme menos desastrado, en caso de que algún turista me diera un dólar. ¡Qué ilusión! En general recogía solamente unos pocos pesos para comprarme una tortilla fresca, pan o una alita de ave. Un dólar me compraba alimento por cuatro días.

El pueblo de Oaxaca, una gran comunidad en el Sureste de México, tenía áreas de ricos y muchas de pobres. La gente aquí conocía la vida de otros, sus desgracias, sus traiciones. Y la muerte. Si alguna persona cometía un mal acto —entrometiéndose en el territorio de otro traficante de drogas o vendiéndolas a menor precio, la muerte era.

Cuando me acerqué a uno de los "jefes," ofreciendo venderle, me respondió con burla. —¿Quién le va comprar basura a otra basura, pelón? Me pateó en la espalda con los tacos de sus botas rancheras.

Hacia la tarde, caminé al centro. Lo vi. Rufino se estaba riendo, rodeado por un grupo de amigos y peatones curiosos estirando el cuello como los gansos para descubrir la razón de tal pelotera. Los hombres daban vino a Rufino. El se trató de parar, pero otro hombre le pasó una botella. El no pudo sino volver a sentarse, tragar y reírse por nada. Rufino debe haberme visto desde la distancia.

—¡Oye Tadeo, ven aquí muchacho! ¿Sabes qué pasó?

—¿Qué? —respondí acercándome.

"It's Monday."

"*Mierda,* I blew it again."

"*¿Qué pasa,* Rufino?"

"I sell lottery tickets. That's what I do. I buy a *tira de números* they raffle on Saturday nights. I had a few drinks with my friends, only sold eighteen numbers. Damn! Now, I have to pay for all the numbers, *¿comprendes?* Mierda, mierda!" Still swearing, he left.

I grabbed my belongings: a brown paper bag with *chicle,* a piece of soap, a pipe I'd found, an empty bottle of glue, the rest of a cold tortilla, a serape I used as a blanket and pillow, and a few *pesos.*

I started my daily routine. I washed my face in a drinking fountain to look less unkempt in case some tourist might spare me a dollar. Wishful thinking! I usually collected only a few pesos to buy a fresh tortilla, bread, or a chicken wing. A dollar bought me food for four days.

The town of Oaxaca, a large community in southeastern Mexico, had some rich neighborhoods and many poor ones. Here, people knew about the lives of others, their misfortunes and disloyalties. And death. If someone did something wrong — walking into a drug dealer's territory or selling coke for a lower price — death it was.

When I approached one of the *"jefes"* to offer to sell, he answered mockingly.

"Who is going to buy garbage from garbage, *pelón?*" He kicked my back with the heels of his ranchero boots.

Later that day, I walked downtown. I saw him. Rufino was laughing, surrounded by a crowd of friends and curious pedestrians stretching their necks to find out the reason for such gabble. The men gave Rufino wine. He tried to get up, but another handled him a bottle. All he could do was sit down, gulp, and giggle. Rufino must have seen me from a distance.

"Hey, Tadeo, come over here, *muchacho.* Do you know what happened?"

"*Qué?* What? I responded coming closer.

—Gané la lotería, gané la lotería. Se felicitó con otro trago de licor.

—Tadeo, ayúdame a irme a casa para darle a Jacinta las nuevas noticias. Tuve que luchar con los hombres que no querían dejarlo salir. —¡No te vayas todavía Rufino, tenemos que celebrar, compadre! ¡Qué suerte, viejo! Empujándolos a codazos, rescaté a Rufino que apenas podía mantener cuerpo y alma juntos.

El se había memorizado el camino, las vueltas de las viejas calles en erupciones de cemento quebrado en una ruta que le era familiar, sin hacerlo caer, levantando las piernas para saltar hoyos que podían habérsele olvidado.

Llegamos. Una choza de adobe y paja, una cama, cocinilla, dos baúles para guardar la ropa y una mujer que dibujaba en cada arruga de su cara la marca de una vida dura.

—¿Dónde has estado? —inquirió en tono indiferente más que preocupado.

—Jacinta, ¡he ganado la lotería! —exclamó Rufino.

—¡Qué lotería! Si no tienes dinero para comprarte boletos.

—Eso es, Jacinta. Guardé los boletos. El número ganador estaba en mi bolsillo.

—¿Y cuánto ganaste? —preguntó, apenas interesada.

—¡Veinte millones de pesos! Rufino extrajo el boleto de un envoltorio arrugado.

—¿Ves? Es verdad.

La mujer constató el papel en la mano abierta de él, le miró fijamente y bajó los ojos sin cambiar de expresión, sin decir nada. Regresó a cocinar los frijoles en la cacerola, revolviéndolos con renovada fuerza.

Rufino se encogió de hombros. —Mañana lo cambiaré.

La vida de este hombre tan simple cambió de una semana a la otra. Seis hijas y sólo un hijo vivían cerca en unas chozas acopladas. El nuevo millonario pagó al contado por un edificio de departamentos con doce unidades.

Las hijas prontas se casaron. Y no mucho después, el edificio se había llenado de bebés, de niños, amigos y parientes.

"I won the lottery, I won the lottery," he congratulated himself with another gulp of liquor.

"Tadeo, help me go home to tell Jacinta the good news."

I struggled with the big men who would not let him go. "Don't go yet, Rufino, we have to celebrate, compadre. Such luck, *viejo*." Pushing them with my elbows, I rescued Rufino, who could hardly keep body and soul together.

He had memorized the way home, the many twists of old streets and upturned pieces of broken cement, and familiar paths he could walk without falling. He lifted his legs to avoid other holes he might have forgotten.

We arrived. A *choza* made of adobe and straw, a bed and a little kitchen, two trunks for clothes, and a woman's face showing in its every wrinkle the countenance of a hard life.

"Where have you been? She inquired, indifferent rather than worried.

"Jacinta, I won the lottery," exclaimed Rufino.

"What lottery? You have no money to get tickets of your own."

"That's it, Jacinta. I kept the tickets. The winning number was one in my pocket."

"How much money did you win?" she mumbled, only slightly interested.

"Twenty million pesos!" Rufino extracted the ticket out of a wrinkled paper ball. "You see. It is true."

The woman checked his open hand, looked at him intently, lowered her eyes without changing her disposition, and said nothing. Returning to her cooking, she stirred the pot of *frijoles* with renewed vigor.

Rufino shrugged his shoulders. "Tomorrow I will cash in."

The life of this very simple man changed from one week to the next. Six daughters and one son lived in a shack nearby. The new millionaire paid cash for an apartment complex with twelve units.

The daughters soon got married. Before long, the building filled with babies, children, friends, and relatives.

Al final de dos años, el lugar era un conventillo.

Rufino no tenía corazón de cobrarles a los residentes por los servicios eléctricos y potables. Las hijas y sus maridos producían uno tras otro niño y trabajaban apenas.

Los mocosos correteaban descontrolados subiendo y bajando las escaleras, gritando, peleando, sin que hubiera intervención de los adultos.

Rufino finalmente se enfadó. Golpeó las puertas de su desorganizado clan familiar, pescó a los maridos de la camisa y los echó.

—¡Ya basta, zánganos! ¡Salgan de aquí! ¡Ni ayudan a sus mujeres, no controlan a sus pequeños bandidos, no arreglan los desperfectos en sus departamentos! ¡Ya es suficiente! Les doy un día para largarse.

Entre medio de llantos de las embarazadas, los gritos de los niños y un desmayo de Jacinta, quién no había nunca visto a su marido comportarse de esa manera, la mayoría de los hombres se sintieron humillados en su orgullo de machos.

—Tadeo —me dijo cuando me vio en una próxima oportunidad. —Ven a ayudarme a reparar el inmueble. Las cañerías de agua están rotas, se necesita reemplazar baldosas, el techo se filtra. Todo lo que escucho es mujeres llorando aquí.

En dos años Rufino no había cambiado mucho. Reemplazó sus gastados pantalones por un traje de segunda mano con múltiples bolsillos y adquirió una billetera de cuero. Ahí estaba, un señor bien vestido vendiendo boletos de lotería. Con su comisión de ventas, no se saltó ni un día en embriagarse.

Al final del segundo año de ganar la lotería, le quedaba muy poco dinero.

Desilusionado, vio que su hijo único Marcial había adoptado los vicios de los jóvenes adinerados en Oaxaca, yendo de droga en droga. Preso de la cocaína, se parecía a su padre en su heredada debilidad.

Rufino, a pesar de su ignorancia y limitaciones, mostró una sorprendente iniciativa.

By the end of two years, the place was a slum.

Rufino had no heart to charge the residents money to pay for utility services. The daughters and husbands produced one baby after another, worked little. The children raced unrestrained up and down the stairs, screaming and fighting without adult intervention.

Rufino finally got angry. Knocking at the doors of his unruly lot, he grabbed the husbands by their shirts and kicked them out.

"Enough, enough, *zánganos.* Get out of here! You do not help your wives, do not control your little gangsters, do not fix anything in your apartments. I have had enough! I give you one day to clear out!"

Amidst the cries of the pregnant women, screaming children, and a fainting spell from Jacinta, who had never seen her husband behave this way, most of the men left, their macho pride humiliated.

"Tadeo," Rufino said, next time he met me. "Come and help me repair this building. The water pipes are broken, tiles need repair, and the roof is leaking. All I hear is crying women here."

In two years, Rufino had not changed much. He traded his torn pants for a second-hand suit with multiple pockets and bought himself a leather wallet.

Here he was, a well-dressed man, selling lottery tickets. With his commission, he did not miss a day getting drunk.

At the end of the second year after winning the lottery, he had very little money left.

To his disappointment his only son, Marcial, adopted the vices of the rich young Mexicans in Oaxaca, going from one drug to another. Hooked on cocaine, he resembled his father in his staggering ways.

Rufino, despite his ignorance and limitations, showed unexpected initiative.

Había notado que los impresores de los números de lotería usaban un color solamente para imprimir las series, dejando sobras de esas tintas. Rufino las compró y vendió a otros editores que podían aprovecharlas. En corto tiempo tenía muchas órdenes y empezó a ganar dinero.

Marcial, el hijo, regresó del centro de rehabilitación donde su padre lo había enviado. Rufino verdaderamente feliz, le dio la bienvenida a su amado hijo, queriendo compartir su exitoso negocio con él y hacerlo partícipe de su fuente de ganancias.

—Seguro, papá. Lo ayudaré. Es un negocio estupendo.

El hijo pródigo trabajó en la fábrica por ocho meses. La rehabilitación lo limpió de las drogas pero comenzó a beber fuerte.

—Marcial, un trago está bien, pero drogas, no —refutó el padre, sin darse cuenta que el trueque de adicción no sería menos demoledor.

—Hola Rufino, ¿tiene trabajo para que le haga? —le pregunté cuando lo divisé comprando fruta fresca y verduras en el mercado.

—De seguro, Tadeo. Necesito tus brazos fuertes para acarrearme esta mercadería a casa. Juntos nuevamente, él me pagaba regularmente y me daba trabajitos por aquí y allá.

—Rufino, ¿por qué no deja de tomar? —insinué un día cuando al mirarle los ojos enrojecidos, no estuve seguro si era el cansancio o el alcohol que dominaba sus reflejos.

—¿Para qué? Me gusta beber.

—Es malo para usted si sigue tomando de esta manera. Se va a enfermar.

—Quizá tengas razón. Pero no puedo pensar muy bien con mi cabeza. Mis hijas se fueron con sus maridos y dejaron a la mayoría de los nietos, además de otros críos de parientes con nosotros. Jacinta los cuida.

—¿Cuántos nietos tienen viviendo con ustedes ahora?

—Doce. Nueve más crecidos y tres bebés. Suerte que tenemos un lugar amplio.

He had noticed that the printers who produced lottery tickets for each series of numbers in one color simply discarded the leftover inks. Rufino started a business selling them to other printers who could use them. In a short time, he had more orders he could fill. His enterprise was making money.

Marcial, the son, made a comeback from the rehab center where his father had sent him. Rufino, truly happy, welcomed back his beloved only son, offering to share his successful new job and make him a participant in the source of his financial gain.

"*Seguro, Papá.* I'll help you. It is a great business."

The prodigal son worked at the factory for eight months. The rehab had left him temporarily clean of drugs but he started to drink heavily.

"Marcial, *un trago está bien, pero drogas, no!* A drink is okay, but not drugs!" He would admonish innocently, not realizing that a change of addiction would be no less damaging.

"Hola, Rufino. Do you have more work for me to do?" I asked him when I saw him shopping for fresh fruit and vegetables at the mercado.

"Sure, Tadeo. I need your strong arms to carry this merchandise home." We were together once again. He paid me regularly, gave me little chores here and there.

"Rufino, why don't you stop drinking?" I suggested, noticing his red eyes, not knowing if they were tired or if it was the wine ruling his reflexes.

"What for? I like to drink."

"It is bad for you. If you keep drinking the way you do, you will get sick."

"Maybe you are right. I can't think well with my head. My daughters left to follow their husbands, leaving the children with us. Jacinta takes care of them."

"How many grandchildren do you have living with you now?"

"Twelve—nine older ones and three babies. Lucky we have a big place."

—¿Dónde están los padres de los niños?

—Se fueron pa'l norte, a California. Mandarán a traerlos tan pronto trabajen.

—¿Le envían dinero ahora?

—Todavía no, pero ya lo harán, Tadeo.

Esta vez, le ayudé a comprar un balde de leche de una hacienda para sus nietos. Me importaba mi amigo Rufino. Su buen corazón y generosidad eran interminables.

Entrando en confidencias, Rufino me contó que Marcial le había pedido prestado el dinero que él tenía ahorrado para comprar las tintas. Esperaba que regresara pronto.

—Ya vendrá, ya vendrá —repitió sin convicción.

Lo que yo escuché fue que Marcial nunca regresó. No pudo. Lo mataron a cuchillazos asociados de drogas a los que no había pagado. Tenía 23 años.

Rufino estaba ahora arruinado; cuentas impagas por reparaciones mayores al edificio, el mantener a los niños y haber perdido el dinero de su negocio a Marcial. Vendió su edificio de departamentos por un tercio de su valor. La extensa familia se mudó a las chozas donde vivían antes. Comenzó a vender boletos de lotería otra vez.

Ahora yo tenía 15 años. Había vivido en las calles y logrado distribuir periódicos.

También se los vendía a chóferes de carros que se detenían ante los semáforos. Hice suficiente dinero para arrendar un cuarto en una pensión y comer dos veces al día.

Guardaba una copia del diario para mí. Poco a poco, aprendí a leer, me aparecí un día en una escuela. Los maestros me invitaron a regresar —dijeron que yo era el estudiante mejor informado de toda la clase. Supe entonces que sobreviría.

Una tarde, leí las noticias diarias. No pude creerlo. La lotería nacional nuevamente había caído en Oaxaca. ¿Quién sería el ganador? —me pregunté. Y otra vez, no pude confiar en lo que mis ojos revelaban. El ganador de la lotería era … Rufino Zapallar, mi amigo.

"Where are their parents?"

"They left for the north, to California. They will send for the children when they get jobs.

"Do they send you money now?"

"Not yet, but they will, Tadeo."

This time I helped him to get a bucket of milk from a farm for his grandkids. I cared about my friend Rufino. His good heart and generosity were endless. In confidence, he told me Marcial borrowed the money he had saved for his next purchase of ink at the printers. He was waiting for his son to return.

"*Ya vendrá*. He will come," he repeated unconvincingly.

Last I heard, Marcial never returned. He couldn't. Plunging knives wielded by drug associates he had cheated killed him. He was twenty-three years old.

Rufino was now ruined. He had debts from minor repairs for his building, feeding his grandchildren, and having given his business money to Marcial. He sold his apartment complex for one-third of its value. The extended family moved back to the chozas where they had lived before. He began selling lottery tickets again.

I was now fifteen years old. I had lived on the street all along, delivering newspapers. I also sold newspapers to motorists who stopped at traffic lights. I made enough money to get myself a room in a pension and eat twice a day.

I kept a spare copy of the daily newspaper for myself. Little by little, I learned how to read. I showed up at a school one day. The teachers invited me to return — they told me I was the best-informed student in my class. I knew that I'd make it.

One evening, when I read the news of the day, I couldn't believe my eyes! The national lottery landed in Oaxaca again. Who was the winner? I pondered. Again, I could not trust what my eyes revealed! The winner of the lottery was ... Rufino Zapallar, my friend.

Tenía que verlo de inmediato. Me alegré tanto por él. Quizá tenía un ángel fantástico que lo rescataba cuando lo necesitaba.

Jacinta abrió la puerta. —Doña Jacinta, es Tadeo. ¿Me recuerda?

—Sí, por supuesto. Es el amigo de Rufino. Pase, pase.

—Rufino, felicitaciones, ¡lo hizo de nuevo! —aclamé —tiene usted otra oportunidad de hacer lo que desee hacer.

El nuevo ganador de la lotería se veía amargado. —Este no es un regalo de Dios, Tadeo. Es un regalo del diablo. Le di todo a mi familia, pero perdí a mis hijos, a mi hijo Marcial. Sacrifiqué a mi esposa Jacinta plantándola con doce niños más. El dinero es una maldición. Prefiero vender boletos de lotería. Me hace feliz ver que la gente gana. Me gusta vender boletos de lotería y beberme mi vino.

—Vamos, compadre, vamos a dar un paseo. Lo empujé fuera de su silla.

Dejamos la casita. Rufino ya estaba borracho. Esta vez, no se molestó en alzar sus piernas para evitar los hoyos del pavimento. Tuve que sostenerlo para que no se cayera.

—No me siento muy bien —se quejó.

—Es porque toma, Rufino. No es bueno para usted. Vamos al hospital para ver si pueden ayudarlo.

—Tienes razón, Tadeo, tengo que dejar de beber. Te lo prometo.

Alcanzamos al hospital. Los doctores estaban ocupados. Rufino se sentó en uno de los bancos esperando pacientemente su turno.

—Tráeme café, Tadeo —me solicitó. Caminé a la cafetería para traérselo. Pero no pudo tomarlo. Lo encontré muerto en su asiento.

—Un ataque al corazón —pronunció la enfermera —tenía 48 años pero parecía de 78.

Alguien tiene que contar la historia de Rufino, el ganador con más suerte de dos loterías. Rufino, mi amigo.

I had to see him right away. I was so happy for him. Maybe he had a fantastic angel to rescue him when he needed it.

Jacinta answered the door. "*Doña Jacinta. Es Tadeo.* Do you remember me?"

"Sí, of course. You are Rufino's friend. *Pase, pase.*"

"Rufino, congratulations, you did it again!" I cheered. "You have another chance to do whatever you wish to do!"

The new winner of the lottery was bitter. "This was not a gift from God, Tadeo. It is a gift from the devil. I gave all I had to my family, but I lost my children, my son Marcial. I sacrificed my wife Jacinta to have her raise twelve more kids. Money is a curse. I prefer to sell lottery tickets. It makes me happy when people win. I like to sell lottery tickets and drink my wine."

"Vamos, compadre, let's go for a walk." I pulled him away from his chair.

We left the little house. Rufino was already drunk. This time he didn't bother stepping over holes in the pavement. I had to hold him to keep him from falling.

"I don't feel so good," he complained.

"It's your drinking, Rufino. It's not good for you. Let's go to the hospital to see if they can help you."

"You are right, Tadeo, I have to stop drinking. I promise you I will."

We reached the hospital. Doctors were busy. He sat on one of the benches, patiently waiting his turn.

"Bring me some coffee, Tadeo," he asked. I walked to the cafeteria to get him some.

He could not drink it. I found him dead on his seat.

"A heart attack," the nurse pronounced. He was forty-eight but looked seventy-eight.

Someone has to tell the story of Rufino, the luckiest winner of two lotteries. Rufino, my friend.

Vocabulary:

chicle = chewing gum

choza = shack

¿Como estás? =How are you

compadre = pal

¿comprendes? = do you understand?

doña = Mrs.

frijoles = beans

¡Hola! = Hi!

jefes = bosses

macho = male power

me llamo = my name is

mercado = marketplace

mierda! = shit!

muchacho = boy

pase = come in

pelón = a dispossessed person

pensión = room and board in a house

¿Qué pasa? = What's up?

tira de números = series of lottery numbers

vamos = let's go

viejo = old man

zánganos = bums

Algo Inexplicable

Autopista 280, California, USA

La reunión en San Francisco terminó a las 11:00 p.m.
Alina caminó fuera del edificio hacia una intensa neblina. No teniendo un paraguas, se arrimó a las paredes para evitar que una lluvia más recia la empapara en su camino al garaje de estacionamiento.

Bloqueada por tarros de basura volteados por el viento, saltó en una poza de agua que le llegó hasta las rodillas. *¡Mierda!*

Tan pronto blasfemó, Alisa recordó su reciente promesa de contenerse en hablar sin pensar y considerar más atentamente la opinión de otras personas; precisamente el tema de la reunión de esa noche.

Individuos de diversas fe habían hablado allí; líderes religiosos, libre pensadores, dogmáticos y no-creyentes. Algunos con experiencia de fuera-de-limbo, ángeles representados por humanos y emisarios terrestres directamente comisionados por Dios que vivía en San Francisco y en el cielo.

Alina había reflexionado acerca del espíritu humano miles de veces. Necesitaba respuestas.

Su mente racional lo requería. Pero esta noche estaba nuevamente desilusionada.

El dolor físico uno lo puede explicar. Las extremidades, los huesos, las terminaciones nerviosas señalan al cerebro cuando se hieren. Pero el dolor espiritual, ¿dónde reside en el cuerpo? En ninguna y en todas partes. No podemos negar que está ahí. Se muestra nebuloso en el campo afectivo, entra en la red creativa del alma, aparece como una severa reforzadora de lo bueno y lo malo. Lo hace a uno reírse y llorar —una Musa coqueta que baila en las entrañas. Sé que está allí.

Un acceso fácil hacia la carretera 280 Sur la llevó en ruta a Palo Alto. La lluvia arreciaba ahora y debió agarrar el manubrio para mantener su autito deportivo bajo control.

The Unexplained

Route 280, California, USA

THE MEETING IN SAN FRANCISCO FINISHED AT ABOUT 11 P.M.

Alina walked outside the building into a dense fog. Having no umbrella, she edged along the walls — avoiding bigger showers coming her way — toward the parking garage.

Blocked by upturned garbage cans, she stepped into a puddle, splashing water up to her knees. "Damn!"

As she swore, Alina remembered her recent vow to refrain from thoughtless words and to consider other people's opinions more thoroughly, the core of that night's meeting.

People of diverse faiths had spoken there — religious leaders and freethinkers, dogma followers and non-believers. Some had had out-of-body experiences, angels in human form, and more earthly emissaries instructed directly by God, who lived in San Francisco as well as in Heaven.

Alina had questioned the human spirit a thousand times. She needed answers. Her rational mind required it. But tonight, she had been disappointed again. Wet and cold, she got into her car, still thinking.

One can explain physical pain. Limbs, bones, nerve endings signal the brain if they are hurt. But spiritual pain, where does it reside in the body? Nowhere and everywhere. We can deny it is there. It shows itself in the nebulous frame of the affective domain, enters into the creative net of the soul; it appears as the strict enforcer of the rules of right and wrong. It makes one laugh and cry — a flirtatious Muse dancing its way inside. I know it's there.

An easy access to the 280 South freeway put her en route to Palo Alto. The rain fell heavily now; she held the steering wheel firmly to keep her small sports car in line.

¡Cómo me desagrada la lluvia! Sí, sí es bueno tenerla, la necesitamos. A la mayoría de la gente le gusta sentir el agua chapoteando por todas partes, una noción romántica de la naturaleza. A mí no me gusta nada y además me endiabla el pelo!

El tiempo no mejoraba. Alina condujo en el carril de la derecha entre cascadas de agua que caían por las ventanas impidiéndole ver claramente.

El viento aumentó esparciendo basuras en el camino, haciendo peligroso manejar. Aunque conducía el vehículo lo mejor que podía, decidió salirse de la autopista 280 tan pronto como le fuera posible.

Se había plantado eucaliptos y pinos muy cerca de la carretera. Se doblaban penosamente en peligro de quebrarse.

El corazón de Alina comenzó a palpitar. *Esos árboles estaban demasiado cerca de la autopista.*

Tomó el carril del centro y continuó.

A través de una casual apertura del agua en la ventana, de repente vio con horror que uno de los pinos más elevados se quebraba de sus raíces, desplazándose sobre su línea de conducir.

¡Oh, Dios mío, oh, no, no puedo detener el coche ahora, el árbol me aplastará. . . . Se forzó abrir los ojos en pánico, encarando su muerte inminente ante un destino del que no se podría escapar. *¡No, no!*

Apenas de unos metros de su último sino, una poderosa ráfaga de viento del oeste —fantasma coloso con brazos de fierro, levantó apenas el árbol que ya caía, dejándola pasar. El golpazo de atrás del insospechado amigo caído le aseguró que se encontraba finalmente abatido.

Alina paró respirando fuerte. Sus manos se entrelazaron en una invocación silenciosa que no era un rezo. Ella no rezaba.

Recobrada temporalmente, notó que el árbol caído bloqueaba dos carriles de la carretera. Otros conductores podrían tener un terrible accidente.

Sacó una linterna de la guantera, saltó del auto encarando la tormenta y caminó por los costados del árbol, sujetándose de las ramas hacia el medio de la autopista. Comenzó a desviar el tráfico desesperadamente.

How much I dislike the rain. Yeah, yeah, it's good to have it. We need it. Most people like water plopping everywhere—some kind of romantic notion. I don't like to be wet, it makes my hair frizzy.

The weather wasn't improving. Watching the road—a cascade of water sheeting the windows preventing her from seeing well—Alina drove in the right-hand lane. The wind grew violently, spreading debris on the road, making driving hazardous. Although she handled the vehicle as best she could, she decided she'd turn off the 280 freeway as soon as possible.

Eucalyptus and pine trees had been planted close to the freeway. They bent down unwillingly, in danger of breaking. Alina's heart started to pound. *Those trees were very close to her lane on the freeway.* She took the inner lane, kept going.

Through an opening in the rainsquall, she suddenly saw in horror that one of the tallest pines had finally broken from its roots and was heading directly into her path.

Oh, my God, oh, no! I can't stop the car now! The tree will hit me...! She forced her eyes wide open in panic, facing her imminent death, speeding into an inescapable destiny. *No, no!*

Scarcely a few feet from her ultimate fate, a powerful gust of wind from the west—ghost colossus with steel arms—lifted the falling tree enough to let the little car pass beneath. The harsh sound of the yielding friend falling behind told her of its final surrender.

Alina stopped, breathless. Her hands clasped in a silent invocation, but she wasn't praying. She didn't pray.

Temporarily recovered, she realized that the fallen tree was blocking two lanes on the freeway. Some drivers might get into a terrible accident.

Grabbing her flashlight from the glove compartment, she got out of the car, faced the storm, and walked back to the side of the fallen tree, pulling herself by its branches into the middle of the road. Frantically, she began to divert oncoming traffic.

La Patrulla de caminos se hizo presente. —Señora, ¡sálgase de la autopista! —ordenó —¡está bien! ¡estamos aquí! Alina retrocedió.

—¿Está usted bien? ¿Y su auto? —indagó el policía.

—Estoy bien —Alina respondió temblorosa, retirándose.

¿Sucedió esto de verdad? ¿Estaba viva de milagro? ¿Quién hizo el milagro? ¿Fue pura suerte o una coincidencia? ¿No se había preguntado ella acerca del espíritu en relación a su existencia? ¿Existiría el espíritu más allá de eso? ¿Por qué ella, una agnóstica, había mencionado a Dios cuando estaba en peligro?

¿Quién le había perdonado la vida? ¿Fue para darle una oportunidad de hacer algo por otros?

—Bueno —musitó Alina. —Quizás en una noche de recreo, Dios, los ángeles, otros espíritus, almas desbandadas y su propio espíritu, decidieron colaborar en conjunto para hacer el bien.

¡Eso está bien conmigo! ¡Eso está bien con todas las creencias!

The Highway Patrol arrived. "Lady, get off the freeway!" the officer ordered. "It's all right. We're here now." Alina retreated.

"Are you all right? Is your car okay?" the policeman checked.

"I'm fine," Alina responded. Shivering, she drove away.

Did this truly happen? Was she alive by a miracle? Who provided this miracle? Pure luck or coincidence? Hadn't she questioned the spirit in regards to existence? Would the spirit go beyond that? Why had she, an agnostic, called God when she was in danger? Who spared her life? Was it to give her the opportunity to do something for others?

"Well," Alina talked to herself in a whisper. "Maybe in a special outing tonight, God, angels, other spirits, wandering souls, and my own spirit decided to collaborate to do some good."

That's all right with me! That's all right with all beliefs!

¡Jale-Ah!

Mi mamá decía que yo tenía tendencia de hacer más difíciles las cosas de lo que eran.

Era medio verdad, pero lo que era cierto es que yo podía hacer mejor lo más complicado. La simplicidad me lateaba en especial cuando se trataba de cocinar.

Unas vergonzosas prohibiciones fueron establecidas por mi abuelita Amelia—¡Sal de la cocina, que la cocina es para la cocinera!—clamaba ella, cuando mi nariz me arrastraba hacia olores magníficos provenientes de la cocina de Ana, nuestra cocinera octogenaria, controlada dictatorialmente por la abuela.

A pesar de tal oposición, aprendí a cocinar bastante bien cuando salí del hogar de mis padres. Probé hacer recetas difíciles con mi propia familia y amigos que lo apreciaron.

Sin embargo, nunca pude hacer jalea en ninguna etapa de mi vida. Todo lo que se necesita es medir dos tazas de agua caliente, agregar el polvo, poner dos tazas de agua fría y voilá.

—Pero es tan fácil—razonó mi hija Patricia. ¡Pues eso era. Demasiado fácil.

¡Nunca me resultó a mí!

Un miércoles, mis nietos prometieron visitarme. Podría haber cocinado un pastel de zanahorias, o mousse de chocolate o un soufflé de limón, pero me di cuenta que mis nietos tenían gustos bastante simples y trataría entonces de ser simple. Decidí componer una jalea.

¡No pienses en las derrotas del pasado-una voz me animó. Adelante. Cualquiera puede hacer jalea!.

Medí el agua precisa, puse dos paquetes de jalea de frambuesas y agregué unos trozos de piña fresca para darle un toque de clase. Puse la jalea en el congelador.

Cuando los niños llegaron, saqué el postre y vi con desilusión que aún estaba líquido.

Jell-Oh!

MOTHER TOLD ME I HAD a unique tendency to make things more difficult than they were. It was partly true, but it was also true, I could do better at more difficult tasks. Simplicity bored me stiff, especially when it came to cooking.

My Chilean grandmother, Amelia, had established some embarrassing prohibitions: "Get out of the kitchen. The kitchen is for the cook," she would say, when my nose followed some wonderful smells from the cuisine of Ana, our octogenarian cook, whom she controlled dictatorially. Despite such opposition, I learned how to cook pretty well once I was out of my parents' home. I tried difficult recipes that my own family and friends appreciated. However, I could never make Jell-O at any stage of my life. All you need is to measure two cups of boiling water, add the Jell-O, then pour in two cups of cold water, and voilá!

It never worked for me!

"But it's *so* simple! my daughter, Patty, would say. That was it—maybe it was too simple.

One Wednesday, my grandchildren promised to visit. I could have made a carrot cake or a chocolate mousse or a lemon soufflé, but I realized my North American grandkids had very simple tastes, so I'd attempt, once again, simplicity. I decided then to make Jell-O.

Don't live in the past, a voice reassured me. *Go ahead. Anybody can make Jell-O.*

I measured the water accurately, put in two packages of raspberry Jell-O, and added some fresh chunks of pineapple for a touch of class. I put the gel in the freezer.

When the kids arrived I took out the dessert and saw with disappointment that it was still liquid.

Era obvio que había colocado mucha agua en el contenido. Necesitaba *algo* para solidificarlo.

Afortunadamente, tenía crema fresca. Apresuradamente, eché una taza de nata Chantilly en la mezcla, revolví todo y lo coloqué en el congelador para apurar el proceso.

Después de unas horas de diversión con los nietos, saqué la jalea del congelador. *¡Ah!*

Se veía sólida, pero cuando la moví a los pocos minutos, se puso aguada otra vez; un mosaico vivo, un viscoso apiñado-rosa yacía allí. Su color no mostraba los finos elementos que usé.

Mis nietos regresaron a casa sin gozar de mi fallida (otra vez) especialidad culinaria.

—¡Uy!—dijeron. Ni siquiera quisieron probarla. Bueno, comprendí su reticencia pero no estaba lista para aceptar el fracaso, aún. No está en mi naturaleza.

¿Cuál era este asunto entre la jalea y yo? Debía averiguarlo.

No dispuse de la mezcla, tenía que congelarse alguna vez.

Me levantaba cada mañana, miraba la cosa. Pasaron cinco días sin cambio en la porfiada sustancia. ¡Esto era una afrenta *personal!* La mente domina la materia, pero esta materia estaba ganando.

A los diez días la jalea comenzó a volverse sospechosamente verde. *¡Había ganado!*

La gelatinosa porquería estaba determinada a no ser ingerida y se mostraba miserable.

Comencé a sentir pena por ella. Debía "aceptar lo que no se puede cambiar" y era yo haciendo jalea. Tiempo de botarla, la dejé en el mesón de la cocina para contestar el teléfono.

Whiskers, nuestra gata, se subió allí. La sustanciase se movía y debe haberle parecido el manjar más apetitoso, dado su instinto de cazadora. ¡Y se lo zampó!

No sé porque pero me sentí feliz que Whiskers hubiera actuado de glotón. Algo así como una secreta venganza. ¡De vuelta a mi soufflé de limón!

Obviously, there was too much water in it. I needed *something* to solidify it fast. Fortunately, I had whipped cream available. Hurriedly, I poured a cup of fresh cream into the mixture, stirred the whole thing, and put it in the freezer to speed the process.

After a few hours of fun with the grandkids, I took the Jell-O out. *Ah!* It looked solid, but when I moved it after a few minutes, it changed into water again. A lively, watery, pineapple-y velvet mosaic lay there. Its color didn't show the fine ingredients I had used.

My grandchildren went home without enjoying my failed (again!) culinary treat.

"Ugh," they said. They didn't even want to try it. Well, I understood their reservations.

I was not ready to accept defeat. It is not in my nature.

What was this thing between Jell-O and me? I had to know.

I didn't dispose of the mixture—it had to gel sometime!

I'd get up every morning and look at the thing. Five days passed with no change in the stubborn substance. This was *personal!* Mind over matter and matter was winning!

After ten days, the Jell-O began to look conspicuously green. "It" had won! The gooey mixture, determined not to be eaten, looked quite miserable. I started to feel sorry for it. I should humbly "accept the things I can't change," like making Jell-O. It was time to dispose of it. I put it on the kitchen counter and left to answer a phone call.

Whiskers, our cat, climbed up while I was away. Since the thing moved, it might have seemed an appetizing delicacy, awakening his hunter's deepest instinct. He gobbled it! I don't know why, but I was quite happy Whiskers did that. Something like hidden revenge.

Back to my lemon soufflé!

El Corazón de un Guijarro

Puerto Vallarta, verano de 1994

EL TIEMPO ES UN CÍRCULO evasivo de elementos que contienen sabiduría, recuento de sucesos, tonterías, acciones, felicidad, apatía y quizás nada. Sigue adelante.

Dos miembros de mi familia me acompañan para las vacaciones de Pascua de Resurrección; mi madre de 83 años y mi nieto de quince. Habiéndolos descuidado, tan concentrada he estado en mis producciones literarias, quiero corregir la situación.

Nuestros planes se ven magníficos, y lo mejor por supuesto, es la anticipación. ¡Lo pasaremos fabuloso!

Mis esperanzas vuelan alto, el lugar, un idilio de sol caliente, la playa, adiós a "El niño", México —el amistoso amigo. Mi madre se sentará en una silla cómoda mirando el Mar de Cortés, rodeada de una brisa tibia, relajada y contenta. Mi nieto saltará en las olas conmigo, chapoteando en el agua, completamente sumergido en la tierra extranjera, hipnotizado por la fascinante cultura, su gente, su magnífica historia, las que le explicaré. También le mostraré la flora y fauna de México. —¡Oye, que fenómeno! —dirá él.

Sobre todo, quiero enlazarme con ellos y averiguar cómo están. Los amo.

Llegamos a un condominio en Puerto Vallarta y los alrededores son exactamente como me lo había imaginado. ¡Grandioso!

Los sucesos comienzan a revelarse. Mamá se queja. —¡La cama es tan dura! ¡El ruido del mar no me deja dormir! ¡Y la gente afuera, no tiene consideración con otros por la noche! Ha sido tan largo el trayecto para llegar aquí. ¡La comida es picante! La movilización es tan mala.

A mí me encanta México y no he podido encontrarle nada malo. Pero considero su incomodidad. Noto con gran tristeza que mi madre,

The Heart of a Pebble

Puerto Vallarta, summer 1994

TIME IS AN ELUSIVE CIRCLE containing elements of wisdom, recollections of events, foolishness, actions, happiness and apathy, even nothingness. It continues to move forward.

Two members of my family accompany me for an Easter vacation: my eighty-three-year-old mother and my grandson, fifteen years old. Having neglected them, submerged in my writings, I want to correct the situation.

Our plans seem terrific, and best, of course, is the anticipation: "We'll have a ball!"

My expectations are high: the place, idyllic hot sun, the beach, and *adiós* to *"El niño."* Mexico — the friendly *amigo.* Mother sitting on a comfortable chair, looking at the Sea of Cortez, surrounded by a warm breeze, relaxed and content; grandchild jumping into the waves with me, splashing and laughing, totally immersed in the foreign land, mesmerized by a fascinating culture, its people, the wonderful history I'll tell him about. I want to show him the unique flora and fauna of Mexico, too. "Wow! Cool!" he'll say.

Above all, I want to bond with them and understand what's on their minds. I love them.

We arrive at a condominium in Puerto Vallarta, and the surroundings are exactly as I expect them to be — grand!

Things start to unravel. Mother complains: This is such a hard bed! The noise of the sea doesn't let me sleep! People out there shout; they have no consideration for others at nighttime! It has been so far to come home here! The food is too spicy! The buses are uncomfortable.

I love Mexico and can't find anything wrong with it, but I consider her discomfort. I notice with great sadness that mother, faithful com-

compañera fiel de mi vida entera y mi gran sostén espiritual, se me escapa en un mar de senilidad. Se sigue repitiendo.

Estoy paralizada. Esto es real. Me arrecia tan profundamente que no sé que hacer.

Le pido comentarios acerca de la novela que le dediqué, pero no se recuerda haberla leído.

Si le advierto de acciones que hace que la puedan dañar, responde con furor, me mira con resentimiento y odio tan poco usual en su pasada dulzura.

Mi nieto es historia aparte. Parece feliz, aunque no lo demuestra. Ha expuesto sus gracias sociales conversando entusiasmadamente con su compañero de viaje y asiento en el avión. Aún más feliz lo hace el tener dinero para gastar durante sus "diversiones" en México.

Primer día. Su disposición cambia. —¿Vamos a la playa? —lo invito.

—No, abuelita, me junto contigo más tarde. Quiero descansar. Duerme todo el día.

Segundo día. —¿Te gustaría ir a nadar? Hay, además, paracaídas para volar encumbrado hacia arriba, carreras de botes, un viaje de safari en jeep con otra gente de tu edad. Y si estás con ánimo intelectual, hay también clases de español.

—No, abuelita. Algo haré más tarde. De regreso de la playa, lo encuentro durmiendo.

Días tres, cuatro, cinco y seis. Nada le interesa. Se sienta en la cama con cara de aburrido y duerme la mayor parte del día y de la noche. Permanece indiferente a mis indicaciones que están pasando los días y los está desperdiciando.

Me empiezo a sentir deprimida. Quiero llorar. *¡Qué compañía me he llevado!*

Mamá continúa con sus quejas. Mi nieto ha adoptado la pasividad que hubieron tener aquellos aztecas sentados de piernas cruzadas, sin moverse, esperando ser aniquilados por los agresivos españoles. Mi nieto, envuelto en un indolente cuerpo rubio-dorado, vegeta ajeno a su propia historia.

panion of a lifetime and my great spiritual supporter, is getting lost in
the sea of senility. She keeps repeating herself.

I am paralyzed. This is real. It strikes me so deeply that I don't know
what to do. I ask her about the novel I dedicated to her, but she can't
remember having read it.

If I point out things she does that put her in any physical danger,
she responds with fury; she looks at me with resentment, even hatred,
so unlike her former sweet nature.

My grandson is a different story. He seems happy to be in this place,
though he doesn't express it. He showed his social skills on the plane,
talking with enthusiasm to his seat-mate/travel companion. He seems
even happier to have money to spend during his "fun" activities in
Mexico.

During our first day, his disposition changes. "Shall we go to the
beach?" I suggest.

"No, grandma, you go, I'll join you later. I want to relax." He sleeps
through the day.

Second day: "Would you like to go swimming? There is also para-
chute sailing, boat racing, going on a safari by jeep with other people
your age. And, if you're on an intellectual kick, Spanish lessons are
available."

"No, grandma. I'll do something later on." Returning from the
beach, I find him sleeping.

Days three, four, five and six: nothing interests him; he sits on his
bed looking bored, and then he goes to sleep for most of the day and
night. He remains silent at my admonitions that days are slipping
by, wasted.

I begin to get very depressed. I want to cry. *What company I have
taken!*

Mother continues to ramble. My grandson has adopted the historical crossed-legged passivity of the Aztecs, waiting to be annihilated
by the aggressive Spaniards, wrapped in an indolent blonde-golden
body, foreign to his own history.

Voy sola a dar una caminata por la playa.

La superficie de la arena usualmente plana y limpia, está ahora cubierta con conchitas y rocas que el mar ha expulsado de su reino marino finalmente, en vez de mantenerlas activas en continuos vaivenes.

Muchas de ellas en colores múltiples, ya reposan, brillando bajo los enjuagues perseverantes, manteniéndose ancladas, definiendo su individualidad. El océano ha salido hacia las orillas, dejando ver que si hay borrascas, eventualmente se apaciguarán.

Un guijarro en particular me distrae. Me agacho a recogerlo. Esta pieza tiene exactamente la forma de un corazón. Es gris. No hay en él distinción alguna. Lo presiono en la mano.

¿Una piedrecilla gris con la forma de un corazón? ¿Gris como el mío? Esta no es una piedra.

Es *mi corazón. ¿Lo he dejado caer allí? ¿Se ha abierto mi círculo de tiempo, ahí mismo, en un nicho inesperado? Quizá…*

Quizá para mi madre, es tiempo de recordar tiempos pasados que sólo le pertenecen a ella. Quizá es para mi nieto, debatirse cuál camino tomar, y para mí, aceptar esas estaciones en sus vidas.

Regreso al condominio. Los abrazo. Le doy a mi nieto el guijarro gris con forma de corazón. Lo mira con inmensa atención. —¡Ay! ¡Qué fenómeno! —exclama.

Me fijo otra vez en el guijarro que sostiene en su mano.

¡Juraría que ha cambiado de color!

Ahora, es Rosado.

I take a walk on the beach by myself. The surface of the sand, usually flat and clean, is now covered with little shells and rocks that the sea has finally expelled from its kingdom, instead of keeping them caught up in repeated strokes. Many of them, in multiple colors, already rest, shining under the persistent rinses that keep them anchored, defining their individuality. The ocean has come out to the edges, showing that storms will eventually turn into light.

One particular pebble catches my eye. I bend down to pick it up. This piece is shaped exactly in the form of a heart. It is gray. It has no other distinction. I press it in my hand.

A gray stone with a shape of a heart? Gray like mine? This is not a rock. It is my heart. Have I dropped it there? Has my circle of time opened, right there, into an unforeseen niche? Maybe…

Perhaps, for my mother, it is the time to remember a past that belongs only to her. Perhaps for my grandson, it is the time to wonder which path to take, and for me, to accept these stages of their lives.

I return to the vacation condominium. I embrace them. I give the heart-shaped stone to my grandson. He gives the pebble his full attention. "Wow! Cool!" he exclaims.

I look again at the pebble in his hand.

I could swear the pebble has changed color!

Now, it is pink.

El Bosque

Perú, 1999

UN AULLIDO LES TRASPASA LOS OÍDOS. La selva peruana, misteriosa e infranqueable, no revela si lo que han escuchado es el llanto de una persona o un animal, u otra cosa.

—Raro, ¿no crees? —conjetura Mark.

—Sí. Una risa espeluznante que podría ser un pájaro. Hay aquí especies únicas.

Mark y Ron son amigos desde kindergarten, ambos tienen 24 años, naturalistas en espíritu y entrenamiento académico. Han venido desde California en los Estados Unidos, a explorar los misteriosos senderos que conducen al Gran Pajatén.

El bosquecillo se abre a una explanada al lado de riachuelos afluyentes del Ucayali, padre del Amazonas. Deciden descansar, comer y alcanzar la antigua ciudad antes de que anochezca.

Los hombres abren sus mochilas: salame seco, sopa en polvo mezclada con agua del río Murabumba. Cuidadosamente, aíslan las llamas de la fogata con rocas circundantes para proteger el medio ambiente de un incendio.

Su quieta soledad se ve levemente interrumpida por una sinfonía de revoloteos de aves exóticas, productos de variada naturaleza, el crujir del tapir y un viento que sopla suavemente, deslizándose sobre las ramas más altas de los árboles.

Deberían estar tranquilos, pero se sienten inquietos.

—Es *tan* intrigante lo que les sucedió a los Incas del Gran Pajatén-comenta Ron.

Una comunidad entera, desaparecida en un centro reconocido como el más espiritual de la civilización Inca. Y en Machu-Pichu, algo parecido. Los antropólogos han encontrado utensilios, artículos de casa,

The Forest

Peru, 1999

A SHRIEK HITS THEIR EARS. The Peruvian jungle, mysterious and untrodden, does not reveal whether what they heard was the cry of a person, an animal, or something else.

"Weird, don't you think?" Mark ventures.

"Yeah. A deranged laugh, but it might be a bird. Some species here are unique."

Mark and Ron are pals since kindergarten, both twenty-four years old. Naturalists in spirit and training, they have come from California in the United States to explore the mysterious paths leading to the Great Patajen, the oldest settlement of the Incas in Peru.

The forest cuts a passage through an open space rich in minor rivers cascading from the Ucayali, father of the Amazon. They decide to eat, rest, and reach the ancient city before nightfall.

From their backpacks the men take out dry salami and powdered soup reconstituted with water from the Murabumba River. They carefully encircle the flames from the campfire with a ring of rocks to protect the environment and avoid a fire.

Their quiet solitude is slightly broken by a symphony from the flapping wings of exotic birds, unidentified noise from nature, the creaking tapir, and a wind blowing softly over the upper branches of the taller trees.

They should be relaxed but they feel uneasy.

"It is *so* weird what happened to the Incas from the Great Patajen," Ron comments.

A full community of people disappeared from a well-known spiritual center of its time during the Incan Empire, and Macchu-Picchu experienced a similar fate. Anthropologists have found tools and uten-

aún chales de mujeres, pocos esqueleto en las ruinas y sólo de mujeres. También parece que su desaparecimiento fue forzado y abrupto.

—¡No me digas! —responde Mark.

Terminan de comer, se tienden de espaldas mirando hacia el confín de árboles que desafían el cielo azul.

El aullido resuena nuevamente. —¡Vámosnos! —dice Ron pretendiendo tranquilidad.

—Queremos alcanzar las primeras del Gran Pajatén antes que caiga la noche, ¿ya?.

—Sí —confirma a medias Mark.

Los jóvenes tratan de levantarse, pero no pueden hacerlo. Sus cuerpos están atenidos a la tierra.

El fuego se levanta abruptamente imitando la figura lineal de un árbol, y cual bólido rojo sale disparado al cielo junto a ellos.

Mark y Ron se ven levantados a 18.000 pies de altura hacia Los Caminos del Inca; pasan los valles de Pacasmayo a Runkuracay, creen ver una zona familiar que llevan a la ciudad perdida de Machu-Pichu, pero continúan hacia Salla-Marca a través de estrechos caminitos rocosos en el caserío de Phuyupatamarca, y entran en un místico santuario.

Se levantan tambaleándose, desvariados y mudos.

De la oscuridad, el fulgor de una luz los ciega. Cuando sus ojos se adaptan al cambio, quedan estupefactos.

—Estamos en la parte de un mundo diferente, hombre. Se siente algo etéreo, ¿qué crees? —pregunta Ron. Pero antes que Mark pueda contestar, el firmamento estrellado se hace aún más refulgente. El lugar parece ser uno de aquellos donde se han efectuado sacrificios humanos en el pasado.

Se estremecen. Y al estabilizarse, presencian lo extraordinario. Cientos de hombres, mujeres y niños de pelo largo los enfrentan parados, en silencio. Visten túnicas romanas atadas a fajas policromas, algunos más distinguidos llevan plumas multicolores en la cabeza, ojotes de zapatos.

—¡Dios! —exclama Mark. ¿Quiénes son? Se ven iguales a los descritos

sils, home artifacts, even women's shawls, a few skeletons—females only—among the ruins. They vanished, supposedly forced and hurried by something alien.

"Wow, that's a trip!" agrees Mark.

They finish their meal and lie down on their backs, admiring the mountains and unbending trees defying the blue skies. The shriek resounds again. "Let's bail," says Ron, pretending to ignore it. "We want to reach the Great Patajen before dusk, right?"

"Right," Mark parrots.

The young men try to stand but cannot do it. Their bodies are chained to the ground.

The fire abruptly springs up, imitating the linear shape of a tree, a red cone spins, picking up the men in one thrust, heaving them into the skies.

Mark and Ron see themselves lifted over 18,000 feet, onto the Roads of the Incas. They pass the valleys of Pacamayo toward Runkuracay; they seem to recognize the familiar surroundings of the lost city of Machu-Picchu, but they keep moving to Sayacmarca through the narrow stone roadways of Phuyupatamarca, there entering a mystical sanctuary. Clumsily they rise to their feet, numb and speechless. Out of the darkness, a bright light blinds them. As they become accustomed to the change, they are stunned.

"We're in a different part of the world, man. It has an ethereal feel to it. What do you make of this?" asks Ron. Before Mark can respond, the starry firmament shines with renewed brightness entering the area. It seems to be a place where human rituals were performed in the past.

They shudder, and when they regain control, they view the extraordinary: hundreds of men, women, and children with long hair face them, silently standing there. They are dressed in Roman clothes with multicolored belts; some of the most distinguished ones wear colored feathers on their heads, and leather slippers for shoes.

"My God!" exclaims Mark. "Who are they? They look just like the

por el otrora mestizo del siglo XVI, Guamá Poma de Ayala en los libros de antropología de Perú.

—¡Los Incas! —dicen en unísono.

Un hombre alto se les acerca a pasos majestuosos, es un viejo "Willacumu, Sacerdote Supremo", aquél que conjura a los humanos con la naturaleza y con los dioses en una sola entidad. Es un hombre sabio. Les habla:

—No nos teman. No sufrirán ningún daño. Los hemos estado observando desde que ustedes entraron al bosque y vemos que lo honran. Vuestro amor por la belleza a la naturaleza es evidente. Hemos visto en ustedes, amabilidad, honestidad y consideración hacia otros seres. Son ustedes, sin duda, hombres honorables.

Al escuchar estas palabras, Ron y Mark se calman, curiosos pero ya sin temor. Sienten una presencia poderosa pero una de amable calma y quietud interna.

—Somos del Imperio antiguo de los Incas. Elegimos estar en este limbo después de ser atacados durante el reinado de nuestro último Inca Huasca, a quien los conquistadores españoles finalmente mataron.

Nuestra solución fue evadir el plano de la Existencia Terrestre y entrar al Mundo de los Sueños. Aquí somos invisibles y estamos a salvo. Volveremos a nuestra tierra cuando esté lista para recibirnos. Será necesario alcanzar un alto nivel de conciencia por parte de los terrestres en vuestro mundo, para esparcir bienestar y paz mundiales.

No sabiendo que replicar, Ron se atreve a preguntar. —¿Qué es ese estridente aullido, ese sonido horripilante que hemos escuchado?

—Es el eco de las voces de la gente Inca brutalizada y asesinada. Sus llantos expresan el dolor y la devastación que sufrieron por quinientos años. Es la semilla germinada del castigo al indio que se le maltrató sin razón, ayer y se le maltrata hoy.

Ron y Mark se dan cuentan de súbito que el Willacumu se está comunicando con ellos sin emitir sonidos vocales. Se miran. *¿Será posible?*

—¿Por qué nos han traído aquí? —pregunta Mark —¿y por qué **a nosotros?**

sixteenth-century figure drawings by the *mestizo* Guaman Poma de Ayala that I've seen in anthropology books from Peru."

"The Incas!" they exclaim to each other.

One tall man walking majestically approaches them. He is an ancient "Willacumu," the one who unites humans, nature, and Gods into one. A wise man. He speaks to them:

"Do not fear us. You will not be harmed. We have been watching you ever since you entered the forest, and we can see you honor it. Your love of nature's beauty is evident. We have seen your kindness, honesty, and care for others. You are, no doubt, honorable men."

Hearing these words, Ron and Mark relax, curious but fearless, feeling a strong presence, one of graceful demeanor and inner quiet.

"We are the ancient people of the Incan Empire. We chose to be in this realm after being attacked during the reign of our last ruler, Inca Huascar, whom the Spanish conquerors later killed. Our solution was to leave the plane of existence called Earth and enter the Dream World. Here we are invisible and safe. We will return to our land when it is ready to receive us. It will take a high level of consciousness from the earth people of the present time to spread happiness and peace in the world."

Not knowing what to say, Ron dared ask, "What was that shriek about, that terrifying noise we heard?"

"It is the echo of the voices of all Incan people brutalized and slain. Their cries express the pain and devastation they endured for 500 years. It is the germinal seed showing the root of the suffering of Indians punished unjustly from the past to the present day."

Ron and Mark were suddenly aware that the Willacumu was communicating without words. They exchange looks. *Is this at all possible?*

"Why have you brought us here?" Mark questions. "Why us?"

—Hemos estado esperándolos por muchos años y vuestra venida ha sido profetizada. Ustedes han sido elegidos para un apostolado clemente y espiritual; el del bien nuestro y el mundial. Sabemos que son capaces de inspirar a gente que escuchará su sabiduría.

Les he otorgado a ustedes poderes de telepatía, serán capaces de comprender los verdaderos motivos que otros esconden, no importa quién o dónde se encuentren. Serán mensajeros de algo verdaderamente único. Son los pueblos indígenas que llevarán una nueva humanidad, una de valores puros no contaminados por religiones formadas. Ya verán que su labor anónima les traerá reconocimiento en el futuro. Aparecerá en las pampas de Nazca en el año 2025. Tendrán Uds. mucho éxito.

Mark y Ron pasmados ante la pletórica del anciano, perciben con intuición que ha sucedido algo demasiado profundo como para renegar de lo sucedido. —Aceptamos —juran.

Su partida es tan misteriosa como su reunión con el Willacumu. Se encuentran de vuelta al campamento en el bosque.

—Un momento, ¿qué ha pasado? ¿hemos estado en algún lugar, o en un sueño? —dice Mark. —Espera, el grito estridente se ha detenido.

—¡Mark, tus labios se están moviendo pero no has dicho nada audible! ¿cierto?, sé lo que has dicho! —exclama Ron.

Mark sonríe tranquilo. Y ahora se escucha diciendo: —Hay aquí más que eso, Ron. ¡Hay tanto que no sabemos! Deben haber innumerables tipos de vibraciones y frecuencias circulando dentro y fuera del planeta. Y lo que hace esto aún más interesante, es que algunos aborígenes, en Australia, no sólo se comunican telepáticamente pero tienen la capacidad de hacerse desaparecer. Se ha escrito sobre esto. ¿Podría ser lo que les aconteció a los Incas? Te digo Ron que lo que hemos experimentado desafía mi mente a aceptar lo increíble.

—Y hay algo más —considera Ron. La realidad cósmica. Lo que quiero decir es que debido a grados de conciencia, madurez e introspección, existe un deseo común y natural en los seres humanos de comprenderse espiritualmente. ¿No crees que esta pueda ser la razón porque tú y yo

"We have been waiting for you for many years. Your coming has been prophesied. You have been chosen for a spiritual mission, one to benefit us as much as the rest of the world. We know you are capable of inspiring people, they will be receptive to your wisdom. I have granted you telepathic powers—you will be able to read the true motivations of others, no matter who or where they are. You will be the messengers of something truly unique.

The indigenous people are the ones to create a new humanity, one with pure human values, not contaminated with established religions. Your silent labor will bring you great recognition in the future. You will see it in the Pampas of Nazca by the year 2025. You will succeed."

Mark and Ron were astonished by the speech of the wise man, yet they knew intuitively, that too many strange things have happened to dismiss what had been said. "We accept," they promised.

Their departure was just as mysterious as their meeting with the Willacumu. They find themselves back at their camp in the forest.

"Wait a minute, what just happened? Have we been someplace or did we dream?" says Mark. "The shrieking has stopped."

"Mark, your lips are moving but you haven't been speaking aloud, right? I know what you've said."

Mark smiles, relaxed, and now he hears himself saying, "I think there's more to the revelations we've just had. There's so much we don't know. There must be countless kinds of energy vibrations and frequencies circling in and out around the planet. What makes this more interesting is that some aborigines in Australia not only communicate telepathically, but also have the capacity to make themselves disappear. Books have been written about it. Could this have happened to the Peruvian Incas too? I'm telling you, Ron, our experience challenges my mind to accept the unbelievable."

"And there's something else," adds Ron. "I'd call it a cosmic reality. What I mean is that degrees of consciousness, maturity, awareness, and introspection, a common desire, exists in human beings to understand others spiritually. Isn't that truly why *we*, interested in this

interesados en este campo de conocimiento, vinimos aquí?

—Tienes razón. Entiendo que todo es posible. ¿Te imaginas un mundo de verdades, falto de desengaños y mentiras? ¿Saber lo que piensa tu oponente y actuar con honradez para solucionar problemas humanos y desechar el mal? Terminaríamos las guerras, las matanzas increíbles de gente inocente. Un mundo nuevo de comprensión y paz.

—Pero, ¿qué haremos nosotros? —quiere asegurarse Ron.

—Nuestro encuentro de hoy con los Incas ha marcado una diferencia. Puede hacernos mejores hombres de lo que fuimos, más sensibles a otras culturas y creencias y propiciar una mayor igualdad. ¿Y por qué no aceptar el mensaje de los Incas? Recuerda que "fuimos elegidos".

Los jóvenes cierran la distancia que han mantenido durante su discusión, se dan un fuerte abrazo y se separan portando una sonrisa misteriosa.

---

* Willacumu = consejero sabio
* Pacasmayo, Runkuray, Sayacrmarca, Phuyupatamarca, valles y caminos en la Ruta del Inca en Perú.
* El Amazonas el río más largo que pasa por tres países en Sudamérica.
* Pampas de Nazca = dibujos misteriosos en la pampa peruana que sólo pueden verse desde las alturas pero no en el campo mismo.

field of knowledge, came here to begin with?"

"You're right. I understand that everything is possible. Can you picture a world of truth, lacking in lies? How would you like to perceive your opponent's thoughts, and act with honesty to resolve problems, rejecting deceit and evil? We would end wars and incredible killings of innocent people—a new world of understanding and peace."

"What do you think is *our* job?" Ron wants reassurance.

"Our encounter with the Incas today can make a difference. We can be better men than we were before, become more sensitive to other cultures and beliefs, and support human equality. Why not accept the story of the Incas? Remember they chose *us*.

The young men close the distance separating them during their discussion, give each other a hug, and break out in broad, knowing grins.

---

* Great Pajatén - an ancient settlement where Incas originally lived in the Andes Mountains
* Willacumu - a wise man
* Pacamayo, Runkuray, Sayacmarca, Phuyupatamarca - valleys and routes leading to the Incan Road, in Peru.
* The Amazon - a very long river covering three countries in South America.
* Pampas of Nazca - mysterious drawings on the pampas of Peru, seen only from the skies.

Extraño Intercambio

De Vietnam al Valle Silicón

A VIETNAM, AÚN AMENAZADO por conflictivas fuerzas políticas y barreras económicas, se le ha otorgado un respiro. Ciudadanos vietnamitas pueden viajar en calidad de refugiados después de la guerra, a los Estados Unidos, la tierra de la libertad. Aquellos con dinero, aprovechan la ocasión y emigran a varios Estados de la Unión.

Ngha llega al nuevo país debido a una extraña circunstancia.

Se ubica a la familia en Palo Alto, una comunidad acomodada y progresista, vanguardia de nuevas tecnologías y sofisticada en actividades culturales.

Sin embargo, la familia de Ngha, está lejos de ser adinerada. Su inmigración ha resultado un sino accidental.

Huyendo de Vietnam a pié, evitando pisar campos minados, la muerte acechándolos a cada paso, pierden dos primos y a la abuela en este intento. Lloran, sepultan a los suyos y continúan la marcha hasta alcanzar Camboya.

El campo para refugiados situado al lado del mar, está lleno; se ofrece una comida al día, el agua de uso limitado. Se prohíbe traspasar a otros campos de refugiados, haciendo difícil alternar con compatriotas. Pero los vientos que soplan del océano les llena de aire los pulmones y convierten a los escapados en soñadores.

Caminando por la playa, ven un bote que se aproxima a la costa.
—¿Quieren ir a América? —pregunta el botero —quinientos dólares por persona... me voy en una hora.

Los ahorros de una vida de toda la familia pasan a manos del hombre. Trepan al bote.

De Vietnam al Valle Silicón en California, Ngha confronta inmensas lagunas al adaptarse, apenas habla inglés. Pero Ngha es limpísima, sus

A Foreign Exchange

From Vietnam to Silicon Valley

VIETNAM, STILL THREATENED by conflicting political forces and economic boundaries, gets a break. Citizens from 'Nam may come to America as refugees after the war, to the United States, land of the free. Vietnamese with money take this opportunity and arrive in many States of the Union.

Ngha lands in the new country under the strangest of circumstances.

The family is placed in Palo Alto, a wealthy and progressive community, vanguard of emerging technologies and sophisticated culture. However, Ngha's folks are far from being rich, their immigration a twist of fate.

Leaving Vietnam on foot, avoiding minefields, expecting death at each step, they lose two young cousins and Grandma in this attempt. They cry, bury them, and keep going to finally reach Cambodia.

The refugee camp by the sea is crowded: one meal a day, limited water supply. No trespassing into other camps prevents communication with compatriots, but winds blowing ocean air into their lungs make dreamers of the despairing escapees.

Walking on the beach, they see a boat approaching the shore.

"Do you want to go to America?" the boatman asks them. "Five hundred each. I am leaving in half an hour."

The family's life savings go to the man. They climb aboard.

From Vietnam to Silicon Valley, California, Ngha faces huge obstacles in her path to acculturation; she knows very little English. However, she is very clean, her hands work on other women's hands

manos trabajan en las de otras mujeres con la agilidad de dos aves en vuelo. Es manicurista. Esta mujer parece tener 25 años. Su cara pálida se enciende iluminada por sus ojillos asiáticos sonrientes. Trastoca su inhabilidad de comunicarse con una actitud positiva, amistosa y acogedora.

Soy cliente del salón de belleza donde ella se emplea. Es una trabajadora silenciosa, bien entrenada en su oficio. Ngha trata mis uñas como si fueran delicadas piezas de arte, las pule, las pinta, masajeando los brazos hasta los codos. ¡Qué gusto!

Después de varias sesiones, Ngha se atreve a preguntarme mi nombre y profesión se impresiona saber que enseño lenguas extranjeras. De ahí adelante, comienza a llamarme Turner-San. Los maestros son verdaderamente respetados en Vietnam.

Tengo que sonreírme ante su manera tan respetuosa para conmigo, ya que uno de mis estudiantes, recientemente, me ha insultado cuando tuve que despedirlo de la clase por mala conducta.

Nuestra relación progresa. Ngha es menos tímida, gana confianza, me cuenta de ella; hogar perdido, parientes muertos, aislamiento en Camboya por cuatro años esperando irse a alguna parte. ¡Un milagro es tenerla allí sentada al frente mío después de tales dificultades!

Mi suerte con esta estupenda manicura no dura. Desaparece del salón. Me dicen que se ha casado y me alegro por ella.

Dos años más tarde, la diviso en el salón otra vez. Me aproximo a saludarla. —¡Hola!

Ngha me abraza con espontáneo afecto, su inglés ha mejorado bastante.

—Tanto gusto de verla, Turner-San. La he echado de menos.

—Gracias. Yo también. ¿Cómo estás?

—Así, así —responde.

—¿Eres una respetada señora casada ahora? —la embromo.

—Sí, sí, pero no me gusta…

—¿No te agrada estar casada?

—No mucho.

—Lo siento —me apeno.

with the agility of two birds in flight. She is a manicurist. This woman looks twenty-five. Her animated Asian eyes illuminate her pale skin and greet you with a smile.

I am a customer at the salon where she works—a silent worker, well skilled in her trade. Ngha treats my nails as separate pieces of art, polishing them, painting them, and massaging the arms up to the elbows. What a treat!

After a few sessions, Ngha dares ask my name and profession; she is highly impressed that I am a teacher of foreign languages. From now on, she starts calling me Turner-San. Teachers are highly respected in Vietnam.

I have to smile and appreciate her deferential treatment, since one of my students recently insulted me when I dismissed him from class for inappropriate behavior.

Our relationship grows. Ngha is less shy, gains confidence, tells me about herself; home lost, relatives dead, confinement in Cambodia for four years waiting to go somewhere. Quite a miracle to have her sitting in front of me after such an ordeal! My luck with this fine manicurist does not last. She disappears from the salon. I hear she has married and I am happy for her.

Two years later, I catch sight of her at the salon again, come in to say hello. She embraces me with spontaneous affection, her English very much improved.

"Nice to see you, Turner-San. Missed you."

"Thank you. I missed you too. How *are* you?"

"So-so."

"You are a respectable married lady now," I tease her.

"Yeah, yeah, but I don't like ... "

"Don't you like to be married?" I ask.

"Not very much."

"I am sorry," I reply.

—¿Casada, Turner-San?

—Sí, lo soy.

—¿Le da dinero su marido?

—Algunas veces —considero —pero uso mi propio dinero.

—¿Ud. rica?

—No, no, pero no necesito siempre el dinero de mi esposo.

—¿Cocina para marido?

—A veces.

—¿La golpea si no cocina? —deja de trabajar, me mira atenta a mi respuesta.

—No, supongo que tengo suerte, ¿ah, Ngha?

—Sí, usted suerte.

—¿Por qué te casaste si no te gustaba tu marido? —le pregunto intrigada.

—No me gusta... ¡mm! Me pide hacer unas cosas... Digo, no casada antes, esposo, pero él se enoja. Nuestra conversación nos está llevando a un terreno íntimo de la vida de Ngha que posiblemente no ha compartido con nadie. Escucho con atención su revelación.

—¿Amas a tu esposo?

—No.

—¿Por qué te casaste entonces?.

Por varios minutos no me responde, finge concentración en la rutina de la manicura.

Tiene los labios apretados, se la ve seria. Termina de aplicar la última capa de barniz a las uñas. Noto que la incomodidad cubre su linda cara.

—Salgo con muchos hombres antes. Yo, 37 años. Me gusta un hombre mucho pero me enfado, me pide más, digo —no, eso no manera en Vietnam. El hombre dice, "no-verme más". Lloro mucho, no vuelve. Entonces quiero ponerlo celoso. Otro de Vietnam me pide matrimonio. Digo sí, en broma.

Mis padres dicen —Ngha, tú ya vieja —te casas, ¿comprendes? No respondo. No lo amo.

"Are you married, Turner-San?"

"Yes, I am."

"He give you money?"

"Well, sometimes," I consider. "But I have my own money."

"You rich?"

"No, no, but I don't need my husband's money."

"You cook for your husband?"

"Sometimes."

"He beat you up if you not cook?" she stops working and looks attentively for my response.

"No. I guess I am lucky, huh?" I muse.

"Yeah, you lucky."

"Why did you get married if you didn't like your husband?"

"I do not like...yeah. He asks me to do some things...I tell him I not married before, he get angry." Our conversation might take us into an intimate field in her life that she probably has not shared with anybody. I listen closely to her spousal revelations.

"Do you love your husband?" I ask.

"No."

"Why did you marry him?"

For several minutes she does not respond, feigns concentration in the manicure routine. Her lips are tight, her face somber. She finishes applying the topcoat to the nails. Discomfort covers her lovely face.

"I go with many boyfriends before. I thirty-seven. I like one man very much but I mad at him 'cause he want more. I tell, "No, that's no Vietnam way." He get mad he not want to see me. I cry, he not come back. Then, I want to make him jealous. This other Vietnam man ask me to marry, I say yes in joke.

My parents say, "Ngha, you old, you marry, understand?" I say nothing. I not love him.

Vengo a casa después del trabajo un día. —¡Sorpresa! —gritan. ¡Cómo en América!

Mis padres y el hombre que no amo hacen fiesta de matrimonio; amigos, un cura, compran un vestido blanco y me lo ponen. Todos ahí, la comida, todo. No me dicen nada antes. Me caso. No tener honor si no me caso ahora —dicen mis padres.

—¿Qué vas a hacer, Ngha? —le preguntó abismada.

—Nada. Pienso no feliz en Camboya, parece prisión, pero traen comida y voy a la escuela. El sol y la playa, bonitos. Me gusta mirar pájaros. En América, no libre. Manejo, me pongo tan nerviosa en la autopista, tanto ruido, muchos autos, tan rápidos. Mi esposo no trabajo. Mis padres, no trabajo. Esperan yo cocino cuando llego de trabajo. ¡Cansada!

—Turner-San, mi vida, no bueno. No me gusta. Se seca las lágrimas.

—Estoy en cárcel, no esperanza. No puedo correr al campo aquí. Se prohíbe entrar —dice en un campo en San José, pueden dispararte —dicen amigos. Aquí en América, no minas explotan, pero peor. Aquí, esclava, Turner-San.

Le tomo la mano. —Ngha, las cosas cambian, estás a salvo y...yo soy tu amiga. Nada de lo que le digo parece tener sentido ni darle consuelo.

—Usted vuelve, Turner-San, ¿oye?

Y el regalo de su sonrisa me hace contar los beneficios que me da mi vida.

I come home after work one day. "Surprise," they shout. "Like Americans, Ngha."

My parents and the man I not love have a wedding party; friends, the priest, they buy me a white dress, help me to put it on. Everybody there, the food, everything. They tell me nothing before. I marry. Not have honor if I not marry — my parents say.

"What are you going to do, Ngha?"

"Nothing. I think I unhappy in Cambodia, in prison, but they bring food and I go to school. The sun and the beach, nice. I like watch birds. In America, I not free. I drive to work, get nervous in the freeway, so much noise, many cars, too fast. My husband not work. My parents not work. They wait I cook dinner for all after work. I tired!"

"Turner-San. My life, no good. I do not like . . . " she wipes away her tears. "I in prison, no hope. I cannot run away to the fields here. 'Keep off.' If you go over fences to lie down on the grass of a farm in San Jose, they can shoot you, my friends say. Here in America, no minefields, but worse. Here, I slave, Turner-San."

I take her little hand into mine. "Ngha, things change, you are all right, and you are my friend." Nothing I say makes sense nor gives her reassurance.

"You come back, Turner-San, you hear . . . "

And the gift of her smile makes me count my blessings.

La Ánfora que se Llevó el Mar

Puerto de Coquimbo, Chile, 2001

EL CORTEJO DE GENTE FORMADO por parientes cercanos, conocidos y amigos, se reunió en el muelle. Era un funeral marino, el 17 de marzo de 2001.

Yo estaba allí. Miré a mi alrededor para reconocer a gente que no había visto por muchos años, caras cambiadas por la edad o por vivir en un lugar y tiempo diferentes al mío, conexiones que tuve y corté debido a la distancia y circunstancias de vida.

El hombre cuyo funeral asistíamos era el de mi tío Augusto. Nació en el puerto de Coquimbo. Hace años, me pidió que cuando él muriera, yo me encargara de ver que sus cenizas fueran lanzadas a ese mar.

No sé porque me pidió *a mí* hacerlo. Pero quizá, lo sepa. Puede que haya sospechado que una vez muerto, no sería apropiado que yo hablara mal de él, y se lo recordaría como a un ser humano bueno, amable, bien amado y apreciado. *¿Lo era?*

Desgraciadamente para mí, su familia esperaba que yo dijera, 'unas palabritas'.

Encaré un dilema. Sentimientos contradictorios me acosaron porque en muchas instancias él era un individuo extraordinario, pero también, hombre de muchos secretos.

El grupo entró al barco funerario amplio. Los asientos se colocaron en seis filas.

Todos se sentaron, intercambiaron saludos y abrazos rompiendo así la seriedad del evento.

Navegamos hacia el mar abierto. Gozamos de un buen tiempo poco usual en los puertos, un día bello asoleado con brisas de sal, rodeándonos. El capitán se paró al frente.

The Amphora Carried Away by the Sea

Port of Coquimbo, Chile, 2001

THE CORTEGE, A GROUP of close relatives, distant relatives, and friends, gathered at the wharf. It was a funeral by the sea. March 17, 2001.

I was there. I looked around to identify people I hadn't seen for many years, unfamiliar faces changed by aging, living in a different time and place than mine, the ties I once had with them cut by distance and circumstances.

The man whose funeral all of us were attending was my Uncle Augusto. He was born in the port of Coquimbo, and he asked me years ago to make sure, when he died, that his ashes would be thrown into that sea.

I don't know why he asked *me* to do so. But maybe I do know: maybe he suspected that once he was dead, it would not be right to speak badly of him and he would turn into a good, kind, beloved and appreciated human being. *Was he?*

To make things harder, his immediate family expected me to say "a few words."

I faced a dilemma, contrary feelings confronting me. Although he was in many ways an extraordinary individual, he was also a man of many secrets.

The group entered a large funeral boat. Seats were placed in rows of six.

Everyone sat down and exchanged greetings and embraces, somewhat breaking the seriousness of the situation.

We sailed into the open sea. We had great weather, a beautiful sunny day, not usual on the coast. A soft, salty breeze surrounded us. The skipper came to the front.

—Bienvenidos. Me alegra estar hoy en su compañía, aunque se trata de una ocasión triste para ustedes. Permítanme indicarles algo interesante, antes de proceder con el funeral: La costa del Pacífico de Coquimbo ha sido muy importante. Debido a su posición y aguas tranquilas, fue el primer puerto en Chile antes que Valparaíso. Teníamos barcos que procedían de todo el mundo y arribaban a una tierra que se consideraba ser el fin del planeta. Otros viajeros también nos visitaron; los piratas. Sin embargo, hicimos negocios con ellos y a ellos les agradaba nuestro vino y la belleza de nuestras mujeres. Ahora, la tierra misma...

Procedió a mostrarnos las encantadoras playas de La Herradura en Guayacán, las minas desiertas de oro y los muelles llenos de pescadores que recogían la pesca diaria.

Entrábamos así hacia mar adentro.

Fui a sentarme con María, la segunda esposa de Augusto. Apretaba ella en sus manos morenas, una urna preciosa grabada a mano en cobre, conteniendo los restos de Augusto.

—¿Cómo estás, María? ¿Te sientes bien de tener que hacer esto? —le pregunté.

Sabía que ella era devota católica, y quizá no le agradaba enterrar a su esposo en el mar.

—¡Y qué hermosa caja has elegido! —agregué.

—Bueno, elegí esta ánfora porque quería darle a él lo mejor. Le di mi vida. Lo amaba.

Era una historia simple. María a la edad de trece años fue contratada para servir a los Señores Augusto y Teresa Villar. Permaneció con ellos para siempre, recibiendo migas de felicidad; trabajos caseros, nunca asistió a la escuela, aprendió a leer y escribir sola.

Y siempre estuvo enamorada de su patrón, Don Augusto.

Años después, la esposa de Augusto falleció después de una larga enfermedad.

María la cuidó con esmero aunque no fielmente, ya que su patrón vino a consolarse de su dolor a la cama de su sirviente. Un secreto no revelado, pero abiertamente sospechado.

"Welcome. I am happy to be in your company today, although this is a sad event for you. Let me show you something interesting before we proceed with the burial: the Pacific Coast of Coquimbo has been very important. Due to its position and friendly waters, it was the first port of Chile, before Valparaiso. We had ships coming from all over the world to this land, which many consider to be the end of the planet. We also had company we weren't sure about—pirates. However, we did business with them. They liked our wine and admired our pretty women. Let me tell about the land..."

He proceeded to point out the lovely beaches of La Herradura in Guayacán, the gold mines, and the decks where hundreds of fishermen extended their nets to retrieve the catch.

Now we were entering the deeper sea.

I came to sit near Maria, Uncle Augusto's second wife. Held tightly in her little dark hands was a beautiful engraved copper box containing Uncle's remains.

"How are you, Maria? Is it all right for you to be here doing this?" I asked her.

I knew she was a deeply Catholic woman and might not have chosen to bury him at sea. "What a beautiful urn you have chosen!"

"Well, I chose this amphora because I wanted to give him the best. I gave him my life. I loved him so much."

Her story was simple. At age thirteen, Maria was hired as a maid by Augusto and Teresa Villar. She remained with them for life, and life gave her crumbs of happiness. She had a full schedule of family chores at home, never attended school, but learned to read and write by herself.

And she was always in love with her employer, Don Augusto.

Years later, Augusto's first wife died after a long illness.

Maria took care of her dutifully, but not faithfully, since her patron sought consolation in the bed of his servant—a secret not revealed but openly suspected by all.

—María, tú fuiste su esposa al final. ¿Qué pasó?

—El me prometió dejarme la casa donde vivimos, pero esto ha creado muchos problemas. Sus nietos Alejandro y Lorena han reclamado sus derechos, y yo no sé lidiar con la ley.

—Probablemente Augusto se desposó contigo para protegerte y por cariño —comenté.

—Sí —dijo —él me amaba mucho.

La dejé para conversar con mi sobrino Alejandro al que no había visto por diez años.

—Alejito —lo saludé. —Me gusta tanto verte y estar contigo. Cuéntame de ti.

Era un joven alto y flaco, bien parecido de 27 años, gran sonrisa y fácil de llevar.

Me contó que tenía un buen trabajo, dos hijos pero no estaba casado.

—¿Qué tal te llevabas con tu abuelo Augusto? —indagué. No me respondió de inmediato. —Bueno, tengo sentimientos contrarios, tía. Por supuesto lo quería, pero —

Fuimos interrumpidos por el capitán del barco, quien habló a todos:

—Estamos ahora mar adentro, le pido al cortejo que lleven a efecto el funeral.

María se levantó de su asiento y la seguí a un lado del bote. La ánfora estaba cerrada tan hermética que mi esposo que me acompañaba, hubo de forzar con su cuchillo suizo, un gran hoyo en la urna. *Yo me sentí extraña, ¡mi tío siendo acuchillado en sus entrañas! Sentí dolor. Sentí compasión. Sus cenizas contenidas una cajita tan pequeña comparadas al porte natural de él. ¿Cómo una vida podía reducirse a tan poco?*

Los invitados se unieron a nosotros. Habían traído flores y hojas de palmas para lanzar al mar en un gesto de buena voluntad y deseos de paz.

Maria se separó del grupo y yo la seguí. Cerró los ojos y lloró en silencio. Opretó la urna contra el pecho y la besó repetidamente. Lento, comenzó a lanzar las cenizas y flores juntas.

"Maria, you were his wife at the end. How did that happen?"

"He promised to leave me the home where we lived, but that created many problems. His grandchildren, Alejandro and Lorena, claimed rights, and I don't know how to deal with the law."

"He probably married you to protect you—and for affection," I remarked.

"Yes," she agreed. "He loved me very much."

I left her to talk to my nephew, Alejandro, whom I hadn't seen in ten years.

"Alejito," I greeted him. "It's so nice to see you and be with you. Tell me about you."

He was a tall, good-looking Chilean man of twenty-seven, with a great smile and an easy manner. He told me he held a good job and had two sons but no wife.

"How did you get along with your grandfather Augusto?" I asked. He didn't answer right away. "I have mixed feelings, you know, Auntie. Of course I loved him, but—"

The skipper interrupted us, speaking loudly to everyone:

"We are in deep waters now; I ask the cortege to go ahead with the burial."

Maria arose from her seat, and I followed her to the side of the boat. The box was closed so tightly that my husband made good use of his Swiss Army knife to poke a big hole in it. *I felt, in a crazy way, that Uncle might feel a knife penetrating his insides! I felt pain. I felt compassion. His ashes were held in a container so small for a regular body. How could a life be reduced to so little?*

The guests got up to join us. They had brought flowers and palm leaves to throw into the sea as gestures of good will and wishes for peace.

Maria separated herself from the group, and I followed her. She closed her eyes and cried silently. She then pressed the box to her chest and kissed it many times. Slowly, she started to dump the thin ashes and flowers together.

María parecía ahora estar hablándose a sí misma, sus ojos perdidos en el vasto océano, como confrontando a Dios ante las olas.

—Augusto—susurró—cuanto te quise, pero tengo algo que decirte ahora. Augusto, tú fuiste perfecto en tu egoísmo. Me tomaste libremente como si fuera una esclava, me humillaste, y sé que te avergonzabas de mí, de mi apariencia, de venir de la pobreza. Tú, nunca me llamaste esposa, sino María. Y ni siquiera una vez me dijiste que me amabas.

Querías más bien alguien que te sirviera en tu edad mayor y para siempre. Ve con Dios ahora, ya te agrade o no. Recuerda que traté de propiciarte los últimos ritos, pero tú dijiste ¡saca a ese espantapájaros de aquí!, al padre tan amable, eras tan ateo. Pero te bendigo mi amor. Y terminando, lanzó la urna con fuerza al mar.

Yo estaba bastante impresionada con despedida tan honesta aunque cariñosa.

Me acerqué entonces a mi sobrino. Con sorpresa, él también comenzó a hablarle a su abuelo.

—Abuelo, vete en paz. Te amé pero nunca te perdonaré, ni siquiera ahora. Fue por tu culpa que mi mamá se suicidó. Fuiste tú que le negaste permiso para separarse de mi padre que la traicionaba con otra mujer. ¿Recuerdas? Declaraste—"no habrá separación entre ustedes dos, ni escándalo en la familia. ¿Qué diría la gente?" Regresa con tu marido—y la despediste.—Sí, mamá regresó a su casa, puso la cabeza en la estufa y se asfixió. Quedamos nosotros, mi hermana y yo. Ve con paz abuelo, que yo no te perdono. Adiós.

Lo abracé. Era también mi despedida a su madre, mi prima querida, mi mejor amiga, cuya decisión fatal me había atormentado por muchos años.

Entonces, todos se volvieron a mí. Tiempo de decir 'esas pocas palabras.'

Pero, ¿qué podía decir? ¿Debería mentir? ¿Se escandalizarían sus amigos de saber los feos secretos del tío? ¿Estaba yo a cargo de aclararlos? ¿Ahora? ¿Qué podía hacer él, encerrado en una ánfora y difuso

Now, Maria seemed to be talking to herself, her eyes lost in the vast ocean as she confronted God in front of the waves.

"Augusto" she whispered, "how much I loved you, but I have something to tell you now. Augusto, you were perfect in your selfishness. You took me freely, as if I was a slave, you humiliated me, and I know you were ashamed of me, of my looks, my poor background. You never called me wife, but always Maria. And not once did you tell me you loved me.

You wanted a servant in your old age, and I was there for you for a lifetime. Go now with God, whether you like it or not. Remember, I tried to give you the last rites but you said, "Get that black crow out of here" to the nice priest, atheist that you were. But I bless you, my love." She threw the rest of the amphora forcefully into the sea.

I was quite taken by her farewell — honest, but still a loving one. Then I went over to my nephew. To my surprise, he too began to speak to his grandfather.

"Grandfather, go in peace. I loved you, but I can never forgive you, even now. It was your fault my mother committed suicide. It was you who denied her permission to get a divorce when my father cheated on her. Remember? You said, 'There will not be a separation between you two and a scandal in the family. What would people say? Return to your husband now.' And you sent her away. Yes, she went back home, and she put her head into the stove and gassed herself. We were left behind, my sister and I. Go in peace, Grandfather, but I won't forgive you. Goodbye."

I hugged him. It was my farewell to his mother, my dearest cousin, and my best friend as well, whose fatal decision had tormented me for years.

Then, everyone turned to me. It was time to say those "few words."

But what could I say? Would I have to lie? Would his friends be shocked to discover Uncle's ugly secrets? Was I in charge of straightening him up? What could he do now, released from an urn and scattered

en un cuerpo de agua? ¿Y sin poder defenderse? ¿Optar por la hipocresía? ¿Ofender su espíritu? ¿Por qué me eligió para llevarlo al océano? ¿Necesitaba redimirse?

Dije entonces:

Don Augusto fue un hombre honesto. Fue un arquitecto magnífico que dejó su talento en muchos edificios de nuestras calles en Santiago, y por eso, siempre lo recordaremos y admiraremos. Amaba la música, y a través de sus críticas de la Orquesta Sinfónica de Chile, empujó a muchos músicos para que continuaran exponiendo su arte.

El no era religioso, pero honrado con sí mismo y de un buen humor apreciable. Yo lo quería mucho. También sé que en su mundo, vivía en nubes que lo desplazaban de las realidades de la vida diaria. Mostraba de otra manera, su belleza interna. Deseémosle lo bueno en la amplia infinidad del mar, donde cada parte de él será renovada, sin egoísmos y con generosidad.

in a body of water, unable even to defend himself? Should I opt for hypocrisy? Offend his spirit? Why did he choose me to take him to the ocean? Did he need redemption?

I said, "Don Augusto was an honest man. He was a terrific architect who left his talent in many buildings of our streets in Santiago, and for that he will always be remembered and admired. He loved music, and his critiques of our Symphony Orchestra of Chile encouraged many young musicians to continue performing their art. He was not religious, but was true to himself, and his sense of humor was appreciable. I loved him. Also, I know that in his world he lived in faraway clouds, distancing him from the reality of daily life. He showed his inner beauty in other ways. Let us wish him well in the infinite sea, where every part of him will be renewed, unselfishly and generously."

La Operación de un Cóndor

Tierras Antárticas, Chilenas, 1982

LOS FUERTES RAYOS DEL SOL, lentamente lograron entremeterse entre las nubes oscuras que iban y venían cruzando el cielo, airadas ante su intromisión. Aclaró y se despejó.

Era la oportunidad para el Cóndor para avistar el horizonte. Pudo ver la magnífica tierra Andina abajo; el sol pincelaba a la nieve en estoques dorados, perdiendo y ganando otra vez su brillantez. Un juego de la naturaleza, la luz del día compitiendo con las sombras hasta que una de ellas prevalecía.

El Cóndor cómodamente anidado entre un despeñadero y altos árboles, estiró sus alas negras extendiéndolas hasta el borde blanco de su plumaje, para asegurarse que copos de nieve no se las hubieran laminado.

Comparado con su gran cuerpo, la cabeza y el cuello lucían demasiado pequeños, pero era allí donde él medía la temperatura reinante de helada a fría, un perfecto compromiso para sus incursiones diarias.

Al Cóndor le encantaba el comienzo de cada día. Sus ojos intra-estructurales enfocaban predios y dirigían sus aterrizajes. Tenía enemigos y competidores. Dejaba que los pumas cazaran. Más tarde disfrutaría de los residuos de la fiesta.

Una presencia familiar distrajo su atención. Ricardo Muñoz acababa de salir de su morada, vistiendo pantalones y camisa desteñidos, acarreando un balde de trigo para sus pollos.

Hoy seguía su rutina lentamente, la mano que esparcía el grano, sin apuro, como si fuera la primera vez que hacía tal tarea. Había escuchado rumores de otros campesinos como él, a los que se les acusaba de comunistas, o, de ser demasiados ricos si eran dueños de su tierra. De cualquier manera, el peligro de una falsa aprehensión existía.

The Operation of a Condor

Chilean Antarctic Lands, 1982

THE POWERFUL RAYS OF THE ANTARCTIC SUN slowly managed to break through the stubborn dark clouds that came and went across the sky, angry at its intrusion. The vista lightened and opened up.

It was Condor's opportunity to scan the horizon. He could see the magnificent Andean land below, the sun turning the white snow into splashes of gold, alternately losing and regaining its brightness. A game of nature, daylight competing with the gloom of shadows until sun or cloud prevailed.

Condor, comfortably nested between a giant boulder and tall trees, shook his black feathers, extending his wings up to the white rim, ensuring that no snowflakes stuck to them. His bare head and tiny neck were too small for his body, but it was there that he measured the surrounding temperatures, from frozen to cool, a perfect balance for his daily maneuvers.

Condor loved the beginning of each day. His piercing eyes searched for dead prey and directed his quick landings. He had enemies and competitors. He would let the pumas do the hunting. Later, he would enjoy the residue of the feast.

A familiar presence distracted his attentive watch. Ricardo Muñoz had just come out of his house, wearing his faded pants and shirt, carrying a pail of feed for his chickens.

Today he was slow to go about his routine chores, the hand he used to spread the grain unhurried, as if this were its first time performing the task. He had heard rumors from other farmers who, like him, were accused of being communists or too wealthy if they owned their land. Either way, the danger of false imprisonment was real.

—Amigos, cálmense—les había dicho Ricardo. —No se abatan por las inestables fuerzas políticas del presente.

Ricardo se cubrió la frente con la mano para avistar al Cóndor. Eran amigos. El gran pájaro no le dañaba a los pollos y Ricardo le dejaba restos de comida fresca en un rincón de su corral.

Hoy, el Cóndor no tenía hambre. Bajó hacia el aire termal gozando de las ráfagas más tibias. Circundando el valle, notó algo peculiar.

No muy lejos de la villa de Araucanos de Collihuái, cuatro hombres armados seguidos por cinco hombres encadenados, caminaban en una sola fila. La procesión corta no se asemejaba a la de Nguillán, un acto de fe en Dios de los indios mapuches del sur de Chile, en el que renuevan el respeto por el Creador y ruegan para que les traiga buena fortuna.

Este grupo de hombres se debatían a través del terreno rocoso, tratando de evitar el filo cortante de los árboles silvestres, la ansiedad pintada en sus rostros. Uno de ellos se resbaló en la nieve, arrastrando a los otros que aullaron de dolor, incapaces de levantarse.

Disparos, más disparos. Sollozos y después silencio. Sólo cuatro hombres quedaron en pie, aquellos con fusiles. El resto de ellos, extendidos en la tierra, para siempre inmóviles.

El instinto del Cóndor le aseguró de una posible fuente de alimento futuro. Podía olerlo. Los animales muertos lo guiaban hacia su propio supervivencia, pero le temía a los cazadores. Se desplazó hacia arriba. ¡Sobrevivir venía primero!

Los cuatro hombres treparon hacia una ruta más alta en los Picos Andinos. El viento resoplaba y comenzó a llover. El grupo forzó la marcha demasiado ignorando la belleza circundante del Lago Pehoe, de las garzas, de los flamingos y de los cisnes de largos cuellos negros que desfilaban altivos en las aguas congeladas. Ni pudieron atisbar a los zorros rojos que rondaban en sus cuevas protectoras.

El Cóndor los siguió.

—¡Oye, gallo! ¿Crees que lo pescaremos esta noche? El viento está arreciando y está congelando—un soldado le preguntó a su superior.

—Bueno, al General Pinot no le hará ninguna gracia saber que

"Friends, remain calm," he had advised his fellow ranchers. "Don't be dismayed by the current unstable political forces."

Ricardo shaded his eyes from the sun, looking up for Condor. They were friends. The great bird didn't harm the chickens, and Ricardo allotted a corner of the corral to fresh leftovers for him.

Condor was not hungry today. He found himself lifted by a thermal, enjoying the warmer air. Circling the flat valley, Condor noticed an unusual sight.

Not far from the Araucanian Indian village of Collihuai, four armed men followed by five chained men walked in single file. The short procession didn't resemble that of the Nguillán, a special act of faith in God of the Mapuche Indians in southern Chile, when they reaffirm their respect for the Creator and pray for good fortune.

Anxiety lining their faces, this group of men trudged through the harsh rocky terrain, avoiding the cutting whip of wild trees. One of them slid in the snow, taking down his companions, who cried in pain. They bunched together, unable to get up.

Shots, more shots. Cries, and then silence. Only four men were standing, the ones with the rifles. The others were stretched out, motionless.

Condor's instinct told him of a source of food. He could smell it. The death of fresh animals was his livelihood, but he feared hunters. He flew away as high as he could—survival came first!

The four men climbed to a higher pass in the Andes peaks. The wind blew up and it started to rain. The group plodded ahead, too busy to notice the surrounding beauty of Lake Pehoe, where *garzas,* flamingos, and swans with long black necks paraded in the icy waters, and red foxes roamed among protective caves.

Condor followed them.

"Hey, man. Do you think we'll get him tonight? The wind is getting stronger and colder," one soldier asked his officer.

"Well, General Pinot won't settle for news that we dispatched five

despachamos a cinco comunistas sin su jefe. Por lo demás, si no pillamos a Muñoz ahora, tendremos que regresar. ¿Qué te parecería eso? Ya estamos a tres millas del rancho de Muñoz.

No bien terminaba de hablar el soldado, cuando la tierra empezó a temblar. Siguió un ruido infernal de peñas trituradas y árboles desplazándose de sus raíces. Una muralla de nieve los envolvió.

—¡Una avalancha! —gritaron. —¡Cubrirse!

Saltaron desesperadamente, evitando los hostiles elementos, intentaron escapar, pero era demasiado tarde. Masas de rocas y cortinas de hielo cayeron sobre ellos, sepultándolos.

Excepto a Salvador que iba al final de la fila. Se había refugiado en una cueva.

Temblando y solitario, después de dos horas de debatirse con su conciencia, dudando tanto de su misión como de su propia salvación, localizó una ruta y se puso fuera de peligro.

—*Soy soldado, todavía tengo que cumplir con mi deber.* Examinó su rifle. Le quedaba una bala.

Salvador alcanzó por fin su destino y se escondió entre los pinos planeando su acción.

El Cóndor testigo de los eventos pasados seguía la ruta del hombre. Aterrizó cerca del corral sintiendo algo de hambre.

Ricardo salió a cubrir los techos de los gallineros con una lona para proteger sus aves.

—¡Arriba las manos! —escuchó que le gritaban. Salvador le apuntaba con un arma.

—¿Quién es Ud.? ¿qué quiere?.

—Tengo órdenes de mi General de arrestarlo.

—¿Por qué?

—El no quiere a comunistas en Chile y yo tampoco.

—Yo no voy a abandonar mi hogar— respondió Ricardo con calma.

—En ese caso, lo dejaré en su casa para siempre. El soldado soltó el gatillo.

communists but not their leader. Besides, if we don't get Muñoz now, we'll have to come back here again. How would you like that?" Their destination was three miles away, at Ricardo Muñoz' farm.

As the second soldier finished speaking, the earth began to rumble. An infernal noise of crashing boulders and uprooted trees followed. A wall of snow bore down upon them.

"Avalanche!" screamed the men. "Take cover!"

They ran from the hostile elements, desperately trying to escape. It was too late. Masses of rocks and curtains of ice caught up with them, burying them alive.

Except for Salvador, the last in line. He had found a cave.

Shaken and alone, after two hours of debate with himself, doubting his mission as much as his own safety, he located an open trail and moved out of danger.

"I am a soldier, I still have a job to do." He checked his rifle. One bullet left.

Arriving at Ricardo Muñoz' home, Salvador hid among the trees to plan his course of action. Condor had witnessed these events flying above the man's route. With a pang of hunger, he landed near the Muñoz settlement.

Ricardo came out and closed the chicken house, spreading a sheet of canvas over the roof to protect his birds.

"Put up your hands," someone shouted. A soldier was pointing his gun at him.

"Who are you? What do you want?"

"I have orders from my general to arrest you."

"Why?"

"He doesn't want any communists in Chile and neither do I"

"I am not leaving my home," Ricardo replied calmly

"In that case, I'll leave you at home forever." The soldier released the safety catch.

El Cóndor volaba alto. Su cuello pequeño le anunciaba olvidarse del alimento y regresar al nido. Pero un empuje inexplicable lo hizo sobrevolar cerca de los hombres.

Un disparo. Oscuridad. El sol fue derrotado por las nubes negras. El Cóndor se deslizó entre su amigo y la bala. Cayó muerto a los pies de Ricardo.

—¡No, cóndor, cóndor, hermano, mi sangre, perteneces, aquí, conmigo! —y corrió a abrazar el lánguido cuerpo, acariciándolo.

Se volvió entonces hacia su agresor.

La camanchaca andina caía pesadamente en el terreno y no se divisaba nadie.

Nota: La Operación Cóndor fue una maniobra cuestionable de los regímenes militares de Chile, Argentina y Uruguay para deshacerse de disidentes de partidos políticos opuestos al actual gobierno. Se disponía de los cuerpos lanzándolos a las aguas del Océano Pacífico.

Condor took to the sky. His pulsing little neck was telling him to forget the meal of the day and return home, but a feeling he couldn't explain made him circle back toward the men.

One shot. Darkness. The sun surrendered to the black clouds. Condor slid down between his friend and the bullet. He fell dead at Ricardo's feet.

"No, Condor, Condor, my brother, my blood, you belong here with me!" Muñoz ran and embraced the lifeless body, caressing him.

He turned around to confront his assailant. The Andean fog had fallen heavily to the ground and no other human was in sight.

Note: Operation Condor was a questionable maneuver by the military regimes in Chile, Argentina, and Uruguay to get rid of militants from the opposition in diverse political parties. They disposed of the bodies in the faraway waters of the Pacific Ocean off southern Chile.

Esa mujer

Macy's, Palo Alto, California

MIRO ALREDEDOR EN EL ALMACÉN TRATANDO de encontrar el departamento de accesorios de ropa femeninos.

La veo. En un instante, sé que la odio. En el segundo, sé que no vacilaría en pedirle a mi guarda-espaldas dispararle, eso es, si yo fuera suficientemente importante como para tener un guarda-espaldas. Necesito protección. La amenaza de muerte está presente.

La mujer se parece a *ella*. Podría ser su gemela; pestañas artificiales, maquillaje exagerado, pelo teñido de color de maíz podrido, nuevos dientes postizos, viste elegantemente, largas uñas bermejas, tenida combinada en todo incluyendo aretes y cinturón. Una aniñada baby-doll. Quizá más vieja de lo que pretende ahora ser.

¡Oh, cuánto la odio!

Se dirige al departamento de cardigan donde yo estoy. La sigo como si estuviera en un trance. Estoy muy cerca de ella. Puedo oler su perfume —olor de rosas marchitas. Ella toma algo y entonces lo tira como si dijera, "no te deseo." Piensa que puede elegir lo que se le antoje. Ahora, ayer.

He conocido a esta mujer antes, no *ella* sino **ella,** la otra. Es la cual por la que mi marido me abandonó hace veinte años.

Me agacho a seleccionar un suéter de una pila que está en liquidación. Me gusta uno rojo. Me iría bien con mis pantalones negros de gamuza. *¡Extraño! Nunca me pongo cosas rojas pero veo rojo en este momento. ¡No podría cambiarlo por uno azul!*

Estoy a punto de cogerlo, cuando la mujer se ha colocado a mi lado alcanzando la misma prenda.

¡Oh no, qué te crees! ¡No vas a obtener eso! La encaro con una pregunta muda. Agarro el suéter y le doy un empujón.

That Woman

Macy's, Palo Alto, California

I LOOK AROUND THE STORE TO FIND the women's accessories department.

I see her. Instantly, I know I hate her. In the next second, I wouldn't hesitate to ask my bodyguard to shoot her on the spot—that is, if I were important enough to have a bodyguard. I need protection. The threat of death is present.

The woman looks like *her*, could be her twin; false eyelashes, heavy makeup, tinted hair the color of rotten maize, perfect new dentures, elegantly dressed, long red nails, perfectly matched outfit including earrings and belt. A live, over-the-hill baby-doll—maybe even older than she pretends.

Oh, do I hate her!

She moves into the sweater department where I'm standing. I follow her in a trance. I am very close to her. I can smell her perfume—the odor of dead roses. She picks up an item and then drops it, as if to say, "I don't want you." She thinks she can choose whatever she wants. Now, yesterday.

I have known this woman before, not her but *her*, the other woman. She is the one my husband left me for twenty years ago.

I bend to choose a sweater from a pile of sale items. I like the red one; it will go well with my black velvet pants. *Funny! I never wear red but I see red right now. There is no way I could prefer a blue!*

As I select the garment, the woman is now by my side, reaching for exactly the same item.

Oh, no, you don't! You're not getting that! I confront her with a mute glare. I grab the sweater and give her a push.

—¡Suelte ese suéter! —le grito. No puede tomarlo, yo lo vi primero.

La mujer se ve perpleja. Da un paso atrás. —Está bien —dice calmadamente, hablando como si lo hiciera con un niño. —Hay muchos suéteres que elegir. Usted puede tenerlo.

La voz complaciente me choca. Su actitud condescendiente me pone furiosa. Está permitiéndome *a mí,* poseerlo. Igual que *a él,* cuando se cansó de él. Puede *usted* tenerlo.

Es demasiado tarde. Demasiado doloroso. Ya se terminó.

—Lo siento tanto —tartamudeo. —No sé que me pasó. No quiero el suéter, ni siquiera si usted quisiera regalármelo. Está bien. ¡Vaya! ¡Guárdelo usted!

"Keep your hands off that sweater," I shout at her. "You can't have it. I saw it first."

The woman seems perplexed. She steps back. "It's all right," she says calmly, as though to a child. "There are so many sweaters to choose from. You take it."

I am struck by her appeasing manner. Her condescending attitude infuriates me. She is letting *me* have it. Like *him,* when she was tired of him. *You* can have him now.

Too late. Too painful. It's over.

"I'm truly sorry," I mumble. "I don't know what came over me. I don't want the sweater, not even if you bought it for me. It's all right. Go ahead. You keep it."

Book 2

Libro 2

La Vacación en Colombia

Cali, Colombia, 2002

ANDRÉS SEGOVIA NO SABÍA EL ORIGEN del país de sus padres. Su nombre le daba un aire de distinción entre sus amigos músicos en la banda de la Escuela Secundaria Escondido, ya que conocían al mundialmente famoso guitarrista español que llevaba exactamente el mismo nombre.

Ya sea que este hecho tuviera o no tuviera nada que ver con su renombre, su primer puesto al completar estudios universitarios fue la empresa Sistemas Eléctricos Norteamericanos en el Valle Silicón, donde asumieron al contratarlo, que llenaban los requisitos estatales de emplear gente de clase minoritaria.

A Andrés, recién egresado en ingeniería, de 24 años, se le citó al salón de conferencias para hablar con el Señor Clark Thomas, Jefe Ejecutivo de la firma. El fue al grano.

—Queremos que vaya a Colombia. Entiendo que Ud. habla español —y procedió a detallarle el trabajo en el extranjero sin darle a Andrés la oportunidad de responder.

—Mi conocimiento de lenguas es... algo limitado —dijo sincero —requisito exigido por la escuela secundaria.

—Saldrá bien—interrumpió el Sr. Thomas. —Como verá, el contrato que le ofrecemos es considerable. Además, dicen que Colombia es un hermoso país. Considere el trabajo como vacación al mismo tiempo. ¿Puede partir en un par de días?

—Bueno... sí. Una rápida mirada a la suma ofrecida en el contrato había apurado su decisión.

Un miércoles por la tarde, abordó un avión hacia Cali, Colombia. Un diccionario de español bajo el brazo. El entusiasmo lo embargaba. *Su primer viaje fuera de los Estados Unidos. ¡Qué fortuna! Ni siquiera había estado empleado en la firma en el Valle Silicón por mucho tiempo y ya le confiaban una importante labor!*

The Colombian Vacation

Cali, Colombia, 2002

ANDRES SEGOVIA DIDN'T KNOW his parents' country of origin. His name gave him a distinguished air among his musician friends in the band he played in at Escondido High School, since they had heard about the world-famous Spanish guitarist bearing exactly the same name.

Whether this fact had anything to do with it, after he completed college his first employer was North American Electrical Systems in Silicon Valley. They assumed they were filling their minority employment quota by hiring him.

Mr. Clark Thomas, the firm's top executive, had summoned Andres, a junior engineer at age twenty-four, to the conference room. He came directly to the point.

"We need you to go to Colombia. I understand you speak Spanish." He proceeded to present the details of a job overseas, not giving Andres the opportunity to respond.

Finally, Andres was able to say, "My knowledge of the language is ... rather limited. High school credit —"

"You'll be all right," interrupted Mr. Thomas. "You'll see that the contract we're offering you is quite substantial. Besides, they tell me Colombia is a beautiful country. Consider the job a vacation as well. Can you leave in a couple of days?"

"Well ... yes." A quick look at the dollar amount written in the contract had sped his decision.

Wednesday afternoon he found himself boarding a plane to Cali, Colombia, a Spanish dictionary under his arm. Excitement filled his mind. *First trip outside the United States. I'm so lucky! I haven't been employed at North American long, and they trust me with an important job!*

El calor en el aeropuerto de Cali era opresivo —un lugar moderno con más soldados armados que viajeros.

—Señor Segovia, señor Segovia —oyó por los alto-parlantes —se le ruega pasar por la Oficina de Inmigración. Comprendiendo al menos eso en español, buscó y encontró el local.

Una mujer de edad que mostraba en su cara el cansancio de un día pleno de labor, sin aire acondicionado, le pasó unos papeles.

—Señor Segovia. Me han pedido darle estas instrucciones. Por favor, léalas con cuidado y firme en la última página. En un momento, alguien vendrá a recogerlo. No salga de esta oficina hasta entonces.

—¿Problema aquí? —preguntó Segovia practicando la lengua.

—Por supuesto que no. Estos papeles son sólo formalidades. Le lanzó una débil sonrisita a manera de disculpa y continuó tecleando en la máquina de escribir.

Andrés comenzó a leer la Hoja de información para negociantes extranjeros.

Estupefacto ante cada página que leía, carraspeó, sin saber si era de sed, o de una creciente aprensión que le apretaba la garganta.

Hoja de información para negociantes extranjeros en Colombia

Colombia es uno de los países más peligrosos para conducir negocios. Los visitantes deberán estar, en todo momento, muy atentos ante su seguridad personal y usar sentido común. Ud. puede gozar de su estadía en Cali. La siguiente información está a su disposición para ayudarle. Solamente personal de "negocios esenciales" para el país, podrán venir a Cali, considerada como zona de alto riesgo, debido a causas políticas.

* Lleve consigo documentos acreditados por la compañía por quien trabaja y una copia de una Póliza de Seguro de Vida que requiere Colombia.

* Su viaje debe ser aprobado por oficiales de su gobierno antes de su partida.

The heat at the Cali Airport was oppressive—a modern place with more armed soldiers than travelers.

"*Señor Segovia, Señor Segovia, se ruega pasar por la Oficina de Aduanas.* Please report to the Immigration Office," he heard the message from the loud speakers. Understanding at least that much Spanish, he looked around and located the office.

A middle-aged woman, her face showing the stress of a full day's work without air conditioning, handed him a set of papers. "Señor Segovia, I have been asked to give you these instructions. Please read them carefully and sign the last page. In a moment, someone will pick you up. Do not leave this office until then."

"*Hay problema aquí?* Is there a problem here?" asked Segovia, practicing the language.

"Of course not. These papers are just formalities." She threw him a faint smile as a way of apology and kept hitting the keys of her typewriter.

Andres began reading the Visitor's Information Sheet. Astonishment hit him at every page. He cleared his throat, unable to tell whether it was because he had suddenly became very thirsty or if an increasing uneasiness was tightening his throat.

Information for Foreign Visitors in Colombia

Colombia is one of the most dangerous countries for foreign business. Visitors should exercise a high degree of security awareness and common sense at all times. You can enjoy your stay in Cali. The following information is provided to make you safe. Only "business-essential" visitors should come to Cali, which is considered a high-risk area for political causes.

* Carry personal documentation provided by the company you work for, and a copy of a your life insurance policy—required by the Government of Colombia.

* Your trip must have been approved by government officials in the USA prior to your departure.

* Viaje en calidad de soltero-a. Ni esposos-as ni otros asociados pueden acompañarlo en su viaje.

* Secuestros en Colombia son epidémicos, estimados en unos 3,500-4,000 de ellos al año. Se reportan sólo cerca de 1,400.

* Un chofer asignado a Ud. le recibirá en el aeropuerto. No conduzca mientras reside en Cali, ni en ninguna otra parte de Colombia. Use sólo el auto que se le proveerá a Ud. diariamente. No tome taxis. NUNCA comparta un auto con gente extraña.

* No golpee la puerta de su coche al cerrarlo, fuera de ser considerado mala educación, mostrará que es Ud. norteamericano; no lo demuestre.

* Manténgase en posesión de su equipaje EN TODO MOMENTO. Si tiene un laptop, copie la información en un disquete y guárdelo con Ud.

* Teléfonos importantes: Consulado de USA en Bogotá es el 65-4. No hay Consulado de USA en Cali. Obtenga otros números de seguridad antes de partir de su país.

* No salga de noche. No deje objetos de valor en su cuarto. No luzca su reloj.

* No resista si debe confrontarse con criminales o guerrillas. Las autoridades locales se ocuparán de eso.

¡Que lo pase bien en Colombia

¡Es por eso que me mandaron a mí, aquí! Debo ser alguien que no importa que lo despachen.

La rabia lo sofocó. Nadie le mencionó en Sistemas Eléctricos Norteamericanos las condiciones básicas de seguridad que prevalecían en Colombia. *¡Desgraciados!*

Un hombre joven vestido en camisa de mangas cortas y pantalones de dril, entró a la sala de espera. De fuerte físico y sin sonreír, se hacía acompañar por un guardia cargando una escopeta. — ¿Señor Segovia? Me llamo Sebastián. Mucho gusto — le extendió la mano.

Estoy aquí para llevarlo al centro de Cali. ¿Le importaría si se cambiara usted de ropa? Digamos, algo más... simple. Levantó los hombros para justificar su pedido.

* Travel in single status. No wives or other non-business persons should accompany you on the trip.
* Kidnapping in Colombia is epidemic, with an estimated 3,500–4,000 kidnappings per year. About 1,400 are reported.
* A designated driver will meet you at the airport. Do not drive alone while in Cali or elsewhere in Colombia. Use only the car provided for you, daily. No cabs. NEVER share a car with strangers.
* Do not slam the doors of your car. This is considered extremely rude, and will show you are an American; downplay your nationality.
* Keep your luggage with you AT ALL TIMES. If you are carrying a laptop computer, download the data onto a disk and take the disk with you.
* Important telephone numbers: U.S. Consul in Bogotá is 65-4. There is no U.S. Consul in Cali. Obtain other necessary security telephone numbers before you depart from your country.
* Do not go out at night. Do not leave valuables in your room. Do not wear a visible watch.
* Do not resist if confronted by criminals or guerrillas. The local authorities will deal with them.

Have a nice stay in Cali, Colombia!

That's why they sent me here! I must be expendable.

Anger suffocated Andres. No one at North American Electrical Systems had mentioned the basic conditions prevailing in Colombia. *Bastards!*

A young man dressed in a short-sleeved shirt and drill pants came into the waiting room. Strongly built and unsmiling, he was followed by a guard carrying a submachine gun. "Señor Segovia? My name is Sebastian. *Mucho gusto.* Much pleasure." He extended his hand.

"I am here to take you to downtown Cali. Would you mind changing from your business clothes into, let's say, something more … plain?" He lifted his shoulders and eyebrows in apology for the request.

—Okay, bueno —accedió Andrés, no recobrado completamente del impacto que la información para extranjeros le había dejado. Se mudó en el baño y siguió a los escoltas.

Franqueándolo, los hombres metieron a Andrés a un auto. Pronto el vehículo dobló en un camino secundario del principal, acordonado entre una vegetación exótica de palmeras y plantas de bananas. Los espacios abiertos en el sendero mostraban extensos campos de caña de azúcar.

Aquí es donde Juan Valdés aparece con su burro —bromeó para sí Andrés, recordando los avisos comerciales de café colombiano en la televisión.

Dos horas de viaje a una temperatura sobre 38°, en una húmeda zona tropical, los condujo finalmente a la propiedad industrial de sistemas eléctricos.

El plantel enclaustrado por rejas de alambres reforzaba una muralla de 10 metros de alto y estaba protegida por dos torres de guardias con hombres armados en el terreno mismo. Tres enormes transformadores se levantaban en el centro del sitio en espera de ser reparados. Ponerlos a funcionar, era el deber de Andrés.

—¡Bienvenido! —escuchó decir a un hombre de fuerte acento extranjero.— Se le necesita a usted muchísimo aquí. El que hablaba era Roger Belissard, un holandés, ingeniero jefe del proyecto Cali.

—Gracias —respondió Andrés, sin estar seguro de cuanto se le necesitaba en persona.

¿Lo necesitaban a él, o sólo a un cuerpo vivo que llenaba el lugar de otro, que nunca terminó el trabajo?

En una hora, Segovia se acomodó en una oficina estrecha, habló con sus compañeros y organizó su equipo técnico. Bebiendo un vaso de cerveza, descansó, pero *tenía* que averiguar.

—¿Pueden aclararme esta información acerca de los peligros para visitantes que acabo de firmar en el aeropuerto? ¿Son reales o tácticas exageradas para infundir miedo?

Roger y los trabajadores no respondieron. Era obvio que los hombres preferían no discutir el tema. —Esté alerta —le dijo uno.— Cuando regrese al hotel, corra las cortinas de su dormitorio. Si una contingencia ocurre, no salga a la calle. Va a estar seguro.

"*Bueno*, okay," Andres mumbled, not completely recovered from the shock the special regulations had given him. He changed his clothes in the airport bathroom and followed the escorts.

Flanking him closely, the men got Andres into a car. Soon, the vehicle turned onto a secondary road among lush vegetation — palm and banana trees. The open spaces along the road showed extensive sugar cane fields.

Here's where Juan Valdez will show up with his burro, mused Andres, recalling the TV commercials for Colombian coffee back home.

Traveling for two hours at 100° F in a humid tropical zone, they finally arrived at the company headquarters.

The compound, enclosed by a ten-foot wire fence, had two watchtowers and several armed men in the field to protect the place. Three huge transformers stood in the middle of the site ready to be repaired, which was Andres' job.

"*Bienvenido*, welcome," he heard a man greeting him in a heavy foreign accent. "You are most needed here." It was Roger Belissard, a Dutchman, and field engineer of the Cali project.

"Thank you," responded Andres, unsure what Roger meant. *Do they need me or am I just filling in, a body that can finish a job?*

Within an hour, he had settled down in a small office, talked to his coworkers, and met his technical crew. He relaxed over a glass of cold beer, but needed to ask some questions.

"Could you please clarify these regulations I just signed at the airport? Are they real, or scary exaggerations?"

Roger and the coworkers said nothing. Obviously, the men preferred not to discuss the issue. "Be alert," indicated one man. "When you return to your hotel, draw your curtains. If an emergency occurs, don't go outside. You'll be all right."

Por diez largos días y parte de las noches, Andrés trabajó duro; el calor implacable, los obreros sin entrenamiento desperdiciaban horas preciosas y los ingenieros de constante mal humor, empujaban a todos para cumplir el convenio a tiempo que ya se acercaba, e irse tan pronto conectaran el poder eléctrico viable a la ciudad de Cali.

Dos días más en el infierno —contó Andrés. *Pero no ha sucedido nada, en absoluto. ¡Bueno!*

Andrés Segovia había hecho reserva de habitación por una noche, en "La Casa del Alférez" en el centro de Cali. Al llegar, la invitante atmósfera tropical y la atención del personal le levantó el ánimo; además, sentía que había hecho un buen trabajo y ciertamente se había ganado bien su dinero. *Extraño* —pensó— *le pagaron en billetes al término del trabajo, el último día. ¡Costumbres de otros países!* Puso de inmediato todo su dinero en la caja de fondos al registrarse en el hotel.

La noche estaba cálida y el pensar en regresar a su hogar lo alegró.

Desde su ventana se escuchaban insinuantes ritmos de salsa que su oído musical bien recogió y que le encantaron. La gente caminaba del brazo riéndose, sin apuros, saludando a amigos, fumando. Una escena normal de la ciudad al atardecer. —*Iré a dar una vuelta alrededor de la cuadra para ver por lo menos un poquito de Colombia.*

Ya en la calle, Andrés husmeó los deliciosos olores de carne asada y pollo al spiedo ofrecidos como "Menú del día" en pizarritas escritas a la puerta de los restaurantes.

—¡Estupendo, está bonito!. Se sentó en una mesa rodeada de pérgolas, en "Don Bosco".

—¿Güisqui?—le ofreció el mozo. *Ya notó que yo era gringo*—observó Andrés.

—No, pero tráigame la mejor cerveza colombiana.

—Tenemos muchas. Ya le traigo. Regresó con dos botellas de cerveza. Abrió una.

—Usted paga por una, la otra es cortesía nuestra—le dijo el mesero cordialmente.

—¿Va a cenar aquí también?

For ten long days and part-time nights, Andres worked very hard. The unrelenting heat, unskilled laborers wasting precious hours, the engineers in a permanent bad mood pushing everyone to meet a deadline approaching too soon—everyone was eager to finish and leave, having accomplished the task of providing more electricity to the city of Cali.

Two more days in this hell, Andres counted. *But nothing has happened. Good!*

Andres Segovia had made reservations at the "Casa del Alferez" downtown Cali, for one night. The pleasant atmosphere lifted his spirits; work well done—he had certainly earned the money. *Strange,* he thought, *I was paid in cash for my services on my last working day! Customs of a different system!* On arriving at the "Casa," he promptly put the money in the hotel's safe-deposit box.

The night was balmy and the thought of going back home made him happy.

From his window, he could hear the engaging rhythmic sounds of Colombian salsas his musical ear couldn't miss, and he loved them. People walked arm in arm, laughing, unhurried, meeting friends, and smoking—a typical city scene at dusk. *I'll walk around the block to see at least a little of Colombia.*

Once on the street, Andres smelled delicious scents of *carne asada,* roasted meat, and *pollo al spiedo,* rotisserie chicken, advertised as "Today's Specials" on little blackboards at the door of restaurants.

Cool, it's nice! He sat down at a table surrounded by lovely gazebos at Don Bosco's Restaurant.

"Whiskey?" a young waiter offered. *He already knows I'm a gringo,* he observed.

"No, but bring me your best Colombian beer."

"*Tenemos muchas. Ya le traigo.* We have many. I'll bring them." He returned with two bottles, opened one.

"You pay for one, the other is our treat," he said cordially. "Will you have dinner?"

—No, gracias. Andrés probó una cerveza buenísima nunca servida en USA.

Abría la segunda botella, cuando se fijó en una mujer joven sentada en la mesa próxima a la de él. Su pelo negro largo y brillante le caía hasta un pequeñísimo talle y sus ojos españoles, bien maquillados, la hacían hermosa. Vestía clásica, pero actuaba entre orgullosa y distante. Trató de encender un cigarrillo, pero el encendedor no le funcionó.

¡Como en las películas, la chica tratando de establecer contacto! Y se rió de su propia fantasía.

—¿Tiene fuego? —le pidió ella, inesperadamente.

—No, pero traer fuego de bar. Espero —ofreció él galante en su imperfecto español.

—Gracias —replicó ella a secas al regresar él del bar, sin amabilidad alguna por su atenta cortesía. Echó unas bocanadas, aplastó el cigarrillo en el cenicero y se marchó.

¡Bueno, eso es eso! Andrés se rió entre dientes, tomándose la cerveza en un largo trago.

Apenas la cerveza pasó a su garganta, cuando su visión se le nubló y la boca se le puso seca. Pudo sentir que su corazón le latía, saliéndosele fuera del pecho. —¡Oiga! —llamó al mozo. —¡Oiga, ayúdeme, por favor! —gritó. *De seguro que le había dado un ataque al corazón.*

Los otros comensales lo miraron sin reaccionar a su pedido de emergencia, pero la mujer que acababa de irse, apareció de nuevo en el restaurante.

—¿Qué te pasa? —le gritó. —¿Estás borracho otra vez? Vámonos a casa. Me disgustas.

Lo obligó a pararse.

—Burundanga, es burundanga —dijeron los clientes.

Andrés no sabía donde estaba. Su pulso le latía, se sentía hipnotizado, perdido, y caminaba lento. La mujer lo llevó a un parque infantil y lo hizo sentar.

—Escúchame con atención —exigió. —¿Dónde guardas tu dinero?

—En la caja de fondo del hotel. *Tenía la vaga noción que no debería contestar pero su voluntad estaba anulada.*

"No, gracias." Andres drank the best beer he had ever tasted. As he opened the second bottle, a pretty young woman seated alone at the next table caught his attention. Her long silky hair dropped to her small waist, her skillfully made-up Spanish eyes remarkably beautiful. She dressed with class, and seemed proudly aloof. She tried to light a cigarette but her lighter failed.

Just like in the movies, the girl trying to establish contact. He laughed at his own fantasy.

"*Tiene fuego?*" she unexpectedly asked him for a light.

"No, but I get match for you from bar. Wait. *Espero,*" he offered gallantly in his best imperfect Spanish.

"*Gracias,*" she said dryly, not particularly thankful for his courtesy. After a few puffs, she crushed the cigarette into the ashtray and got up and left.

Well, that's that! He chuckled, gulping the second beer the waiter had opened while he was getting the matches. He had barely sipped a mouthful when his vision blurred and his mouth became dry. He could feel the beating of his heart as if it would blast out of his chest. "Hey," he called to the waiter. "Hey, help me, please." *He was surely having a heart attack.*

The other customers looked at him without reacting to his urgent cry, but the girl who had recently left had returned to the restaurant.

"What's the matter with you?" she screamed. "Are you drunk again? Let's go home. You're disgusting." She forced him to stand up.

"*Burundanga, es burundanga,*" whispered one of the customers.

Andres didn't know where he was. His pulse was pounding, he felt hypnotized, lost, and he could hardly walk.

The woman led him to a children's park and made him sit down. "Listen to me carefully," she demanded.

"Where do you keep your money?"

"Safe-deposit, hotel." *He had a vague notion he shouldn't respond but his willpower was gone.*

—Bueno entonces, tú y yo vamos a actuar como si fuéramos amigos íntimos, ¿ya?

Le pedirás al asistente del hotel por tu dinero, y si te hace preguntas, le dirás que vamos a bailar a una discoteca, ¿bueno?

—Okay, no problema—Andrés accedió. Entraron al vestíbulo de la "Casa del Alférez" y la chica lo besó y abrazó con gran amor.

El hotel se encontraba lleno de gente y le trajeron la caja sin hacerle preguntas.

Ella puso todo el dinero en su bolsa y lo guió afuera.

—Vámonos, mi amor. No queremos perder la fiesta. Andrés desorientado, la siguió. Sentándolo en un banco de un parque cercano, le vació la billetera, le sacó el reloj que él con obediencia a las reglas en Colombia había guardado dentro del bolsillo de su chaqueta. Habiendo completado su robo, acostó el cuerpo a lo largo del banco extendiéndole las piernas.

—Duerme bien, querido americano. No necesitas tu dinero, pero yo sí. Nadie te va a matar aquí. Sin dinero, no podrás comprar nuestra cocaína en tu país. Te estoy salvando, ¿ves? Bienvenido a Cali.

Nota: Cali en Colombia es uno de los más violentos lugares criminales del mundo, calificándose sobre 20 veces más que crímenes en Washington DIC.

* Scopolamine (Burundanga) conocido como 'borrachero" es cacao de los árboles en las sabanas, y una potente droga para robar a victimas inocentes. Los delincuentes lo ponen en las bebidas, lo rocían, está en forma de polvo o en cigarrillos. La persona pierde completamente su poder de voluntad, dentro de dos a tres segundos. Los doctores en Colombia reportan que aproximadamente unas 2,000 víctimas son intoxicadas por esta droga cada mes.

"Okay, then. You and I are intimate friends, understand? You will ask the hotel clerk for your money, saying we are going to a disco for some fun, okay?"

"Okay, *no problema,*" Andres agreed. They entered the lobby of the "Casa del Alferez" and the girl kissed and embraced him lovingly.

The hotel was crowded and Andres' safe-deposit box was brought to him, no questions asked. The woman put all of the money in her purse and took him outside. "Let's go, honey. We don't want to miss the party." Andres, disoriented, followed her. Sitting him on a bench outside, she took the rest of his money from his wallet, and took watch he had obediently hidden in his jacket pocket. Job done, she stretched him out on the bench.

"Sleep well, *Americano.* You don't need your money, but I do. Nobody's here to kill you. Without money, you can't buy our cocaine in your country. I am saving you, you see.

Welcome to Cali.

Note: Cali, Colombia is the most violent and criminal place in the world. The crime rate is twenty times higher than in Washington, D.C.

Scopolamine *(Burundanga)* known as the *"borrachero"* derived from the cacao trees of the Savanna, is a drug used to rob the unwary. It is dropped into drinks, sprayed, dusted, or administered in smoking form. The victim loses willpower within seconds. Colombian doctors report an estimated 2,000 people are intoxicated by this drug every month.

Siempre Mamá

Eugene, Oregon, USA

EL VIENTO SE HIZO MÁS FUERTE, remeciendo los canastillos de fucsias de un lado a otro.

La mujer, parada al frente de la ventana de su salón notó que el vendaval arrasaba su jardín. Las lágrimas le inundaban su cara.

Un pájaro que volaba afuera, demasiado cerca de la ventana a desmedro de su seguridad, cruzó la línea visual de la mujer. Aterrizó delicadamente en la balaustrada del balcón entre ramas y flores. El cuerpo menudo, gris-brilloso, se sujetaba en garras finas pero fuertes. Su cabeza saltaba hacia atrás y adelante, los ojos diminutivos avistando el ambiente, asegurando su parada.

Voló pasando los canastillos de flores, hacia una esquina sombreada, donde un helecho maduro de pasada gloria, contenía palitos secos y cáscaras de huevo molidas.

¡Estaba en casa!. Había puesto sus huevos allí, de hacía muchas estaciones.

—*Debo reemplazar ese helecho, se ve terrible,* —notó la mujer y dispuso de la planta enferma.

El principio de la primavera, infundió vida en las magnolias y rosas del jardín. Desdeñando el anonimato, las flores desplegaban ahora su fuerza y colorido. Tiempo de revivir y brotar.

No había cambio en la mujer.

La pajarita volvió a recorrer sus vuelos pasados. Estaba segura de no haberse equivocado. Desplegó sus alas en círculos alrededor de las fucsias. ¿Dónde estaba *su* casa?

El pájaro-padre también sobrevoló el balcón, la acompañó y partió. No podían comprender que se los hubiera desplazado.

Esos pájaros están actuando muy raro. ¡Oh, veo que les he quitado su nido! Y la señora regresó trayendo un macetero con paja que colocó en reemplazo del helecho marchito.

Always a Mother

Eugene, Oregon, USA

THE WIND GREW STRONGER, swinging the hanging baskets of fuchsias from side to side. The woman standing in front of a window in the living room noticed the sudden breeze stirring her garden. Tears fell from her face.

Crossing the woman's line of sight outside, a bird flew too near the window for her own safety. She landed delicately on the balcony among bushes and flowers. Thin but strong claws supported her small, shiny-gray body. Her head jerked back and forth, diminutive black eyes probing the surroundings, assuring her it was all right to approach her landing place.

She flew past the hanging baskets into a shady corner where a mature fern past its prime contained dried sticks and broken eggshells.

Home at last! She had laid her eggs there for many seasons.

That fern looks awful! remarked the woman. She disposed of the sick plant.

The beginning of spring injected new life into the magnolias and roses in the garden. Disdaining anonymity, the flowers showed off their strength and color. It was time for rebirth and blossoming.

Nothing had changed for the woman.

The bird returned to her traditional rounds. She was sure not to make any mistakes. She flung herself around, circling and touching the hanging fuchsias in search of the fern. *"Where was home?"*

Father bird flew around the balcony, came back with her, then alone. They could not figure out that they had been displaced.

Those birds are acting funny. Oh, I see, I've taken their nest! She returned with a pot filled with moss and put it in the place where the fern had hung before.

Al día siguiente, los pájaros revolotearon nuevamente hasta encontrar el nuevo nido. La pajarita aliviada, brincó contenta, hundiendo finalmente su nervioso cuerpo dentro del macetero. Allí permaneció por muchos días, sentándose en sus huevos, cumpliendo con sus deberes maternales.

Gorjeos y agitación anunciaron a los padres el nacimiento de los herederos.

El primer pajarito, feliz de despertar a la vida, trató de usar sus alitas muy pronto, acercándose peligrosamente al borde del pote desde donde se cayó, dañándose una patita.

La pajarita, atenta, aterrizó cerca de él. Sabía que era una acción arriesgada; el recién nacido, en el medio del jardín, sin ninguna protección de otras aves. El pájaro-padre consideró desde la distancia, en guardia y preocupado, el conflicto de su familia, sin abandonarlos.

Una linda escena. Problemas familiares—observó la dueña de casa.

La pajarita nunca abandonó a su bebé. Comenzó a llover. Intranquila, bajó hacia él, cubriéndolo con su cuerpo. Empapados, madre e hijo se anidaron, sacudiendo a menudo el agua que les empapaba las alas.

Al segundo día, el pajarito trató de brincar, sin lograrlo. Parecía que sus alitas estaban engomadas sin poder extenderlas y aún cojeaba. El pájaro-padre vino al rescate dejando caer semillas y una lombriz cerca de los dos, mientras la mamá las ponía dentro del pico del bebé.

Después del desayuno, ambos padres comenzaron a picotear el tierno plumaje del pequeño.

¿Están tratando de darle una muerte misericordiosa? Ese pájaro no va a volar. ¿Vale la pena que tengan un pajarito maltrecho? ¿Se darán cuenta que no pueden arrastrar al herido ya que él no puede ayudarse? ¿Sabrán los pájaros que si lo hicieran, perderían su libertad y su deseo de emigrar a otros lugares? ¿Se dan cuenta de la responsabilidad hacia su crío? Sin embargo, ni el padre ni la madre han abandonado al bebé cuando surgieron problemas. El padre nunca se marchó. Pero nosotros sí. Sí lo hicimos.

Renovó ella su atención hacia la acción de los pájaros.

The following day the birds fluttered around to find a new and suitable nest. Mother bird, relieved, hopped around excitedly, finally sinking her restless body inside the pot. She sat on her eggs for days, doing her motherly duty.

Chirps and a flurry of activities announced the life of the family chicks. Baby bird one, happy to be alive, tried its wings, coming dangerously close to the edge of the nest, where he fell, injuring one of his tiny legs.

Mother bird, attentive, landed near him. She knew how risky this was; baby chick lying in the middle of the garden, completely unprotected from other birds. Father bird watched his family's trouble from a distance, on guard, concerned but not leaving.

Quite a scene of family trouble! Family trouble, the lady of the house noted.

Mother bird never left her baby. It started to rain. Looking increasingly nervous, she landed by his side, covering him with her wings. Drenched, mother and son stayed together, occasionally shaking the water off their wings.

On the second day, the chick tried to hop but could not. It seemed his wings were glued together; he was unable to extend them and he still limped. Father bird came to the rescue, dropping seeds and a worm nearby, while Mother fed the baby's eager beak. After breakfast, Mother and Father began to pluck the tender feathers of the newborn plumage.

Are they trying to give him a merciful death? That bird will not fly! Is it worth it for them to have a wounded chick? Would it be fair for the birds to carry a handicapped little being who can't truly survive by himself? Wouldn't the birds lose their freedom to fly and go places? Are they responsible for junior's mishap? But the father bird never left the mother or the baby when they had problems.

She returned her full attention to the birds.

El pajarito se movía ahora algo más, voló un poco, aterrizó duro, mientras ambos padres lo atisbaban desde el balcón. Un pasito, atreviéndose a dar otro, brincó algo, gorjeó miedoso, pero se levantó.

¡Qué admirable! Las aves son padres excelentes. Ninguno renunció a su bebito atribulado. Se comportan mejor que alguno de nosotros.

La mujer dejó su lugar diario en la ventana. Tomó el teléfono, marcó un número.

—¿Tommy? Es tu mamá. Estoy en camino al hospital. Te veo pronto.

—¿Cierto, mamá? Me encantaría verte. ¡Pensé que nunca vendrías! Ya sé que no puedo contar con papá, no pudo tolerarme y nos dejó. Estás furiosa conmigo mamá. Lo siento. Cuando sucedió el accidente, estaba drogado con LSD. Pensé que podía volar y entonces salté de un edificio de tres pisos de altura. Siento tanto mi locura. Mi cuerpo está mejorando pero tengo una pierna destrozada.

—Tómate tu tiempo, Tommy. No te preocupes. Quizá mañana puedas levantarte, el próximo día será más fácil moverte y cuando menos lo esperes, caminarás de nuevo. Yo veré que sea así. No te abandonaré. Te quiero mucho.

The baby chick had become more active, flew a little, and landed hard, while both parents checked on his efforts from the balcony. Taking one step and daring to take another, the chick jumped a little, chirped fearfully, but got up.

How remarkable! Birds make excellent parents. Neither of them gave up their baby in tribulation. Better than some of us.

The woman left her daily place by the window. She picked up the telephone and dialed a number.

"Tommy? It's Mom. I'm on my way to the hospital. I'll see you soon.

"Really, Mom? I'd love to see you! I thought you'd never come. I know I can't count on Dad, he couldn't stand it and left. You're pissed off at me, Mom. I'm truly sorry. When the accident happened, I was high on LSD. I thought I could fly when I jumped three floors down that building. I'm so sorry. My body's healing but one of my legs is badly broken."

"Take your time, Tommy. Don't worry. Maybe tomorrow you'll stand up, the next day it will be easier for you to move, and when you least expect it, you'll walk again. I'll see to it. I won't give up on you. I love you."

Una Queja Razonable

Agencia "La Edad Dorada"
1234 Avenida Sueños
Pueblo Lechero, OH 01010

Señores:
Les escribo para informarles cuán desilusionada estoy con sus Servicios para Citas.

Es muy importante para una dama sola encontrar buena compañía. Les pagué $19.00 para darme referencias de señores agradables, por un período de un año. No fue barato.

Fiel a la descripción física que Uds. requirieron, sometí mis calificaciones: una señora de belleza espiritual, donde el espíritu cuenta más que lo físico. Ojos oscuros, una nariz proveniente de genes italianos romanos, tres colores de pelo en un atractivo gris. Flaca y chica.

Bailo el tango, pero prefiero dos-para tanguear, si Uds. saben a lo que me refiero. Voy hacia los ochenta.

Mi preferencia es un tipo fuerte y robusto de 40+; la raza, trabajo, situación económica carácter y educación, no importan. Pero debe ser amable y comprensivo.

Me enviaron tres fulanos. El primero fue extremadamente grosero. Apenas dijo —¡hola! y se marchó. Yo tuve que pagar $1.00 dólar por su café.

El segundo hombre se quedó por más tiempo. Noté que tenía una grave condición visual. En realidad, era medio-ciego. Me pidió permiso para tocarme la cara—pareció especialmente interesado en mi nariz aguileña. Me aseguró que me llamaría pero nunca lo hizo.

Ahora, pasemos al tercero. Este fulano tenía probablemente casi ochenta años. ¿Qué haría yo con un viejo como éste? ¡Demasiado viejo *para mí!*

A Genuine Complaint

May 20, 2002
Golden Age Temptations Agency, Inc.
1234 Dream Avenue
Milltown, OH 01010

Gentlemen:

I am writing to tell you of my disappointment with your dating service.

It is quite important for a lonely lady to find good company. I paid a total of $19.95 for one year of gentlemen referrals. This was not cheap.

I submitted the faithful description of me that you requested: a beautiful spiritual lady, because the spirit counts more than looks. Dark eyes, a noble Roman nose inherited from Italian genes, three shades of lovely gray hair, lean and petite. I dance the tango but I prefer two-to-tango, if you know what I mean.

My preference is a good, robust man aged forty-plus. Race, job, monetary status, character, and education are not that important. However, he must be kind and understanding.

The first man you sent was extremely rude. He hardly said hello and left. I even had to pay $1.00 for his cup of coffee!

The second man stayed longer. I noticed he had a severe eye condition. Actually, he was nearly blind. He assured me he could tell by touching people's features what they looked like. He asked permission to touch my face — he seemed particularly interested in my Roman nose. He promised me he'd call but never did.

Now, we come to the third one. This guy was probably in his late eighties. Too old for *me*! What would I do with such an old man?

Nos juntamos en el restaurante "La vaca que sonríe" y pedimos cocoa caliente. El se tragó una píldora para su artritis, una nueva medicina llamada "Viagra" de la cual yo no tenía idea.

Mientras más chocolate tomó, más se acercó a mí. Me siguió preguntando si yo recordaba cuantas píldoras se había tomado —a veces se le olvidaba —dijo. Yo no le presté mayor atención porque tenía que tomarme mis propias píldoras.

De repente, me di cuenta que él había cometido un error.

Cuando estoy sola en casa, me he habituado a colocar las grageas al frente mío, para no olvidar tomármelas. Las píldoras de él estaban en el lugar donde se había sentado al principio, pero cuando se me arrimó en el restaurante, accidentalmente tomó mis cápsulas para dormir.

No creo que este hombre fuera mala compañía, pero no pude despertarlo. Allí se quedó roncando y decidí marcharme. Pido que me devuelvan el dinero.

Se despide, no tan sinceramente de Uds.

Annie Sexmaniaca

We met at the restaurant "The Smiling Cow," We ordered hot cocoa. He gulped down a pill for an arthritis condition, then mentioned a new medicine I've never heard of called "Viagra."

The more cocoa he drank, the nearer he moved to me. He then asked me if I remembered how many pills he had taken—he tended to forget things. I wasn't paying attention because I had to remember to take my own pills.

Suddenly, I realized I had made a mistake. While at home, I've gotten into the habit of placing my sleeping capsules in front of my plate so I won't forget them. His pills were at the other side of the table where he first sat down. As he came closer to me in the restaurant booth, he accidentally swallowed my sleeping capsules!

I didn't think the guy was bad company, but I couldn't wake him up. He lay there snoring loudly and I had to leave.

I think I am entitled to a refund.

Regards, but not sincerely yours,

Annie Mansex

Caridad

Sevilla, España

UNA CORRIENTE DE CONGENIALIDAD y simpatía había reunido a dos parejas durante un evento social en casa de amigos comunes. Los Wegmans, de origen alemán, llegaron a ser millonarios reparando casas viejas y vendiéndolas, y los Scotts, de clase media, trabajaban con profesiones subvencionadas por el gobierno.

Al encontrarse, nuevamente compartieron mayores intimidades, se hicieron amigos.

—Vengan a comer con nosotros. Haremos una barbacoa—invitaron los Wegman.

—Es el turno de ustedes de ir de merienda con nosotros—retribuyeron los Scotts.

A poco vino la idea de viajar juntos a Europa. Enrique Wegman confió. —Me encantaría ir a España, pero no hablo español, uno no sabe qué esperar allí. Breta Wegman asintió.

Floria, lingüista de profesión, y su esposo Eduardo, ingeniero eléctrico, habían trabajado para compañías internacionales en Europa. Un viaje juntos sería divertido. —Hagámoslo—decidieron.

En mayo de 1998, los cuatro partieron a Europa. Se puso a efecto sus planes.

Ya manejando un auto de arriendo, se hallaron manejando el enloquecido autobahn alemán de 120 MPH, comparado a las 65+ MPH en California.

En unos días de confinamiento espacial en el coche, comenzaron a emerger las personalidades de los cuatro viajeros. Eduardo, condicionado mentalmente a llegar a un lugar de trabajo y volver pronto al hogar, conducía como loco. Enrique Wegman proclamó ser el mejor co-piloto, a pesar de repetidos errores y vueltas equivocadas. Floria se enfadó con ambos hombres que no le ponían atención a sus direc-

Charity

Seville, Spain

THE TWO COUPLES HAD TRULY ENJOYED each other's company during a social event at the home of mutual friends. The Wegmans, from Germany, had become self-made millionaires by repairing and selling old houses. The Scotts, North Americans, were middle class, having chosen government-subsidized careers.

When they met again, they shared the details of their lives and became closer friends.

"Come over for dinner. We'll barbecue," the Wegmans invited. "It's your turn to come over to our house," the Scotts invited back.

A bit later, the idea of traveling to Europe together came up. Henry Wegman confessed, "I'd love to go to Spain but I don't speak Spanish; one doesn't know what to expect there."

His wife, Breta, agreed.

Floria, a linguist, and her husband, Edward, an electric engineer, had both worked for international companies in Europe. A trip together might be fun! "Let's do it," they decided. In May 1998 the four departed for Europe. Plans were put into action.

Once in the rented car, they found themselves crossing the chaotic 120-mph German Autobahn, far from the 65-mph limit in California. Within a few days of togetherness in the confining space of the car, the personalities of the four started to show.

Edward, mentally conditioned by his previous work experience to finish his work and come home, drove like a maniac. Henry Wegman claimed to be the best copilot on earth, but made innumerable mistakes. Floria was increasingly frustrated at having both men disregard her directions, though she was the only one who truly knew where

ciones, aunque ella era la única que de verdad sabía adonde ir, "porfía de machos" —acusó. Breta estaba de acuerdo en todo con su esposo, pero parecía descontenta.

Siguió a continuación una rutina diaria: llegaban a un lugar interesante, caminaban un poco, un fogonazo de la cámara, de vuelta al auto y manejar, manejar, manejar. ¡El baño cultural de la jornada!

Así, en París se saltaron el Museo del Louvre y el Museo D'Orsay. Le dieron una mirada a un par de castillos en el Valle Loira. En España, San Sebastián, la perla del Adriático con su playa en forma de concha y aguas indómitas, fue visita de cinco minutos. Madrid, —¡Oh, es sólo una gran ciudad como tantas otras! —comentaron. —No vamos a Toledo—dijeron, menospreciando el hogar de El Greco, sus catedrales y sinagogas, vistas panorámicas, por cierto, uno de los tesoros españoles.

Y de vuelta al automóvil.

En diez breves días de cubrir un intenso millaje internacional, habían visto más vacas, ovejas, caballos y pastos que iglesias magníficas, museos y esplendores históricos. Floria echaba humos.

—El campo es tan hermoso y bueno para la gente—comentó Breta. Tuvimos que comer papas y rábanos por años durante la Segunda Guerra Mundial. Se identificaba ella con la tierra.

Los millonarios Wegman eran extremadamente frugales. Floria hubo que traducir innumera-bles menús en los restaurantes antes que ellos aceptaran el precio de las comidas.

Al finalizar cada comida, Enrique Wegman sacaba una calculadora para anotar y cobrar de inmediato los gastos de consumo de ellos y los de sus compañeros de viaje. Ni una sola vez invitaron a sus anfitriones, los Scotts con un trago, o pagaron por ellos una comida.

Breta no tenía nunca dinero, ni siquiera para un helado. Siguió diciendo que necesitaba cambiar dólares en pesetas, pero nunca lo hizo.

Excepto en un día en particular ….

they were going. "Macho pride!" she cried. Breta just agreed with her husband, but sulked.

A daily routine developed: they would arrive at an interesting place, take a short ten-minute walk, snap a photo, then go back to the car and drive on — their culture shower for the day!

In Paris, they skipped the Louvre and the Musée d'Orsay. They got glimpses at two châteaux in the Loire Valley. Getting to Spain to admire San Sebastian, with its shell beach and the Adriatic's indomitable waves, was another five-minute view. In Madrid, *"Oh, just another capital,"* they'd say, refusing to visit the marvelous Toledo as well, the home of El Greco with its cathedrals, synagogues, and panoramic sights — one of Spain's treasures!

In ten days of covering international mileage, they had seen more different types of cows, sheep, horses, and pastures than they had magnificent churches, museums, and historical splendors!

Floria fumed!

"The countryside is so beautiful and good to people," Greta commented once, offering an opinion. "We ate potatoes and radishes for years during the war." She clearly identified with the fields.

The very rich Wegmans were extremely frugal. At several restaurants, Floria had to translate the menus into English before the Wegmans decided to go in. At the end of each meal, Henry Wegman would take out a calculator and a little notebook to record his expenses with those of their travel partners. He never treated his hosts, the Scotts, to a drink or a meal. Breta Wegman had no money on her, even for a spontaneous visit to the ice-cream parlor. She kept saying she would exchange some dollars but she never did.

Until this very day....

Sevilla, España. La Plaza España.

La Plaza España en el barrio viejo de Santa Cruz, un sitio animadísimo, ofrecía una vista de lánguidos guitarristas bohemios, vendedores y turistas.

Las fuentes lanzaban chorros de agua en altas cascadas desafiando el calor, para bajar hasta manantiales de burbujas menores. La Plaza estaba rodeada de plazoletas en azulejos vívidos e individuales de cada provincia de España, representando la historia, conquista y emancipación de los invasores.

En una esquina de la Plaza, una gitana empezó a arreglar su mercancía. Usando las escaleras descendiendo del Puente Mayor al medio del lugar, extendió trabajos de lino bordados a mano.

Breta lo vio primero. Un hermoso mantel crema. Tenía aplicaciones de ínfimas rosas en colores durazno, blancas y amarillas, aprisionadas por círculos de hilo azul marino que también bordeaba las orillas. En la superficie, un delicado encaje unía el diseño. Una pieza de arte preciosa.

Doce servilletas completaban el maravilloso juego por $45.00 dólares. Una ganga increíble.

—¡Oh! —Breta suspiró. —Es perfecto para mi mesa de comedor. Tiene los colores apropiados. No he visto nunca algo tan hermoso. ¡Oh ... oh! Quería de verdad adquirir el mantel. Floria lo intuyó. Breta pasó los dedos por los bordados de florcitas. Le encantaba.

—Breta, ¿quieres comprar el mantel? Yo te negociaré el precio —ofreció Floria.

Pero antes que Breta respondiera, otras dos mujeres extranjeras se habían percatado de la obra: una inglesa y la otra, italiana.

How much for the tablecloth? ¿Cuánto cuesta el mantel? —inquirió la británica, pero la gitana no pudo responderle. La mujer italiana enfrentó a la vendedora. —¡No, yo lo quiero, puedo usarlo cuando viene Monsignor Faggiore a cenar en mi hogar en Brindisi! Véndemelo a mí, cara —hablaba demasiado para que la gitana la comprendiera. La cliente británica no soltó el mantel.

Plaza España, Seville

La Plaza España, a lively location in the Old Quarter of Santa Cruz, featured relaxed bohemian guitarists, vendors, and tourists.

The water fountains shot streams of water, defying the heat and falling in carefree bubbles into pools below. Surrounding the plaza, small gazebos made of colorful Spanish tiles representing the provinces of Spain recorded the history of their conquest and emancipation from their invaders.

In a corner of the plaza, a gypsy woman began to arrange a display. Using the Puente Mayor stairs leading to a small bridge into the plaza, she set up hand-embroidered dining linens. Breta saw it first, a beautiful tablecloth in cream-light cotton; an appliqué of tiny roses in peach, white, and pale yellows, circled by stitches of dark blue thread had been sewn on the sides. On the surface, delicate lace tied the design together—an enchanting work of art.

Twelve napkins completed the wonderful set priced at forty-five dollars. An unbelievable bargain!

"Oh," Breta sighed. "Oh, this is perfect for my dining table at home! It has all the right colors. I've never seen anything more beautiful than this tablecloth! Oh, oh!" She wanted it with all her might. Floria could see that. Breta touched the flowers, slid her hands through the linen. She loved it!

"Breta, do you want to buy the tablecloth? I'll negotiate the price for you" Floria offered. But before she could get an answer, two women, an English lady and an Italian, became interested in the item.

"How much for the tablecloth," asked one, but the seller did not understand her.

The Italian woman confronted the gypsy woman. "I want this tablecloth. I'd need to use it when Monsignor Faggiori comes for lunch at my home in Brindisi! Sell it to me, dear," she shouted, speaking too many words for the gypsy to comprehend. The British citizen would not let go of it.

Floria permaneció de espectadora. Le había hablado a la gitana antes en español, alabando su arte pero sin ofrecer comprar el artículo.

Ahora la pobre gitana no sabía qué hacer, no lograba comprender las lenguas que hablaban.

En un gesto improvisado, la gitana arrancó el mantel de manos de la inglesa y caminó hacia Flora.

—¡Oye, toma! Quiero que *tú* tengas mi mantel. Me demoré seis meses en bordarlo. Tómalo. Me das por él lo que creas que vale —habló en su tono andaluz.

—Gracias, pues me honras. Gracias. Y se volvió a Berta. —¡Logramos el mantel!

Berta se puso pálida. —Pues no lo quiero. ¿Para qué hiciste eso? —protestó. —Es demasiado caro. No estoy en condiciones de darme tal lujo. No tengo dinero y no quiero tener que llevar tal peso a los Estados Unidos. Y se alejó.

Flora quedó estupefacta. ¿Por qué dar excusas tan irracionales por algo que de verdad quería?

Ahora tenía un problema. Se dirigió a la posible compradora italiana que sentada en los peldaños descendientes del Puente Mayor, parecía malhumorada.

—Señora, si usted desea comprar el mantel, ahora puede hacerlo. Yo no lo quiero. Para sorpresa de Floria, la mujer comenzó a llorar.

—No, no es justo. No puedo quitarle a usted algo tan hermoso.

La gitana se acercó. Sus ojos notaban tristeza al darse cuenta que su trabajo se rechazaba.

—¡Oye, maja! —le aseguró Floria a la vendedora —dale tu pieza a alguien que realmente la aprecia como a esta señora. ¡Vaya! Por favor, véndeselo.

Un abrazo y beso entre tres mujeres desconocidas sellaron el acuerdo.

—¿Qué pasa? —gritó Eduardo. —Tenemos que manejar a Barcelona.

El último día de vacaciones en Barcelona y antes de regresar a los

Floria stayed in the background. She had asked previously for the price of the tablecloth and praised it, speaking in Spanish, but had not offered to buy it.

Now the poor woman didn't know what to do. In a spontaneous gesture, the gypsy pulled the cloth away from the English customer and walked over to Floria.

"Here, here. I want *you* to have it. It took me eight months to make it. You take it. You give me the money you think it is right" she spoke in her Andalusia-gypsy tone.

"Thank you. I am honored. Thank you." Floria turned around. "Breta, we've got the tablecloth!"

Breta turned pale. "I do not want it. What did you do that for?" she said. "It's too expensive. I can't afford such a luxury. I don't have money and I don't want to have to carry it all the way to the United States." She walked away. Floria was appalled. Why did Breta make these irrational excuses?

Now Floria had a problem. She walked over to the potential Italian buyer sitting on the stairs of the leading bridge and looking unhappy. "Signora, if you want to buy the tablecloth, you can have it. My friend is not interested."

To her surprise, the woman started to cry. "No, it is not fair. I cannot take this beautiful thing away from you."

The gypsy approached them. Her eyes were downcast at realizing her work had been rejected.

"Hey, maja" Floria assured the gypsy. "Your tablecloth belongs to someone who truly appreciates it. This lady is the one, because your work must be treasured. Please sell it to her."

An embrace and a kiss among three unrelated women sealed the bargain.

"What's going on? Edward shouted from the distance. "We have to drive to Barcelona!"

On their very last day of vacation, they arrived in Barcelona before returning to the United States. Inexplicably, Breta exchanged $3,000

Estados Unidos, Breta, inauditamente, entró a un banco y cambió tres mil en pesetas. —Quizá puedo comprar algo....

Las dos parejas se detuvieron en un café a comer un bocadillo. Breta puso su cartera en el piso del auto y salió a la acera a estirar las piernas.

En cosa de segundos, un ladrón penetró por la puerta sin llave del coche y se robó una cartera de mujer que contenía tres mil dólares.

VOCABULARIO ESPECIAL:

Maja —expresión española que muestra el valor de la belleza en una mujer.

Puente Mayor —un puente central del siglo XVII que cruza la Plaza España.

U.S. into pesetas. Maybe I'll buy something . . . .

The two couples stopped at a cafe for a snack. Breta left her purse inside the car and got out to stretch her legs. In a matter of seconds, a thief had entered one unlocked door of the vehicle and stolen a lady's bag containing three thousand dollars.

VOCABULARY:

maja – Spain, expression to show the value or beauty of a woman
Puente Mayor – a central seventeenth- century bridge crossing the Plaza España in Seville

Los Derrotados

Frankfurt, Alemania

18 de Marzo, 1944. 18.00 hrs.

EL SILENCIO ES AÚN MÁS INTENSO que el ruido de las bombas que acaban de caer horas antes.

El sistema de alarmas que viene a través de los alto-parlantes se ha saltado los sonidos largos advirtiendo la aproximación de aviones, para cambiar en tañidos cortos y urgentes que indican un inminente ataque. *¡Hay que esconderse inmediatamente!*

No todos saltan prontamente del sueño para precipitarse al refugio subterráneo, en menos de tres minutos, pero algunos lo logran.

La tierra parece deshacerse arriba. Los oídos de los refugiados no pueden discernir cuál es la dirección de los proyectiles, el silbido del cielo puede ser el golpe final en cualquier instante.

Es difícil llevar cuenta del tiempo. Después de una incursión aérea, nadie sabe decir si es de mañana, tarde o noche. El miedo borra la rutina cronológica de la vida diaria en treinta minutos.

No saben si los persistentes ataques nocturnos de los británicos serán seguidos de los bombardeos norteamericanos durante el día. Los Aliados deben ver que los alemanes, los derrotados, los ofensores, los asesinos, mueran. Deben mostrar al mundo, ahora que han sido vencidos, que el enemigo común ha sido aniquilado, la justicia impartida.

Ahora, los bombarderos se han marchado por fin. *Silencio, silencio.*

Los residentes de Frankfurt abren las pesadas puertas blindadas del refugio y salen.

Se mueven mecánicamente hacia la superficie para contar sus pérdidas. Hubieran preferido permanecer en la oscuridad, en vez de encararse con la vista de horror y devastación que atestiguan; los hogares destro-

The Defeated

Frankfurt, Germany

March 18, 1944, 1800 Hours

THE SILENCE WAS EVEN MORE OVERPOWERING than the falling bombs hours earlier.

The alarm coming over the city's loudspeaker system omits the long, diminishing sounds that indicate approaching planes, in favor of the short, wailing tones of an impending attack. *Take cover immediately!*

Not everyone jumps from sleep into a race to the bomb shelter in less than three minutes. Some do.

The earth above seems to shatter. The ears of the refugees are unable to discern the direction of the missiles; at any moment, the whistling echo from the sky might be the final blow.

It is hard for the people to keep time. After an air raid, no one can tell for sure if it is morning, afternoon, or night. In thirty minutes, fear erases the routine chronology of daily life.

They do not know if the relentless British attacks will follow the American daylight attacks. The Allies must see to it that the Germans — the losers, the offenders, the killers — die. They have to show the world, now that they have defeated them, that the common enemy is being annihilated, justice done.

The bombers are finally gone now. *Silence, silence.*

Frankfurt residents open the heavy door of the shelter and step outside.

They move mechanically to the surface to count losses. They would rather have stayed in the darkness of the shelter than confront the horror and devastation they witness: homes destroyed, fires breaking

zados, incendios explotando alrededor de la ciudad, basura y cenizas.

—Caminen lento, vayan lento —alguien dice.

La belleza sofisticada del pasado aún flota en los techos quebrantados y en las esquinas de edificios memorables, la estropeada elegancia de los jardines y las grandes avenidas, está ahora perdida.

—Debemos buscar al resto de las familias —murmuran —ojalá que se hayan salvado. ¿Dónde está el próximo refugio? Y comparten taciturnos la información.

Las cuadras entre Burgstrasse y Eichwald están por tierra. El objetivo de este ataque es un laboratorio médico que produce inmunizaciones para soldados y niños. Es también el lugar donde viven veinte y una familias. Sin embargo, a los civiles no se les considera.

Eva, una joven de dieciocho años y su padre residen en uno de estos departamentos.

Ambos mantienen a la familia y trabajan en Frankfurt. La madre y hermanos menores se han trasladado a Ruhmannsfelden, un villorrio en el campo, cuando se vocea que están bombardeando las principales ciudades alemanas. Por lo demás, es mejor esconderse en los espesos bosques de Bavaria.

En los escasos tres minutos antes del bombardeo, Eva ha empacado lo más esencial en su maleta vieja, alcanzando al último segundo bajar al subterfugio cuando las bombas ya empiezan a caer.

Ahora que el bombardeo ha terminado, Eva sale afuera y se sienta en su maleta casi vacía. En sus manos tiene una posesión preciada, una reciente carta de su esposo que se encuentra prisionero en Rusia.

En el refugio, sólo piensa en él. Se identifica con su imagen entre estallidos y fogonazos que el amado confronta con su ser entero, allí lejos, en el campo de batalla, y ella, abajo, en peligro menos evidente.

En medio del humo y paredes derribadas, sus bellos ojos azules escudriñan el sitio de su casa, pero no encuentra nada. No se mueve, paralizada por la horrible visión.

No sirve de nada llorar. No recuerda por cuanto tiempo ha estado sentada allí.

¡Los escombros cerca de ella parecen moverse!

out around the city, rubble, and ashes.

"Walk slowly, go slowly," someone says.

The sophisticated beauty of the past still lingers in the torn roofs and corners of memorable buildings; the quiet elegance of gardens and avenues are gone.

"We must look for the rest of our family," they say. "Hope they are safe. Where is the next shelter?" In addition, they quietly share information.

The block between Burgstrasse and Eichwald is flat. The target of this bombing, a medical facility producing vaccines for soldiers and children, is also the dwelling place of twenty-one families. Civilians, however, will not be spared in this sequence of events.

Eighteen-year-old Eva and her father live in one of those apartments. They are the support of the family and work in Frankfurt. Mother and two younger brothers left for Ruhmannsfelden in the countryside when they heard rumors of bombings in the major German cities. Besides, the thick Bavarian forest is the best hiding place.

In the brief three minutes before the bombing, Eva throws a few essentials into her worn-out suitcase, barely getting into the shelter when bombs begin to drop.

Once the bombing is over, Eva sits down on her half-filled suitcase outside the shelter, in her hands her most precious possession, a letter from her husband, a prisoner in Russia.

In the bunker, she thinks only of him. She communes with his image amidst blows and lightning; his beloved face, his whole being over there in the battlefield, and her down here in a less dangerous situation.

In the middle of the smoke and fallen walls, her strikingly blue eyes scan the ruins in search of her home but find nothing. She cannot move, paralyzed by the ghastly sight.

Crying will not help. She cannot remember how long she has been sitting there very still.

The rubble seems to be moving!

Dos parejas y un hombre salen de un orificio que los rescatadores han cavado.

¡Los Stolz! ¡Los Baniks! ¡Papá! Un abrazo jubiloso reúne a sus vecinos y a su padre. Aunque ellos buscaron protegerse en el primer piso del edificio, la estructura se ha hundido hasta el sótano, enterrándolos bajo el nivel de la calle. Tienen cortaduras y heridas, el papá de Eva tiene una pierna quebrada, pero han sobrevivido.

Herr Ewald Winkler, de 32 años, vive en el tercer piso del complejo habitacional. No se molesta en moverse de la ventana cuando la sirena anuncia el ataque. *¿Para qué huir? Es un inválido, su mente racional está llena de recuerdos de la guerra y de su familia. No necesita escapar. No le sirve ahora a nadie. No tiene a nadie.*

Al momento del ataque, Ewald lee una exhortación de gloria de Hitler que aspira en reclamar tierras extranjeras para Alemania. Las poderosas palabras del Führer que lo inspiraron antes, lo han convencido temporalmente de la superioridad física de su raza y de los principios de energía y valor reforzados en su educación y entrenamiento en el ejército.

Sentado ante la ventana, imposibilitado de sus piernas, heridas durante una incursión al Frente Francés en 1940, piensa ahora que el libro es obsoleto, arrogante e insensato.

La desilusión lo enrabia. Peor que su dolor físico, es la humillación de la derrota que ha sentido al escapar con sus compañeros de las barracas francesas, como un cobarde.

Cerrando los ojos, todavía escucha las voces de mando de los oficiales apagadas por la artillería. Lágrimas que no se ha permitido, salen de sus ojos al recordar su hogar en Hamburgo donde toda su familia ha perecido.

Las campanas llamando al duelo por esos queridos cuerpos nunca recobrados, son campanas inútiles. Los vidrios desastillados de las ventanas y las explosiones cercanas ya no pueden tocarlo. Nada puede tocarlo.

El soldado es lanzado hacia atrás de su asiento durante el bombardeo

Two couples and a man make their way out of a hole dug by volunteer rescuers.

"The Stolzes! The Baniks! Dad! A jubilant embrace reunites her neighbors and her father. Although they sought protection on the main floor of their building, the entire structure collapsed into its basement, burying them below street level. They have cuts and wounds, and Eva's Dad has a broken leg, but they are alive.

Herr Ewald Winkler, thirty-two, lives in the same building complex in the third floor. He does not move away from his window when the short siren announces the attack. *Why go anywhere?* An invalid now, his rational mind fills with memories of war and family. *He will not escape anymore. He is of no use to anybody anymore. He has no one.*

At the time of the attack, Ewald has been rereading a version of Hitler's exhortation to glorious reclamation of lands for Germany. The Führer's powerful words strongly inspired him to believe in the physical superiority of his race and the principles of strength and valor emphasized during his education and his army training.

Sitting by the window, his knees damaged while fighting on the French front in 1940, he now thinks the book obsolete, arrogant, and foolish.

Disillusionment angers him. Deeper than his physical pain is the feeling of humiliation he felt running away, like a coward, from the French barracks.

Closing his eyes, he still hears the commanding voices of the officers silenced by enemy machine guns. Tears he has long repressed flow down his cheeks as he recalls his Hamburg home, his entire family killed.

Church bells, calling him to mourn for the dear bodies never found, are useless. The flying glass from broken windows and nearby explosions cannot touch him. Nothing can touch him.

The soldier falls back during the bombing, but he does not attempt

pero no hace esfuerzo alguno por enderezarse. Espera el fin. Pero el fin, no llega.

Después de una hora, Ewald se arrastra hacia la ventana. Descubre pasmado que su departamento es el único parado en toda la cuadra.

—¡Oh, Dios allá arriba, ¿estás tratando de salvarme? —grita desesperado.-No lo hagas.

Se levanta al fin y divisa afuera la figura de Eva, una vecina conocida, moviéndose, sorteando basuras y mirándolo.

—Herr Winkler, ¿está allí? ¿está herido? —le grita.

—Sí, estoy aquí.

—¿Podría ayudarme a mover a mi papá? Tiene una pierna quebrada.

Herr Winkler duda ser capaz de ayudar mucho, pero piensa que sus brazos son aún fuertes.

—Ya bajo. Deme tiempo. Reuniendo una fuerza suprema, rueda su cuerpo hacia las endebles escaleras, empujándose de codos y brazos, cabeza adelante, deteniéndose sólo para respirar.

En uno de sus descansos, Herr Winkler escucha llantos de niños. Parecen venir de un mercado ubicado debajo de su piso. Escucha atento y localiza las voces.

—Oiga, ¿hay alguien ahí?. No recibe respuesta sino golpecitos débiles que le aseguran que hay personas bajo los escombros. Se arrastra abajo por la escalera.

Josef y Willi, de 10 años, compañeros de clase y mejores amigos han planeado robar en el mercado el día del bombardeo de Frankfurt. Lo han mantenido en secreto, ya que saben el riesgo que toman. ¡Se les dispara a los ladrones y saqueadores!

Las familias de los dos chicos han llegado a Frankfurt a refugiarse de los intensos ataques aéreos en Dusseldorf. Han tenido que acogerse a la hospitalidad de sus padres, como lo hacen muchos. Es una situación molesta, doce personas en un departamento para dos.

Media hora antes del bombardeo, los niños se escabullen dentro del almacén, esperan que se marche el dueño y comienzan a agarrar

to regain his place, waiting for the end. He waits. But the end does not come.

After an hour, Ewald crawls to the lower frame of the window. He discovers with amazement that his apartment is the only one standing in the block.

"Oh, God up there, are you trying to spare me?" he cries aloud bitterly. "Don't."

Ewald sees the moving figure of Eva, a neighbor, sorting debris and looking at his place.

"Herr Winkler, are you there? Are you hurt?" she shouts.

"Yes, I am here."

"Would you help me move my father? He has a broken leg."

Herr Winkler doubts he can be of much help, but his arms are still strong.

"I am coming down. Give me a little time." Gathering strength, he rolls his body down the unstable stairs, pushing himself with his arms, head down and stopping to breathe.

In one of his brief rest stops, Herr Winkler hears children's cries. They seem to come from a marketplace under his floor. Listening carefully, he locates voices.

"Hey, anybody there?" No vocal reply comes, but faint knocks assure him somebody is alive under the rubble. He crawls downstairs.

Josef and Willi, ten years old, classmates and best friends, have planned a robbery at the market the day of the bombing in Frankfurt. They have kept their intentions secret; they know well what is at stake—thieves and looters are shot!

The families of the two boys arrived in Frankfurt from Dusseldorf, escaping the heavy bombing there. They counted on their parents' hospitality like so many others. It is a bad situation, twelve people living in an apartment for two.

A half-hour before the bombing, the boys sneak inside the store, wait for the grocer to leave, and begin grabbing food. Hunger is

alimentos. El hambre es su compañero constante. Las raciones asignadas a la gran familia, no les alcanzan a satisfacer.

Los amigos proceden a llenarse los bolsillos y bolsas de víveres. Sus manitas y oídos ignoran la funesta actividad arriba de ellos.

Repentinamente, el techo hecho polvo empieza a derribarse sobre sus cabezas.

Distraídos por primera vez, los chicos se refugian dentro de unas cajas vacías de madera.

Pronto, sólo ruinas los rodean.

—Willi, ¿estás bien?

—Tengo un chichón en la cabeza pero me duele poquito. ¿Dónde estás tú, Josef?

—Aquí, cerca de los cartones de leche—le contesta. Pasa el tiempo. Esperan.

—Oye, Willi, es hora de cenar. No importa si te comes lo que tienes en los bolsillos. Aló, Willi, háblame, oye, oye...

Josef vuelve a llamarlo pero no escucha respuesta. No sabe si el dolor de estómago que siente se debe al hambre o el miedo de perder a su amigo.

Afuera, las denotaciones acrecientan. La noche extiende sus brazos negros sobre la ciudad iluminada por rayos de fuego en tortuoso despliegue.

Algo se mueve cerca de Josef. Se vuelve para divisar a Willi sacando la cabeza.

—¡Willi...! Sonríe, aliviado.

—Josef, encontré un hoyo en la pared bajo una escalera. Trata de venirte aquí. Quizá podamos salir. Ambos se mueven dentro del confinamiento de sus espacios cuando escuchan a alguien arrastrándose cerca de la apertura.

—¡Socorro, socorro, estamos aquí, por favor ayúdenos!—gritan a pulmón lleno.

—Aló, ¿hay alguien?—responde Ewald.

—¡Aquí, aquí!—se escucha.

their constant companion. The limited ration stamps given to a large family do not appease their growling stomachs.

The friends fill their pockets and bread bags with food. Their busy little hands ignore the deadly activity above them. The cellar's ceiling cracks, showering thick dust on their heads.

Distracted now, the boys take refuge inside empty wooden crates. Soon, only debris surrounds them.

"Willi, are you all right?"

"My head has a bump, it hurts a little bit. Where are you, Josef?"

"Over here, near the milk containers." A long time passes. They wait.

"Hey, Willi, it's time for supper. It's all right if you eat what you have in your pockets. Hello! Willi, talk to me, hey, hey..."

Josef calls again. He gets no reply. He does not know if the knots in his stomach are from hunger or fear of losing his friend.

Outside, detonations intensify. The night extends its black arms over the city, barely lit by flashes of fire in a gory spectacle.

Something moves next to Josef's box. He turns around to see Willi poking up his head.

"Willi!" he smiles, relieved.

"Josef, I found a hole in the wall under the stairs. Try to move over here. Maybe we can get out."

They move around their confining space when they hear someone's body dragging close to their small opening.

"Help, help, we are here. Help us please!" they yell frantically.

"Hello, anybody there?" Ewald responds.

"Here, here," someone answers.

Le toma más de una hora a Ewald remover la basura que bloquea el espacio para que Josef y Willi puedan salir, pero tiene éxito y los impele afuera.

Durante su esfuerzo por salvar a los chicos, Herr Winkler nota que sus piernas no están completamente insensibles. *¡A lo mejor podrá caminar otra vez!* Un resurgimiento de esperanza le alumbra, aunque aún desprecia la posibilidad. *Debí haberme muerto.*

Eva y los vecinos corren a abrazarlos. —¡Herr Winkler, niños, que gusto!

Los muchachitos están cubiertos de machucones y callan. Todavía conservan en los bolsillos de sus pantalones el alimento robado. Miran a su alrededor.

Willi se muerde el labio y Josef se cubre la boca en un gesto de pesar al descubrir su departamento demolido. Pero no lloran. Siguen a los adultos hacia el albergue, sin quejarse, orgullosos soldaditos alemanes de juventud en un instante desvanecida.

Saltando las ruinas y empujando cadáveres quemados, el grupo regresa al refugio.

Saben que su escape es transitorio e incierto. Los bombarderos ingleses y norteamericanos regresarán a áreas que han descuidado en previos lanzamientos.

El albergue subterráneo, lleno de gente herida y desposeída, tiene limitados servicios médicos. Una enfermera y dos doctores trabajan atendiendo los casos más serios. El cerrojo de la puerta se abre y se cierra dejando entrar una corriente de aire contaminado. Una estufa portátil con una olla enorme de sopa de puerro y papas se les ofrece a aquellos que pueden ayudarse a sí mismos.

Dos días más tarde, los sobrevivientes de Burgstrasse reciben ayuda.

Los alto parlantes anuncian que habrá camiones para llevarlos a terminales de autobuses y trenes, desde podrán trasladarse a otros pueblos que la guerra no ha tocado aún.

Eva y su padre parten a Ruhmannsfelden a reunirse con el resto de su familia.

It takes over an hour for Ewald to remove the trash blocking the open space before Josef and Willi can get out, but he succeeds and pulls them out. In his effort to save the boys, Herr Winkler realizes that his legs are not completely numb. *He might walk again!*

A surge of hope hits him but he still avows, *"I should have perished."*

Eva and her neighbors run toward them, embrace them. "Herr Winkler, boys, it is so good to see you!"

The youngsters are covered with bruises, speechless, their pants still full of stolen food. They look around.

Willie bites his lip, Josef covers his mouth in grief when they discover their apartment burned to the ground. They do not cry. Their youth suddenly gone, they follow the adults to the shelter without complaint, like proud little German soldiers.

Sorting wreckage and dragging out charred corpses, the group makes its way back to the bunker.

They know their escape is temporary and uncertain. The British and American bombers will return to areas they missed in previous attacks.

The bomb shelter, crowded with the wounded, has limited medical services. A nurse and two doctors are working to help the most serious cases. The door latch opens and closes for people wanting to leave, letting in a stream of unhealthy air. A portable stove with a big pot of leek-potato soup is available to those holding their own.

Two days later, the survivors from Burgstrasse have some relief. Loudspeakers announce that trucks will be taking people to buses and train terminals where they can travel to towns as yet untouched by bombs.

Eva and her father leave for Ruhmannsfelden to join the rest of their family.

Herr Ewald Winkler regresa a Hamburgo a confrontar la dura realidad de ser el único vivo dentro de su familia paterna, aquel que se mantuvo erguido ante las balas y la guerra, aquel que quería morir. Pero no fue su destino. Al subsistir, le ha salvado la vida a otros.

A Josef y Willi los llevan a un orfelinato, ya que nadie los reclama.

La estación del tren es un mortuorio. Los soldados de turno exponen sin tapujos, las listas de nombres de los caídos y de los desaparecidos, de combatientes y civiles. Al leer la lista, la gente gime en desesperación, otros sostienen esperanzas.

Los sobrevivientes se preguntan si Alemania tendrá futuro. Todo se ha perdido.

El grupo de Burgstrasse parte. Intercambian despedidas y buenos deseos. Quizá, algún día, volverán a encontrarse.

Herr Ewald Winkler returns to Hamburg to confront the painful reality of being the only survivor in his family, the one who endured shots and war, the one who wanted to die, but that might not have been his destiny. By living, he saved other lives. Josef and Willi are taken to an orphanage. They no longer have families of their own.

The train station is a mortuary. Officials issue daily listings with names of the fallen and missing, combatants and civilians as well. Reading the list, people cry in despair; some hold an occasional expression of hope.

The survivors wonder if Germany will have a future. Everything is lost. The group from Burstrasse departs. They exchange farewells and good wishes. Maybe they will meet again someday.

Epílogo

EL 6 DE MAYO DE 1945 FUE UN DÍA DE GLORIA PARA MUCHOS. No para los alemanes.

El mundo celebró el fin de la guerra. Deutschland, Alemania, fue lanzada a un estado miserable; en Berlín, el lote humano se dividió entre cuatro conquistadores que más tarde cementaron una muralla para proteger los terrenos humanos recién adquiridos.

Las ciudades arrasadas carecían de un mínimo de bienestar de agua y servicios de salud a gente que no soportaba una pelusa de mugre.

El desplazamiento de las familias duró por años. Era difícil volver a ganar la esencia de la vida familiar, como así mismo fue imposible recoger información de los jóvenes soldados perdidos en la guerra que mató a miles, en batallas fatales.

Dresden, una joya cultural, perdió 35,000 en tres horas. Berlín, fue atacada por 1,000 bombarderos que borraron 25,000 vidas, y en Hamburgo, hubo cuenta de 50,000 muertos.

Un total de 19,200.000 millones perdidos en un país de 58,000.000 habitantes.

En este preciso día, la sociedad alemana se impuso de un secreto mal escondido: el holocausto cometido a la gente Judía por los SS (Schutzstaffel-Guardaespaldas) Nazis.

Una matanza horripilante que *nunca* podría perdonarse ni olvidarse. Nada podría reparar una pérdida tan enorme.

Los ciudadanos alemanes sabían que estaban luchando una guerra, conocían la paranoia de Hitler por los Judíos. Sin embargo, la mayor parte de los ciudadanos ignoraban la profundidad de los hechos reales.

Aún si sospecharan la verdad, poco podían hacer individualmente. Hubieran sido aprehendidos e inmolados. Y muchos murieron. Y muchos ayudaron a los Judíos.

Epilogue

MAY 6, 1945 WAS A DAY OF GLORY FOR MANY PEOPLE. Not for Germans. The world celebrated the end of the war. Deutschland sank into a pitiable state; in Berlin, the human loot was divided among the conquerors, who later cemented a wall to protect their newly acquired real estate.

The torn cities lacked the minimum comforts of water and health services for people who once could not stand a speck of dirt. The displacement of families lasted for years.

It was difficult to regain the essence of family life, as it became almost impossible to gather information about the young soldiers lost in the war that killed thousands in ill-fated battles.

Dresden, a cultural jewel of a city, lost 35,000 killed in three hours. In Berlin, attacked by a thousand bombers, 25,000 lives were erased, and Hamburg suffered 50,000 dead.

A total of 19, 200,000 lives were lost in a country of 58 million inhabitants.

On this very day, the German nation faced a poorly kept secret: the Holocaust committed against the Jewish people by the SS Nazis. A horrible massacre, which could *never* be forgiven nor forgotten. Nothing could possibly repair the abysmal loss.

German people knew they were fighting a war, were aware of Hitler's paranoia about the Jews. However, the majority of citizens largely ignored the facts. Even if they suspected and feared the truth, there was not much they could do as individuals to stop it. They would have been apprehended and shot. Many citizens were. And many helped Jews.

Adolfo Hitler esparció un odio venenoso, mató a inocentes como también maldijo a dos generaciones alemanas. Tendrían que pagar financiera y moralmente por sus descabellados sueños de gloria.

Hasta hoy día en el nuevo milenio, los alemanes continúan pagando remuneración a las malogradas víctimas del holocausto. Desde la rendición de Alemania en el año 1945, $145,000.000.000 marcos alemanes DM (cerca de $83,000.000.000 $US) se han pagado a los Judíos por daños de guerra.

Hollywood produjo películas de propaganda en una era de anti-germanismo. Llegó a todos los continentes y aún existen. Estas películas exponen la cara maléfica del nazi bruto e insensible, de los oficiales del SS, tan aparte de los ciudadanos regulares, y sus crímenes se les atribuye a todos los alemanes. Es posible que no sepan toda la verdad.

Es interesante observar que los alemanes se muestran muy reticentes de mostrar su patriotismo abiertamente. Esto se debe a que los nazis se hacían llamar patriotas mientras exterminaban a otros seres humanos. Los partidos y organizaciones de nazis son ilegales y están prohibidos en toda Alemania.

Se ha escuchado a los radiodifusores comparando los avances de los jugadores germanos en La Copa Mundial 2002, como "tanques demoliendo al enemigo". La maldición de Hitler está aún viva. Y así, no escuchamos a los alemanes defenderse.

Los alemanes quieren olvidar. Al contrario, es importante para la psique Judía revivir el holocausto cada año. Dos criterios diferentes de proyectar el futuro.

Consideremos lo siguiente: Después de haber pasado apenas cincuenta años de su inmolación, los pueblos germánicos son un ejemplo de progreso, orden y belleza. Las calles se ven pulidas, los edificios reparados, los monumentos cubiertos con lonas hasta que puedan mostrar una cara limpia.

Las comunidades se han unido para crear paz, prosperidad y solidaridad. Tener carácter y tener disciplina ganan sobre la ambición de ser millonario, aunque sin duda aprecian su exitosa economía. Deben tener sus Mercedes y VWs y están convencidos que son chóferes de autos de carreras.

Adolph Hitler spread hate and killed innocent people; also, he cursed two German generations. They would have to pay financially and morally for his insane dreams of glory.

To date, in the new millennium, Germans are still paying the unfortunate victims of the Holocaust. Since Germany's surrender in 1945, 145 billion marks (about $83 billion U.S.) have been spent on aid and war reparations to the Jews.

Hollywood started films in an era of anti-German propaganda, which reached all continents then, and is going on to the present day. These movies expose the evil face of the brutal Nazi, the SS officers, so unlike regular citizens, but their crimes attributed to all Germans. It is possible they don't know the whole truth.

It is also interesting to observe that Germans are reluctant to show their patriotism openly. This is because the Nazis called themselves patriotic by exterminating others. Nazi parties and organizations are presently outlawed in Germany.

In the 2002 World Cup competition, we hear broadcasters compare the forces advancing across the soccer field as "tanks crushing the enemy." Hitler's curse is alive.

Germans want to forget. Jews want to revive the memory of the Holocaust every year. Both have different approaches to building a future.

Let us consider for a moment: only fifty years after their immolation, German towns and cities are examples of progress, order, and beauty. The streets are polished, the buildings refurbished, the monuments covered by canvas until they can show clean faces.

The communities unite today creating peace, prosperity, and solidarity. Character and discipline wins over great wealth, though by hard work they enjoy a successful economy.

They must have their Volkswagens and Mercedeses and believe they are car racers.

La tierra en Alemania comenzó a crecer en una miríada de pastos verdes. Los bosques tornaron las cenizas grises en campos productivos. Reina el buen espíritu.

Los conquistadores se debilitaron y se marcharon. La pared divisoria cayó en 1989. El Oeste compró al Este. Nuevamente surge una nación orgullosa.

Con justicia, debemos esperar que la prensa norteamericana y la gente en otros continentes sean capaces de darle crédito s nuestros hermanos alemanes con una reflexión sensitiva, comprensiva e imparcial.

Frankfurt, 18 de mayo de 1998. Se ha organizado una reunión para traer a los supervivientes y vecinos que vivían en la calle Burgstrasse el 8 de marzo de 1944, día del bombardeo de Frankfurt.

Cincuenta años más tarde, están juntos de nuevo. De doscientas personas que residían en el área sorteada, vienen veinticuatro de ellos. Durante esta fiesta en un Jardín de Cerveza y Salón de té en un (Biergarten) se reconocen, traen fotos y celebran su extraordinario sobre vivencia.

ENTREVISTA EN LA REUNIÓN
(TRADUCIDO DE SUS PROPIAS PALABRAS)

Esta escritora condujo una entrevista con los sobrevivientes en un día tan especial; 8 de marzo de 1998 y en el 10 de marzo de 2002. He aquí algunas excerptas.

P: ¿Qué recuerdan Uds. más vivamente durante el bombardeo?

Greta: Cocinaba pan y no apagué el horno al huir al refugio. Temía provocar un incendio y me preocupé mucho de eso durante el bombardeo, pero de todas maneras, no importó. Las bombas se encargaron de la cocina y del pan.

Guenter: Para calmar mi miedo, me concentré en hacer mi tarea que escribía en los bordes del periódico de Frankfurt que nunca dejó de publicarse, como lo hacíamos en la escuela, porque no teníamos papel de escribir.

The land in Germany grew again in myriad green pastures. The forests turned gray ashes into productive fields. Spirits run high.

The conquerors lost their grip and went home. The wall is now down forever. The West bought the East. Again, they form one proud nation.

In fairness, let's hope the American media and the people on continents where news arrives slowly will be able to view Germany's citizens with more perceptive, empathetic, and impartial eyes.

In Frankfurt, on March 8, 1998, a meeting was organized to bring together survivors and neighbors who were living in Burgstrasse on March 8, 1944.

Fifty-four years later, they are together again. Of 200 people who resided in the targeted area, twenty-four are there. During this party at a *biergarten,* they connected with each other, bringing photos, and celebrating their incredible survival. This writer conducted interviews with the survivors on this very special day.

INTERVIEW (TRANSLATION OF THEIR WORDS)
March 8, 1998 and March 10, 2002

Q: What do you remember most vividly about the bombing?

Greta: I was baking bread and I didn't turn off the oven. I was afraid of starting a fire and kept thinking the house would burn. As if that really mattered! The bombs took care of the house and the bread.

Guenter: To calm my fear, I concentrated by doing my homework on the blank margins of the Frankfurt newspaper—which never ceased publication—as we did at school where we had no writing paper.

Angelika: ¡Pesqué los tubos para encresparme el pelo, en vez del cepillo de dientes!

Bettina: Traté de acostumbrarme a la caída de las bombas cantando, por lo menos me iría al cielo feliz.

P: ¿Cómo se sintieron Uds. cuando los Aliados llegaron a Alemania?

Hermann: Un norteamericano me hizo una zancadilla, y se mofó cuando me caí al suelo. Al día siguiente me estaba esperando. Esta vez me dio una barra de chocolate.

Inge: Se esperaba que odiáramos al enemigo, pero no logramos disgustarnos con los norteamericanos. Nos daban comida y nos ayudaban cuando se podía.

Renate: Perdimos nuestro hogar, Papá estaba en la guerra. Cuando mamá se iba a trabajar, mi abuela me encerraba en el gallinero para cuidarme de salir a la calle y protegerme de los soldados. Todavía no soporto oler a los pollos.

Viler: Nos sentíamos tan desgraciados con la restricción de alimentos, la derrota, la mugre y la humillación, que nos hubiéramos hecho amigos de quien fuera.

P: ¿Qué hicieron ustedes inmediatamente seguido el bombardeo?

Aksel: Organizamos refugios en lugares diferentes de las comunidades y todos tenían al menos una comida completa diaria. Construimos y nos ayudamos.

Anna: Cavamos y cavamos hasta que las manos se nos enrojecieron de sangre. Hicimos pilas de metal, de maderas y papel y reciclamos y usamos todo.

Ewald: Volví a Hamburgo, construí una casita, fui a rehabilitar mis piernas, estudié medicina y soy pediatra ahora.

Angelika: I grabbed my hair rollers instead of my toothbrush!

Bettina: I got used to the bombing by singing when I heard them coming down—at least I would go to heaven happy.

Q: How did you feel when the Allies arrived in Germany?

Hermann: One American soldier tripped me intentionally and laughed when I fell. Next day he was waiting for me again, but he gave me a bar of chocolate.

Ingo: We were supposed to hate "the enemy" but we liked the Americans. They gave us food and helped us when they could.

Renate: We lost our nice home while Dad was away in the war. When mother went to work, grandmother locked me in the hen house to keep me out of the streets and away from the soldiers. I still can't stand the smell and the sight of chickens.

Viler: We were so unhappy with food rationing, defeat, dirt, and humiliation, that we would have made friends with almost anyone.

Q: What did you do immediately after the bombing?

Aksel: We organized food shelters in different communities and everybody had at least one meal a day. We rebuilt and helped each other.

Anna: We dug and dug until our hands were bloody. We gathered metals, cement, paper, and wood, and we recycled and used everything.

Ewald: I returned to Hamburg, built a small house, went to rehabilitation for my legs, studied medicine, and became a pediatrician.

Eva: No tenía más que mi maleta, unas fotos, mi diario y una carta. Cuando íbamos a Ruhmannsfelden, fuimos atacados y perdí hasta eso. Mi esposo retornó de Rusia y tenemos fotos de mejores tiempos.

Josef: Estuve en un orfelinato por un corto tiempo. No era nada de malo. A nosotros, los niños nos protegieron. Me mandaron a una escuela técnica y soy electricista. Tengo un socio, Willi Stroud que es dueño de almacén. Dijo que siente mucho que no pudo venir.

Eva: All I had was my suitcase, some photos, a diary, and one letter from my husband of six months. On our way to Ruhmannsfelden, we were attacked and I lost even that. My husband returned from Russia and we have recent snapshots of happier times now.

Josef: I was in an orphanage for a short time. It wasn't bad. We children were protected. They sent me to trade school and I am now an electrician. I have a partner, Willi Stroud, who owns a food store. He said he was very sorry he couldn't come.

Una Decisión Impetuosa

DECIDÍ PONER TÉRMINO A MI VIDA SALTANDO abajo del Puente Dorado.

Parecía una idea maravillosa—un final espectacular, por así decirlo. Estaría finalmente en el periódico, probablemente en la primera página. Quizás no allí, pero de seguro en la segunda página.

Pero a lo mejor, tampoco así sería, porque mi vida no había sido en absoluto notable. Ni una pizca de reconocimiento, cumplidos, no habiendo ganado nunca nada. Solamente mi máquina de escribir conocía la riqueza de mi alma.

¡Oh, ya sé! Podría dejar una carta en el puente bajo una piedra para que el viento no la vuele, y decirle al mundo acerca de mi. ¿Acerca de mí? ¡Necesitaría entonces dejar mi currículum vital o los reporteros ignorarían la mitad de mi vida!

Conduje a San Francisco, el tráfico peor que nunca. Llovía y accidentes en la autopista demoraban el flujo de los automóviles hacia el puente. La lentitud permitió que olores penetraran en mi auto—café, gasolina, pasto húmedo, pollo frito de Kentucky. Cerré la ventana. *Pero, ¿por qué trataba de evitar olores durante los últimos momentos de mi vida?*

Abrí la ventana con una actitud de indiferencia. Los olores de afuera me estaban dando hambre. *Pero,¿qué me importaba tener hambre? ¿Un botón de alarma para advertirme que aún estaba viva? ¡Por Dios! Ahora habíamos parado completamente. ¿Pero porqué había de molestarme esto? Una simple parada al frente de las Puertas al Cielo. ¿Y quién dijo que te ibas al cielo? ¡Te vas derechito al infierno!*

Ese raciocinio que venía del argumento entre mi ángel y mi diablo me dio rabia. *¿Por qué me iría al infierno cuando había sido una buena persona y si ni siquiera sentía la lealtad de un católico para creer que alguien me enviaría allí?*

Aproximándome al puente, me sentí entusiasmada. Pronto, todo terminaría. ¡Todo! Mi vida solitaria, nunca casada, sin hijos, sin un romance

Impetuous Decision

I DECIDED TO END MY LIFE BY LEAPING off the Golden Gate Bridge.

It seemed like a wonderful idea—a notorious finish, to say the least. I'd finally be in the newspapers, probably on the first page. Maybe not, but on the second page for sure.

That wouldn't be likely either, because my life had been nothing remarkable. Not one single event of recognition, praise, winning anything. Only my typewriter knew I had a rich soul.

Oh, I know. I could leave a letter on the bridge— under a rock so that the wind wouldn't blow it—and tell the world about me.... All about me? I'd need to leave my résumé or reporters would miss half of my personal life!

I drove to San Francisco in traffic worse than ever. It had rained, and accidents on the freeway delayed the flow of cars onto the bridge. The slow traffic allowed smells into the car: coffee, gasoline, wet grass, Kentucky Fried Chicken. I closed the window. *But why should I avoid smells during the last minutes of my life?*

I opened the window with an "I don't care" shrug. Outside aromas were making me hungry.

But why should I care about hunger? An alarm button to tell me I'm still alive? For goodness' sake! Now we've come to a complete stop. But why should this bother me? A mere moment waiting in front of the Gates of Heaven. Who said you are going to Heaven? You're going straight to hell!

That analysis coming from my own angel-devil dialogue made me angry. *Why would I go to hell when I'd been good and had no Catholic faith to believe somebody would send me there?*

Approaching the bridge, I felt exhilarated. Everything would soon be over. Everything! My lonely life: never asked to marry, no children,

apasionado. Cuentas y más cuentas, la renta de mi departamento subiendo de precio doble. Hasta mi máquina de escribir no funcionaba.

Sin embargo, la desilusión peor eran las 337 cartas de rechazo que había recibido de las editoriales a las que había enviado mis ensayos acerca de las fantasías en la mente de un ser solitario.

Ya me olvidaría del ejemplo de Jack London, quién fue rechazado 103 veces por su historia "La llamada de la selva" y optó por irse a su cabaña a cortar leña, a hacerse amigo de los osos, andar a caballo y escribir la carta número 104 a nuevos editores.

Llegué al puente, esperando que el agua allí no estuviera llana. ¡Sería una plancha caerse de narices en el barro! Estaba cerca de mi destino.

Ya estaba por llegar a la última salida cuando un coche adelante del mío se detuvo.

Una mujer joven salió del auto dejando la puerta abierta, caminó hasta el parapeto del puente mirando hacia la profundidad con indudables malas intenciones.

—¡Oh, no! ¡Váyase! ¡Ese es *mi* lugar! —chillé.

La mujer no podía escucharme. Lindo automóvil, una chica hermosa, muy joven. *¿Estaba pensando en hacer lo que yo planeaba hacer?*

Corriendo afuera, la agarré. Ella parecía estar en las nubes. —¿Qué está haciendo? —le grité.

No respondió pero comenzó a lloriquear. La sostuve firme de un brazo.

—Le diré. He estado casada cuatro veces con un montón de idiotas. Mis hijos me vuelven loca, mis inversiones cada vez más altas, no sé cómo manejar millones de dólares. ¿Debo vender mis acciones o comprar más? Y la presión... toda la presión en actuar, producir, no puedo soportarlo. Tengo que hacer decisiones, decisiones...

Me puse a reír histéricamente. Yo quería morirme por no tener siquiera *uno* de los regalos que la vida le había dado a ella. Pero era obvio que ella veía sus regalos como un lastre.

not a single hot romance. Bills and more bills, my apartment rent doubling in price, even my typewriter broken.

But the hardest disappointment of all was the 337 letters of rejection I had received from publishers to whom I'd sent my writings on the fantasies of a lonely heart.

Forget Jack London, who was turned down 103 times for *The Call of the Wild,* returned to his cabin to cut wood, made friends with the bears, rode his horse, and sent letter 104 to more publishers.

I made it to the bridge, chose the last exit, hoping the water there wouldn't be too shallow. It would be embarrassing to fall flat in the mud.

I was near my destination. Just as I reached the last exit on the bridge, a car stopped in front of mine.

A young woman got out of her car, left the door open, and walked toward the bridge railing, looking into the depth below with unmistakable intentions.

"Oh, no! Go away! That's *my* spot!" I yelled.

The woman couldn't hear me. Nice car, beautiful girl, young! *Was she thinking of doing what I had planned to do?*

I jumped out and grabbed her. She seemed to be in a daze. "What are you doing?" I shouted.

She didn't answer but started sobbing. I held her by the arm.

"I'll tell you. I've been married four times to a bunch of jerks. My children are driving me crazy, my investments are growing—but I don't know how to handle millions of dollars. Should I sell, buy more stocks? And the pressure... all this pressure to perform, to produce, I can't take it. I have to make decisions, decisions—

I started laughing hysterically. I wanted to die because of not having even *one* of the gifts life had given her. Obviously, she didn't see them as gifts, but as burdens.

La mujer sobresaltada, se separó de mí. Mi risa no denotaba la compasión que ella merecía.

—¡Perra loca! ¡Retírese! ¡Váyase al infierno! Retrocedió del parapeto, corrió a su auto y partió.

Era la segunda vez en un día que se me había ofrecido el infierno como alternativa.

Insegura ahora de llevar a efecto mi plan original, el olor de café me distrajo, metiéndose con porfía en la nariz. Mi estómago comenzó a reclamar con furiosa intensidad. Los conductores de otros carros comenzaron a insultarme. Esto tenía bastante sabor de vida.

Miré el agua. Las olas del Puente Dorado se levantaban en amenazantes espumas congeladas.

—*¡Aguantaré este infierno por un poquito más!*

The woman pulled away from me. My laugh wasn't sympathetic and she needed understanding.

"You crazy bitch! Stay away from me! Go to hell!" she stepped back, ran to her car, and drove away. It was the second time in one day that hell had been mentioned to me as an alternative.

Unsure now about how to proceed with my original plan, I was distracted by the aroma of coffee stubbornly reaching my nose. My stomach growled. Drivers behind my car cursed me. That looked very much like life.

I looked once again at the water. The Golden Gate Bridge swirled in waves of frozen tides. *"I'll try hell a little longer."*

El Tren a Varsovia

Varsovia, Polonia, 23 de Abril de 1971

LO CONOCÍ EN UN NEGOCIO FILATÉLICO, donde quería comprar algunos de los más hermosos y artísticos sellos postales polacos para la colección de estampillas de mi hija.

Era difícil comunicarse con los dependientes en Polonia, ya que yo no hablaba su idioma.

—¿Podría ayudarle, madame? Hablo un poquito de inglés. La amplia sonrisa de una cara amistosa me recibió.

Miré al origen de esa voz; un fraile vestido en una sotana y sombrero negros, austero y cortés, con sus ojos de un brillante azul que hacían contraste con su hábito formal. Parecía tener unos cuarenta años. Richard Wapinski extendió su mano cordial.

—Gracias, apreciaré tal ayuda y la acepto. ¡Qué bien la necesito!.

Seleccioné las estampillas mientras que él me explicaba la historia y el significado de los diseños. Seguimos hablando de cosas triviales. Entrando en más confianza le pregunté acerca de la situación política en Polonia. El padre sólo sonrió. ¿*Cauteloso?* Posiblemente, ya que Rusia dominaba políticamente el país en el año 1971.

Yo había presenciado un curioso incidente en el banco donde cambiaba dólares por zlotys. Un hombre se metió deliberadamente cortando en la fila de espera para llegar primero al cajero. Una mujer a la espera, como todos, se arrimó a la persona delante de ella para no dejarlo entrar. El tipo se dio vuelta y le asestó una bofetada en la cara. Abochornada, ella lo dejó pasar. La gente haciendo cola no reaccionó ante tal atrevimiento, aunque uno de ellos susurró 'ruso'.

Mi labor de traductora multilingüe para UNESCO, me había conducido a Varsovia. Un lugar frío, poco atractivo, con sus edificios de bloques y textura de cemento gris, en una tierra llana de departamen-

The Train to Warsaw

Warsaw, Poland, April 23, 1971

I MET HIM AT A STAMP BUREAU where I wanted to buy some of the most beautiful and artistic Polish seals for my daughter's stamp collection.

Communication with the local clerks was not easy, since I spoke no Polish.

"May I help you, Madam? I speak a little English." The broad smile of a friendly face greeted me.

I looked at the source of the voice. A priest dressed in a black robe and hat, austere and courteous, his shining blue eyes making an amazing contrast with his formal attire. He looked fortyish. He extended his hand cordially. "Richard Wapinski."

"Thank you. I appreciate it and accept your help. I certainly need it."

I selected the stamps while he explained their history and the meaning of the designs. We continued talking about other trivial things. Then, feeling more confident, I asked him about the political situation in Poland.

The priest just smiled. *Caution?* Possibly, since Russia politically dominated the country in the year 1971.

I had witnessed a curious incident at the bank. I was exchanging dollars for *zlotys*. A man deliberately cut into the line to get to the cashier's window first. A woman waiting, as everyone else did, stepped forward to stop him from passing. The man turned around and slapped her face. Humiliated, she gave way. The people in line didn't react at all, but one young man whispered, "Russian."

My job as a multilingual translator for UNESCO had brought me to Warsaw, a cold, unattractive place, block buildings with the texture of cement, a flat land of apartment units lacking the artistic

tos unitarios, faltos de las gracias artísticas tan notable en sus sellos y gente poco hospitalaria.

Era mi día de libre.

El Padre Wapinski continuó dándome referencias históricas de Polonia. Tenía gran curiosidad por preguntarme acerca de la vida en Norteamérica, sus costumbres y el cine. Lo complací.

—Padre, es hora de almorzar. ¿Le gustaría almorzar conmigo en mi hotel? Estoy en el Europejski.

Pareció bastante sorprendido de mi invitación y se demoró en aceptar.

—Madame, ¿se atrevería usted? —consideró.

—Por supuesto. ¿Por qué no? —afirmé. Entrenada en los Estados Unidos a ser asertiva ante cualquiera situación, me daba la oportunidad de demostrarlo.

El Hotel Europejski se distinguía siendo el primero en su línea. Un enorme vestíbulo rodeado de pesadas cortinas oro antiguo mostraba toda la decadencia de decoraciones añejas y glorias pasadas. Unos otomanes franceses de terciopelo rojo caducaban calladamente en los rincones. Los dormitorios, majestuosos, aunque el agua caliente era una rara comodidad.

El comedor, no menos pomposo que el resto de las premisas, era enorme. Candelabros de fino cristal reposaban en cada mesa. Un corredor con suelo de mármol blanco separaba asientos para sentar a unas 200 personas. Este día, se encontraba completo.

—Buenos días. Almuerzo para dos —pedí.

El mozo se quedó parado allí, sorteando miradas de mí hacia el padre Wapinski y a su alrededor, quizás esperando que alguien viniera a ayudarle.

Viendo que no se movía, le repetí el pedido en francés, el lenguaje de la diplomacia.

—Déjeuner pour deux personnes, s'il vous plaît. Aún indeciso, finalmente dijo: aquí por favor. Lo seguimos.

Le di una mirada de reojo a mi invitado ante la inseguridad del

grace they so outstandingly showed in their stamps, and occupied by rather lifeless folks.

This was my day off. Father Wapinski kept giving me historical facts about Poland. He was very curious about American life, its customs and the movies. I obliged.

"Father, it is lunch time. Would you join me for lunch at my hotel? I am at the Europejski."

He seemed greatly surprised by my invitation and took some time deciding to accept.

"Madame, would you dare do that?" he considered.

"Of course! Why not?" Trained in the United States about assertiveness in any situation, it was my opportunity to show it.

The Europejski Hotel stood at the top of its class. A grand foyer engulfed in heavy golden curtains showed the opulence of past decor and past glories. French ottomans in red velvet lay in the corners. The bedrooms were just as majestic, although hot water was a rare commodity.

The dining room, no less grand than the rest of the premises, was huge. Candelabra of fine glass stood at each table. A regal corridor of white marble led diners to their tables, some two hundred guests. Today, it was full.

"Good morning. Lunch for two," I requested.

The waiter stood in place, shifting his eyes from me to Father Wapinski and back again, as if asking for help.

Since he did not move, I repeated the request in French, the language of diplomacy.

"*Déjeuner pour deux personnes, s'il vous plaît.*" Still hesitant, he finally conceded. "This way, please."

I glanced quickly at my guest for an explanation of the waiter's

mesero y también para cerciorarme si estaba actuando correctamente en tierra extranjera, pero el lenguaje físico del padre sólo mostró determinación.

Al entrar al comedor se produjo un revoloteo. A nuestro paso, los comensales ya sentados, dejaron de comer; hasta los camareros que servían el almuerzo pararon de hacerlo para observarnos —una escena dramática cuando los extras filman una película.

Nos sentamos y pedimos delicias polacas-flaki, tripas vacunas, barszcz, ensalada de beterragas y bigos, estofado de cazadores. Terminamos con una cocción horrible que llamaron café.

—Padre Wapinski, ¿por qué estamos llamando tanto la atención de la gente?

—Lo siento, Madame. Pero es que no es usual aquí ver a un cura católico comiendo en un lugar público lleno de oficiales rusos, acompañado de una bella dama, sin un compañero masculino, ni menos con un cura católico a su lado. Le aseguro que esto nunca se ha visto en Varsovia.

Me observó mientras hablaba y cuando empecé a reírme entre dientes, el Padre apenas pudo contener su propia risa. *¡Encantador! ¡Era un santo diablito!*

Fue éste el principio de una amistad que duraría por muchos años a través de cartas e intercambio limitado, debido a las censuras políticas en Polonia. Mantuvimos un fiel recuento de nuestras vidas.

El nunca se molestó por mi falta de fe religiosa.

17 años más tarde, 25 de abril de 1987

Habiendo completado una asignación educacional invitada por la República Federal de Alemania, decidí sorprender con una visita al Padre Wapinski en Varsovia. ¡Diecisiete años habían transcurrido desde el día de nuestro escandaloso almuerzo!

Obtener visa a Polonia era dificilísimo, ya que República Democrática Alemana, estaba herméticamente cerrada a extranjeros. Un amigo de recursos insospechados, logró conseguirme una visa oficial del Polish

indecision. I always had to check whether I was acting appropriately in a foreign land, but Father Richard's body language reflected only determination.

As we walked in, a slight commotion was evident. As we went to our table, guests already seated stopped eating; even the waiters serving lunch interrupted their service to gaze at us—a dramatic moment, like extras making a movie.

We sat down and ordered Polish delicacies, *flaki,* tripe, *barszcz,* beet salad, and *bigos,* hunter's stew. We finished with a horrible concoction they called coffee.

"Father Wapinski, why are these people paying so much attention to us?"

"I am sorry, Madame. It is not customary here for a Catholic priest to eat in a public place full of Russian officers, accompanied by a beautiful woman without a male companion, a priest by her side instead. I assure you, people have never seen this in Warsaw!"

He observed me while he spoke. I began to chuckle and Father could hardly contain his own amusement. *Charming! He was a saintly little devil.*

This was the beginning of a friendship that would last for many years through letter writing, a limited exchange of news due to political constraints in Poland. We kept a faithful account of our lives. He never made a comment about my lack of religious beliefs.

Seventeen years later, April 25, 1987

Having completed an educational assignment in the Federal Republic of Germany, I decided to mystify Father Wapinski with a surprise visit to Warsaw. Seventeen years had passed from the day of our infamous lunch!

Getting a visa to Poland was quite difficult. The German Democratic Republic was hermetically sealed to foreigners. A resourceful colleague friend of mine convinced an official at the Polish *konsulat*

Konsulat en Berlín con permiso por varios días.

¡No hallaba las horas de viajar en el tren y asombrar a mi amigo!

Completé mis planes. El trayecto en tren debía durar alrededor de siete horas. Compré un boleto de primera clase para gozar de mayor comodidad.

La última estación en el lado occidental era Halensee. La próxima, ya entrando a Berlín Oriental era Friedrichstrasse. Noté con un poco de aprehensión que todo el mundo se bajaba en Halensee. Quedé de única pasajera. *¡Bueno!*

Iba en dirección al mundo comunista.

De mi diario en el tren a Varsovia, 25/4/87

Entramos a la República Democrática de Berlín Oriental.

Un soldado se me acerca en el carro. —Pasaporte, pasaporte—me urge. Le paso el documento. Lo escudriña, me mira atentamente y aparentemente satisfecho, lo lanza al suelo en vez de dármelo de vuelta a las manos. *¡Oye!*

Ahora me empieza a gritar en una lengua que no entiendo. Me toma del brazo y me empuja fuera del coche, indicando otro tren en una línea de ferrocarril paralela, incitándome a subirme.

—¿Varsovia?—le pregunto a un pasajero que pasaba, pero no me responde. Me subo.

El tren es un *ozobowy*, o tren conmutador lento, va lleno de gente, niños, pollos amarrados de las patas, bultos, gente comiendo sándwiches envueltos en papel y equipaje. Todos los asientos están ocupados.

No encuentro lugar adentro. Salgo y me coloco en el pasillo afuera, donde se acoplan los vagones. *¡Mi asiento de primera clase!* La máquina humana parte.

Veinte o más estaciones en villorrios que paro de contar, trae nuevos viajeros y un nuevo conductor. Cada uno me lanza miradas sospechosas. Trato de sonreír pero eso parece hacerlos aún menos amistosos.

El sentido común me aconseja que debo tratar de pasar inadvertida, especialmente después de un temible incidente en una de las estaciones.

in Berlin to give me a permit for a few days.

I could hardly contain my excitement about getting on the train and surprising my friend. I made plans: the train ride should take some seven hours; I bought a first-class ticket in the *Ekspress* to ensure comfort.

Last stop at the station on the western side was Halensee, next station entering East Berlin was Friedrichstrasse. I noticed with a little apprehension that everyone on the train got off in Halensee. I was the only passenger left. *Oh, well!* I was on my way into the communist world.

FROM MY DIARY: WRITINGS ON THE TRAIN TO WARSAW, 04/25/87

We enter the Democratic Republik of East Berlin.

A soldier comes into the coach train. "Passport, passport," he urges me. I hand him the document. He inspects it curiously, looks at me attentively and, apparently satisfied, drops the papers on the floor instead of handling them back to me. *Hum!*

He starts shouting in a language I do not understand. He then pushes me outside the coach, pointing to another train on the parallel track, motioning me to get on it.

"Warsaw?" I ask a fellow passenger, but he does not answer. I step in.

The train is an *ozobowy,* a slow train, full of people, children, chickens tied by the feet, luggage, bundles, and people eating paper-wrapped sandwiches. Travelers occupy every seat. I cannot even find a place to stand. I go outside to the platform between coaches. *My first-class accommodation.* The human conveyance moves forward.

I stop counting after twenty or more stops in villages. New passengers and a new conductor board the train. Every one of them gives me the third-degree inspection. I attempt to smile but that seems to make them even less friendly.

Common sense tells me I should keep a low profile, especially after an incident at one of the train depots.

Un grupo de soldados armados con fusiles penetra al vagón, sacando a empujones a gente de raza negra solamente. Los bajan del tren y los alinean a lo largo de la plataforma.

Los pasajeros del tren corren hacia las ventanas para ver lo que sucede. Pero observo que es más bien la curiosidad que los mueve y no gran alarma.

La alarmada soy yo. *¿Van los soldados a matar a los pasajeros negros? No puede ser. ¡Si estamos en 1987! ¿Sería verdad lo que mostraban las películas en Hollywood sobre situaciones como éstas?*

Comienzo a sudar. Una chica que ha estado contemplándome y posiblemente adivina mi temor, me dice en un inglés cortado —gente negra, roban libros, no, kaput.

Más tarde me informaré que se prohíbe traer libros a Polonia porque ponen en peligro la seguridad nacional. Si sospechan de alguien, los encarcelan. *¡Vayan derechos humanos!*

Pero después de mucho ruido y pocas nueces, las fuerzas armadas les permiten a los pasajeros regresar al tren. Respiro nuevamente.

Siete horas han transcurrido y ni siquiera estamos a medio camino del viaje.

Necesito ir al baño. Camino a lo largo del coche pero no encuentro nada. Tampoco hay coche-comedor. Pasando por los vagones, veo que están ocupados por oficiales rusos con acomodo de coche-dormitorio. *¡Deben tener baño!*

La necesidad vital me obliga a ser osada. Golpeo en uno de los compartimientos. Un joven desgreñado y de mala facha, abre la puerta. —¡Hola! ¿toilet, por favor? —imploro con mis manos en plegaria. No resulta y me da con la puerta en las narices.

Hay otra paradero de estación cerca de un bosquecillo. Salto rápido del tren, me meto en los árboles y me agacho a orinar, con terror que el tren pueda partir, pillándome sin calzones. *Me siento mucho mejor.*

Doce horas de tránsito ahora. Defiendo mi esquina con otros contendores a ocupar mi puesto, pero no puedo dormitar sin peligro de caerme del tren.

A team of well-armed soldiers makes its way into the coaches, pulling out black passengers only. They shove them off the train and line them up along the platform. The passengers on the train run to the windows to see what is happening. I notice that they move driven more by curiosity than great alarm.

I am the alarmed one. *Are the soldiers going to shoot the black travelers? But this is 1987! Was Hollywood being real when they showed incidents like this in the movies?*

I start to sweat. A young girl who has been staring at me and probably sees my distress says in faulty English, "Black persons, rob books, no, no kaput."

Later, I learn that travelers may not bring any books into Poland — they threaten the internal security of the country, they say. If they suspect someone of doing this, they put them in jail. *So much for human rights!* I observe.

After much bravado and hustling from the armed forces, the passengers return to the train. I recover my normal breathing.

Seven hours have passed and we are not halfway to the end of the trip.

I need to use a toilet. I walk to the end of the coach but do not find one. There is no dining car, either. On my way to the next wagon, I see it occupied by Russian soldiers with Pullman facilities. *They must have a toilet!* The urgent need encourages me to be bold. I knock at one of the compartments.

A scruffy young man opens the door. "Hello, toilet, please?" I beg, my arms in prayer. He slams the door in my face.

Another halt comes at a terminal near a grove of trees. I jump off the train, get in the forest, and crouch, terrified that the train will leave, catching me with my panties down.

I feel much better!

Twelve hours in transit now. I defend my place on the platform between the coaches from others, but I cannot nap without danger of falling off the train.

Tengo hambre y busco en mi bolsa. Encuentro un chocolate. Engaño a mi estómago pretendiendo nutrirlo, masticando lento porciones mínimas.

Catorce horas. de viaje. La gente empieza a llenar mi espacio. *¿Será posible que estamos por llegar a Varsovia? ¡Sí, es!*

La estación central de Varsovia es una congestionada pesadilla. Sigo al gentío hacia la calle. No hay caseta de informaciones en ninguna parte.

Debo hallar un taxi. ¿Dónde están los taxis? Probablemente sería mejor irme a un hotel y visitar al padre Wapinski por la mañana. ¿Dónde se encuentran los autos? ¿No hay ninguno?

Un viejito que atiende un kiosco de periódicos, me ve esperando por largo tiempo.

—Señorita, espera un taxi? —me pregunta. *¡Habla en italiano! Al menos una lengua que sé.*

Me informa que de vez en cuando, unos tres taxis vienen a la estación central y que en los hoteles, las reservas en Varsovia deben ser hechas con ocho meses de anticipación.

Me resigno a esperar un taxi hasta que uno aparezca.

Después de esperar por una hora, llega un auto de arriendo. Le doy un papel escrito con la dirección del padre Wapinski. Sé que vive en los suburbios de Varsovia.

El chofer me habla algo, pero no puede replicarle. Tan pronto el auto se pone en movimiento, caigo dormida. Despierto. El auto se ha detenido. A través de la ventana, campos oscuros me indican que estamos en el medio de la nada.

El conductor sale del auto, da una vuelta y abre la puerta trasera donde yo estoy sentada. No muevo un pelo. Él regresa a su asiento delantero, abre un paquete de cigarrillos, me ofrece uno.

Esperamos. *¿Para qué? ¿Es el golpe de gracia ante la estocada final? Porque si se me concede un deseo final, sería dejarme dormir para siempre.* Pero el hombre sólo ha hecho un paro de nicotina, *UHF!*

Es la segunda vez durante mi viaje que salto a conclusiones catastróficas acondicionada por la televisión norteamericana —matanzas, ultraje femenino. Continuamos. Caigo dormida nuevamente.

I am hungry and search in my bag for a chocolate bar. To fool my stomach, I take the smallest bites.

Fourteen hours of travel. People begin to move into my space. *Could this mean we are about to arrive in Warsaw? Yes, that is right!*

Warsaw Central Station is a congested nightmare. I follow the crowd to the main street. No information desk anywhere. *I must find a taxi. Where are the taxis? It would probably be better to go to a hotel and find Father Wapinski tomorrow. Where* are *the cabs? Aren't there any?*

An old man at a newspaper kiosk sees me waiting for a long time.

"Signorina, speta lei per un tassi? Are you waiting for a taxi?" *He speaks Italian! A language I know, at least.*

He informs me that three taxis come to the station occasionally. Regarding hotel reservations, they must be made eight months ahead of time.

I have no choice but to hope that one taxi will show up.

After a one-hour wait, a cab arrives. I give him a written paper with Father Wapinski's address. He lives in the suburb of Kamion, far from downtown Warsaw.

The driver talks to me but I cannot answer. As soon as the cab moves, I fall asleep.

I wake. The taxi has suddenly stopped. Through the window, the dark fields tell me we are in the middle of nowhere.

The driver comes around and opens the back door where I am sitting. I remain motionless. He returns to his front seat, opens a pack of cigarettes, offers me one. We wait.

For what? Do I get a last wish before I die? Because that wish would be to close my eyes and sleep forever!

But he is just having a nicotine break.

Wow! For the second time I have jumped to catastrophic conclusions conditioned by American TV viewing—killings, rape. We keep going. I fall asleep again.

—Madame, aquí, aquí—dice el chofer.

Oigo gente cantando y despierto a una voz que reconozco inmediatamente. Una misa se está llevando a efecto.

Entro a la iglesia moviéndome con unas piernas que no parecen ser mías. Camino por el atrio central hacia el altar, ahora a tres pasos del Padre Wapinski. Está tan absorto en sus plegarias que no me ve. Avanzo un paso más. Estoy ahora demasiado cerca de él para que me ignore. Levanta los ojos y me reconoce.

Me enfrento a la misma sonrisa que recuerdo de hace diecisiete años. Él continúa dando la misa. Fin de mi jornada.

No recuerdo cómo llegué a una cama ni cuántas horas dormí.

Una mujercita amable, Theresa, la cocinera de la parroquia, me despierta ya tarde a la mañana siguiente. Porta una bandeja con café, panecillos, mermelada y queso de cabra. Aunque no podemos comunicarnos bien, debido a la barrera del idioma, me enseña el baño y otras dependencias en la iglesia.

Me han colocado en el VIP, pieza reservada para invitados importantes. Cuadros con pinturas de santos cuelgan de las paredes. Porcelanas y cristales magníficos llenan los gabinetes. A través de las ventanas, se admira el jardín de rosas del Padre Richard, con especies híbridas que no hubiera reconocido en ninguna otra parte.

El Padre Wapinski viene a saludarme después del desayuno y conversamos en su amplio estudio. Está feliz. —¡Ha sido la sorpresa de una vida!—exclama reteniéndome las manos con júbilo.

Me relata la situación política presente, ahora con más libertad.

Mucho había cambiado en Polonia desde mi última visita. Lech Walesa fue elegido presidente del país. Obtuvo incluir en el gobierno, La Unión de Derechos de Solidaridad, ausente de los contratos de los trabajadores en el pasado. Aún luchaba por implementar tales derechos. El zloty estaba mejor evaluado y se les pagaba salarios más justos a los obreros.

El Padre Wapinski me habló también de la historia de Polonia.

Los polacos experimentaron sucesos tristes y terribles en manos de muchos conquistadores. Invadidos por los suecos, por los prusianos.

"Madame, here, here," the driver says.

I hear people singing. I immediately recognize a voice. Church services are going on.

I enter the church, my legs barely supporting me. I walk down the center aisle toward the altar, now three steps away from Father Wapinski. He is so absorbed in his prayers he doesn't notice me. I advance one more step. I'm too close for him to ignore me. He finally lifts his eyes to meet mine.

I face the same smile of seventeen years ago. He continues saying Mass. End of my journey.

I do not remember how I got into a bed and how many hours I slept.

A smiling woman, Theresa, the parish cook, woke me up late morning. She brought a tray with coffee, buns, marmalade, and goat cheese. Although we could not speak to each other due to the language barrier, she showed me the bathroom and church facilities.

I had been accommodated in the room reserved for very important visitors. Pictures of saints hung from the walls. Magnificent porcelain and crystal filled the cabinets. Through the windows, one admired a view of Father Wapinski's rose garden, spectacular hybrids I had never seen anywhere.

Father Wapinski came to greet me after breakfast in his ample studio. He was elated. "The surprise of a lifetime," he holds my hands.

He now reported the country's present political situation more freely. Much had changed in Poland since the last time we met. Lech Walesa had been elected president. He managed to include in the government the Solidarity Trade Union Rights, absent from the workers' contracts in the past. He was still enforcing such rights. The zloty was higher, workmen better paid.

Father Richard talks about Poland's history.

Polish citizens experienced sad and terrible events in the past; the forceful hand of the conquerors, the Swedes, the Prussians, and then

Y vino entonces Hitler, quién decidió borrar de la tierra a 380,000 judíos que vivían en Varsovia, bombardeando la bella ciudad hasta dejar unas 300 almas vivas de los perseguidos al cabo de seis meses.

Más tarde, los polacos debieron luchar contra los alemanes para caer posteriormente en manos de los rusos.

—De todas maneras—agrega el Padre Richard tengo que presentarte a una persona más tarde. No se explaya en decirme quién es.

Esa tarde, Theresa, el ama de llaves de la parroquia, me invita a recorrer el pueblito de Kamion, Paderewskiego, una comunidad rural de 12,000 habitantes. Un villorrio con poca gente pero innumerables jardines de rosas que adornan las vidas humildes de los campesinos. *¡Precioso!*

—Debemos regresar—señala Theresa con gestos. —Es la hora del té.

Me encamino hacia una cocina espaciosa que reúne a tres curas conversando animadamente. Se levantan cuando yo entro. Se presentan:

—Me llamo Josef-dijo uno de ellos. —Y yo soy Juan-aporta el otro.

Los padres tienen rostros amables y simpáticos. Continúan parloteando como viejos amigos. Se comunican en polaco y cambian a italiano al dirigirme la palabra, y de vuelta al polaco.

El Padre Wapinski me relata que han sido amigos desde su infancia al presente.

Prometieron de jóvenes, hacer altos actos de fe en beneficio de la iglesia católica cuando estudiaban juntos en la universidad de Varsovia.

—Ambos de mis amigos han sido notables —concluye —me ha tocado a mí construir nuevas iglesias en Polonia. Tres a la fecha. Lo felicito sinceramente.

La cara de uno de los padres me parece familiar. Pero no habiendo puesto mayor atención a hombres religiosos en el pasado, para mi todos se ven iguales.

De repente, muy de repente, un rayo me parte. *¡Conozco a éste señor! ¡Por supuesto que lo he visto antes! ¿O será alguien parecido? ¡Es el Papa Juan Pablo II, Karol Josef Wojtyla en persona!*

Una propulsión sanguínea me domina. Debo haberme visto fulminada.

Los tres señores notan que yo lo he identificado finalmente, *a él.* El

Hitler, who decided to erase from earth 380,000 Jews living in Warsaw by bombing that lovely city, leaving some 300 people alive after six months of slaughter.

The Polish then had to fight the Germans, only to ultimately fall into the hands of the Russians. "Anyway," adds Father Wapinski. "I have a special person for you to meet later."

He did not elaborate.

That afternoon, Theresa, the housekeeper, invites me to walk through the little town of Kamion, Paderewskiego, a rural community of 12,000 inhabitants. We did not find many people on the streets, but plenty of rose gardens embellished the lives of the humble peasants. *Lovely!*

"We must return," Theresa indicated, gesturing. "It is tea time."

I arrived at a large kitchen where three priests were conversing animatedly. They stood up when I came in. Introductions were in order. "I am Josef, " said one of them. "I am John," said the other.

The men had kind faces. They chatted like old friends. They spoke Polish, but switched into Italian when talking to me, and then back to Polish.

Father Wapinski explained that they had been friends since childhood. While they studied at the University of Warsaw, they promised each other to do the highest deeds of faith for the Catholic Church.

"Both of my friends have been remarkable," concluded Father Wapinski. "I was the one to build churches in Poland. Three of them to date."

I sincerely congratulated him.

One priest's faces seemed familiar to me. Nonetheless, having never paid enough attention to religious men in the past, they all looked alike to me.

Suddenly, so very suddenly, it hit me. *I know this man! Of course, I have seen him before! On the other hand, might he be a look-alike? He is Pope John Paul. Karol Josef Wojtyla himself!*

A rush of blood runs through my heart. I must have looked stunned. The three gentlemen noticed that I had finally identified *him*. Father

Padre Richard se echa a reír. *¡Siempre supe que era un rapaz!*

Confundida, no encuentro nada que decir, además, me viene un verdadero ataque de ansiedad. *¿Qué pasa si John, que bien así se había presentado, me pregunta acerca de mi iglesia y religión?*

*No soy exactamente experta en este campo. ¿Quién se atrevería decirle **a él** que yo soy agnóstica? ¿Y mi presencia allí, durmiendo en los Sagrados dormitorios de una iglesia católica? ¿Y sola?*

Para alivio mío, John no me pregunta nada de eso. —¿Vive en California?

—Sí señor... Papa, su Excelencia. (*No, es su Santidad, no su Excelencia, ¡estúpida!*)

—California, una tierra fértil que puede alimentar al mundo entero. Y las flores de allí, y las Misiones...

—Sí, sí... —respondo a medias. —Usted es de Chile ¿no?, su país de origen ¿sí?.

Asiento que sí.

—Uno de los países más bellos del mundo, ¿sí?. Hablaba el Papa de esta manera.

—Existe una historia por una poeta chilena —recupero al fin mi aplomo. Dice que Dios había distribuido todo tipo de semillas por el mundo para aquellos que las necesitaran. Pero *El*, estaba ya muy cansado al final del orbe donde yace Chile, al final de su tarea.

Dios entonces, lanzó todo lo que le sobraba en este estrecho pedazo de tierra. Es por eso que tenemos montañas, valles, minas riquísimas, campos de rica agricultura, playas cálidas, lugares en el desierto de Atacama donde no se ha visto caer una gota de agua, en trescientos años. Sí, Chile es hermoso.

—Bello, bello —hace eco el Papa.

Su Excelencia parte. Bajo mi cabeza. Respeto y emoción me embargan. Mi alma agnóstica lucha por imponerse, sin lograrlo.

Esta extraordinaria visita ha quedado conmigo por vida; adquirí un conocimiento profundo de la vida en Polonia, renové mi eterna amistad con el Padre Richard Wapinski, y conocí a este hombre interesante que se llamaba Juan Pablo.

Richard laughed aloud. *I always knew he was a rascal!*

Embarrassed and in shock, I found nothing to say, close to an anxiety attack.

What if John, as he introduced himself, asks me about my church and about religion in general? Not exactly my area of expertise. Who would dare say to him, *"I am an agnostic?" And my presence there? Sleeping in the sacred quarters of a Catholic Church? Alone?*

To my relief, John did not ask me such questions. "You live in California."

"Yes sir ... Pope, Excellency. *(No, stupid! It's Your Sanctity, right?)*

"California, a great fertile land to feed the world. And the flowers and the Missions ... "

"Yes, yes ... very much so." I offer faintly.

"You are from Chile, no? Your country of origin, yes?"

I nod.

"One of the most beautiful places in the world, yes?" He talks that way.

I finally regain my composure. "There is a story by a Chilean woman poet. It tells about God, who had spread plenty of seeds over the world to supply people with what they needed. He was very tired at the end of the earth, where Chile lays. God then threw the leftover seeds into this narrow piece of land. That is why we have mountains and valleys, caves full of minerals, and rich agricultural fields. There are beaches and sun and places where no rain has fallen in three hundred years. Yes, Chile is beautiful."

"Bello, bello," the pope echoes.

His Holiness departs. I lower my head. Respect and emotion overwhelm me. My agnostic soul struggles without success.

This extraordinary visit stayed with me for life. I established a new awareness of life in Poland, renewed my unique friendship with Father Richard Wapinski, and met this very interesting man named John Paul.

Cambiando Fronteras

Distrito de Sequoia

WOODSIDE, CALIFORNIA, 1983

La voz de Alicia Turner se escuchó fuerte y clara.

—Tenemos que ayudar a estos estudiantes extranjeros. Los haremos fracasar al menos que les enseñemos lo que deben saber, *primero*. Si ustedes han estado en un país extranjero y no pueden hablar el idioma, ya comprenderán lo que les digo.

Los maestros del Distrito Escolar de Sequoia que asistían a una reunión indicaron que estaban de acuerdo con la exponente, mientras que otros sólo levantaron los hombros.

En 1983, este distrito escolar experimentó un dramático cambio demográfico. Estudiantes de Viet-Nam, Camboya, Centro América y de las Islas del Pacífico llegaron a la ciudad de Redwood City en California. Las minorías comenzaron a destacarse y aumentar con predicciones que probarían ser ciertas, bien antes del año 2000.

Por otra parte, familias mexicana entraron a los Estados Unidos legalmente, apadronadas por el Programa Migrante —se necesitaba trabajadores en agricultura, en lecherías e industrias pesqueras.

En Redwood City, California, la mayoría de ellos venían de Michoacán, una comunidad rural cuyos niños apenas sabían escribir sus nombres y ni siquiera tomar un lápiz.

Estudiantes europeos en menor cantidad completaban un grupo heterogéneo de jóvenes que llegaban a los Estados Unidos de América, sin conocimiento del idioma inglés.

Se los registró por edad en clases regulares donde no comprendían ni una palabra de lo que los maestros decían. No existía un programa que los instruyera. Los profesores sintieron la normal ansiedad de un instructor que se da cuenta que sus estudiantes no estaban captando sus enseñanzas.

Changing Borders

Sequoia Union School District

WOODSIDE, CALIFORNIA, 1983

The voice of Alicia Turner rang loud and clear.

"We have to help these foreign children. We will fail them unless we teach them first. If you've been in a foreign country and couldn't speak the language, you'll understand what I mean."

Teachers in the Sequoia Union District attending a meeting nodded in agreement with the speaker; others shrugged their shoulders.

In 1983 this school district experienced a dramatic demographic change: students from Vietnam, Cambodia, Central America, and the Pacific Islands arrived in Redwood City, California. Minority populations began increasing, and predictions that they would become majorities proved true long before the year 2000.

Additionally, Mexican families entered the United States legally, to become part of a Migrant Program — workers needed in agriculture and the dairy and fishing industries.

In Redwood City, most of them came from Michoacán, a rural community whose children hardly knew how to write their names or even hold a pencil.

A smaller group of European students completed the heterogeneous picture of children arriving in the United States with little or no knowledge of the English language.

They registered by age in regular classes where they couldn't understand a word the teacher said. No program was available to accommodate them. Realizing that some of the students were not learning, teachers began to feel anxious.

Alicia lo sabía bien. La administración escolar reaccionó ante su pronunciamiento. La llamaron para discutir el asunto. ¿Querría ella escribir una propuesta académica y dirigir un programa para los recién llegados?

—Por supuesto—fue su respuesta inmediata. No sabía entonces que su programa se tornaría más político que educacional.

Con gran entusiasmo, la señora Turner, nativa Chilena, profesora de lenguas extranjeras, visitó las cinco escuelas secundarias de su distrito para clasificar inmigrantes, recogiendo a veintidós de ellos.

Desgraciadamente, la mayoría de los estudiantes, con excepción de los nativos en español, hablaba lenguas diversas. ¡Un desafío! Sin embargo, los idiomas no eran tanto problema como el hecho que su instrucción escolar básica fluctuaba entre los grados 4° de nivel elemental al 9° de la secundaria aproximadamente, en el sistema norteamericano.

¡Otro desafío!

Alicia Turner entonces se dedicó a enseñarles. No podía usar ni un método gramatical ni bilingüe, ya que los estudiantes ignoraban la gramática y no podían relacionar la estructura de sus lenguas al modelo lingüístico del idioma inglés.

Usó los ojos, las manos y lenguaje corporal para explicar palabras con cuadros pictóricos, fonología acompañada de música, películas. Intencionalmente, aunque ella era lingüista, no permitía otra lengua que no fuera el inglés durante el período de instrucción.

Los días viernes eran especiales. Traía donuts, leche, jugo de frutas y elaboraban proyectos manuales. Los estudiantes podían hablar en sus lenguas, visitarse, comer y hacerse amigos.

Mezclándolos, ponía a trabajar en mutua cooperación a aquellos involucrados en conflictos políticos en su propio país y los animaba a trabajar juntos. Ofrecían una resistencia pasiva al principio, pero de poco, los japoneses conversaron con los hostiles camboyanos, los vietnamitas del norte con los del sur, los de Tonga se hermanaron mejor con sus primos Samoanos.

Alicia knew the feeling well. She didn't anticipate the school administration's reaction to her statement. They asked her to come and discuss the issue. Would she be willing to direct a program for newcomers?

"Certainly," she responded. Little did she know then how political her venture would later become.

With great enthusiasm, Mrs. Turner, a native Chilean foreign-language professor, visited five of the district high schools to collect her foreign customers, twenty-two of them.

Unexpectedly, most of the students, with the exception of the Spanish-speaking ones, spoke a different language—a great challenge for a teacher. However, their native tongues were not so much the problem as were their levels of basic educational instruction, which ranged from approximately the fourth to the ninth grades in the American school system.

Another challenge!

Alicia Turner set herself to teach them. She could not use a grammatical or bilingual approach, since students did not know any grammar; that would have applied only to learners with knowledge of their own language (speaking and writing it) and more basic instruction. She used eyes, hands, and body language to explain words, pictures, phonics with music, movies. Although she was a linguist, she intentionally disallowed any other language than English to be spoken during instruction.

Fridays were different: she brought donuts, milk, juice, and free projects. The students could speak as they wished, visit, eat, and make new friends.

By making the children interact, especially with those in political conflict in their own countries, she greatly encouraged them to work together. Passive resistance showed at first, but little by little, Japanese talked with hostile Cambodians, north Vietnamese with the southerners, and Tongans bonded better with their Samoan cousins.

—Estamos en Norteamérica ahora. Estamos felices. Somos amigos —seguía repitiendo Alicia. Y ellos chocaban manos tímidamente, aceptándose.

La maestra no ahorró abrazos. Los chicos inmigrantes eran tan cordiales y afectuosos que respondían bien cuando se les acariciaba y daba premios. Letreros de colores en las paredes del aula mostraban premios y méritos para todos.

Alicia tuvo pleno éxito. Lentamente pero con seguridad, la clase que fue muda por un mes al menos, se convirtió en una de ruido organizado. Las amistades brotaron. Se representó a cada país con orgullo. Se les pidió que demostraran algo único de su cultura y se lo enseñaran al resto de la clase. ¡Hubo un mundo de descubrimientos!.

En la escuela, algunos colegas apoyaron el tipo de educación que Alicia promovía. Juntos organizaron la "Noche Internacional" en la Escuela de Woodside.

La emoción sobrecogió a la maestra Turner cuando sus estudiantes vestidos en trajes nativos aparecieron en el escenario bailando y cantando "Somos el mundo" ante multitud de espectadores admirados de presenciar esta amalgamada armonía racial.

—¿Y de dónde sacas dinero para hacer todo esto? —le preguntó una colega —que yo no tengo fondos ni para adquirir textos de estudio para mi clase.

Los inmigrantes sin embargo, siempre tenían fondos.

Unos amigos de Alicia, Corredores de Propiedades, le habían sugerido que asistiera a sus reuniones mensuales en la ciudad de San Carlos y presentara su programa. En pocos meses, los generosos comerciantes alocaron fondos para apoyar este programa multicultural. Su contribución duró tres por años.

Los Corredores de Propiedades apoyaron a jóvenes desconocidos que ya se movían en el mundo de la globalización, allí mismo en casa. Amigos personales, Amalia, Harvey y Pablo ayudaron y enviaron donaciones. ¡Cuánto les agradeció Alicia a todos ellos!

Mientras tanto, la señora Turner se hacía de enemigos, aunque lo ignoraba.

"We are in America now. We are happy. We are friends." Alicia kept repeating. They shook hands shyly, but definitely accepted each other.

The teacher never spared hugs. The children were very affectionate and responded well to physical touch and rewards. Posters on the walls showed progress and merit points for everyone.

Alicia succeeded. Slowly, a very quiet class turned into organized noise. Friendships emerged. Every country proudly presented one feature of uniqueness about which to speak, show, and teach the rest of the class. A world of discovery!

At school, some colleagues supported the kind of education Alicia was promoting. The idea of having an international show arose. Together they created "International Night" at Woodside High School.

Emotion seized Mrs. Turner when her students, dressed in their native costumes, timidly appeared on stage, dancing and singing "We Are the World" to a public amazed to see such mutual racial harmony.

"Where do you get the money to do all this?" a colleague asked her once. "We don't even have books in my class." The Newcomers, however, always had resource money.

Realtors, good friends of Alicia's, suggested that she attend their meetings and talk about her program. Within a few months, the generous group of real estate donors from the City of San Carlos granted her money to develop this multicultural program. Their ongoing support lasted for three years.

This was a most wonderful gift, because the Realtors supported young people who were moving into the world of globalization right at home. Personal friends Amalia and Harvey Paul volunteered at the Newcomer Center and sent donations too. All of them were thanked repeatedly.

In the meantime, Mrs. Turner was making some enemies, though she didn't know it.

La educación bilingüe agonizó hasta lograr fondos que finalmente vinieron a ayudar a maestros desesperados que trataban de enseñar sus cursos académicos a estos niños limitados en inglés, sin instrucción previa ni dirección alguna.

Erróneamente, las escuelas emplearon a ayudantes hispanos que les traducían en clase a los niños al español. Era un mal método. Comprender la instrucción no era suficiente para realizar bien las tareas requeridas por los maestros, en especial cuando involucraba conceptos y vocabularios temáticos. Examinarlos igual que a los alumnos de habla inglesa los ponía en tal desventaja que desaprobaban sus clases.

Las garras políticas de los programas bilingües exigieron y distribuyeron sus recursos solamente a escuelas e instructores que aprobaban el bilingüalismo en español.

Alicia no recibió tal ayuda. Además, ¿cómo podría ella enseñarles a algunos chicos en dos idiomas, español e inglés, y no hacer lo mismo con los otros estudiantes? Además, estaba convencida que la educación bilingüe no era necesaria para *todos* los hispanos.

La solución era 'sumergir' a todos a la lengua inglesa.

La animosidad creció entre los estudiantes extranjeros y sus instructores. Aquellos estudiantes que aprendieron inglés suficientemente bien, comenzaron a salir del Newcomer Center para integrarse en cursos regulares.

Toma por lo menos dos años para aprender cualquiera lengua. Sin embargo, los profesores de clases con alumnos norteamericanos, no estaban preparados para tratar con limitados hablantes. Se quejaron de aquellos que interrumpían la rutina diaria de su clase, y los querían sacar de su clase.

Cuando los directores y administradores escucharon clamores, corrieron a reuniones sin resolver nada. Por un largo tiempo, sólo desearon que el problema desapareciera. —Es sólo una etapa —avocaron.

Sin embargo, el problema persistió y aún permanece. California en 1990 tenía unos 7.687.938 hispanos hasta alcanzar 10.966.556 en el año 2000. En adición de los asiáticos y otras nacionalidades, California

Bilingual education, agonizingly funded for the Spanish-speaking children, had finally become available to teachers who, without having had any previous training or direction, were trying desperately to convey their subject matter to the limited-English speakers.

Mistakenly, the schools hired assistants to translate for the foreigners, but the system was wrong to teach students subject matter involving concepts and vocabulary and then give them the same standard tests as their English-speaking counterparts. They could not possibly pass, and of course, they failed classes.

The political talons holding grants for bilingual programs allocated resources only for those schools and instructors that adopted the bilingual approach for Hispanics.

Alicia was not a recipient. She taught in the multilingual level. How could she teach some children bilingually in Spanish and neglect the others? Besides, she thought bilingual education wasn't necessary for *every* Spanish-speaking child. Therefore, the only possibility was immersion in English for all.

Animosity grew among the foreign students and their teachers. Students, having learned English well enough to join regular classes, began to quit the Newcomer Center.

It takes at least two years to learn a language fairly well, but the instructors in their standard classes were not prepared to deal with these foreign speakers. Teachers complained that they disrupted the normal pace of instruction and they wanted them out of their classes.

When principals and administrators heard these requests, they ran to meetings followed by more meetings, and resolved nothing. They fervently wished this problem would disappear. "It's a stage," they hoped.

Nonetheless, the problem persisted, and it still remains. In 1990, California had 7,687,938 Hispanics alone, expected to reach 10,966,556 in the year 2000. Adding Asians and other diverse nationalities, California

comenzó a deslizarse de los mejores niveles de standards que antes tuvo, igualándose a los bajos de Mississippi. Las salas de clase se llenaron al máximo.

La batalla fue anhelante para la señora Alicia Turner. Debido a que el "Newcomer Center" era el único en su género, las cinco escuelas secundarias empezaron a enviarle a *todos* sus alumnos extranjeros.

Hasta que se creó el Centro para Analfabetos en otra escuela, su clase aumentó a un número de 57 jóvenes contenidos en una sala de clase. No era posible enseñar efectivamente.

Después de batallar por tres años para obtener materiales educacionales multilingües para un número creciente de muchachos e instruirlos bien, su energía comenzó a disminuir.

Aún siguió de cerca el progreso de sus estudiantes originales por cuatro años y de ellos, un orgulloso 80% logró subir al escenario de la escuela a recibir su diploma secundario.

El gran pago de los maestros, desde luego no el monetario, viene del éxito de sus pupilos. El teléfono ha sonado por muchos años en la casa de Alicia Turner.

—¡Hola, señorita Turner, es Jung Lee. ¿Me recuerda? Me dijo una vez que si deseaba ser doctor podía serlo. Ahora, soy doctor. Tenía que llamarla. Gracias, gracias.

Y otros.

—No soy mecánico sino ingeniero...como usted me dijo que fuera.

—Sólo quería aprender inglés para conversar con esta linda japonesita, así es que le puse mucha atención a sus enseñanzas. Ahora estoy casado con ella.

—Me sentía tan perdido cuando llegué al Newcomer Center. Usted me enseñó todo.

Ahora soy el jefe en la Cremería en Palo Alto. ¿Qué tal, ah? No español, por favor...

Alicia Turner aprendió bien a través de los años, que la voz que elevó un día había sido escuchada por aquellos que realmente contaban.

began to slide on the scale of the great education system it once had, now matching Mississippi in a lower range. Classrooms were filled to the limits and beyond.

The struggle was also exhausting for Alicia Turner. Since the Newcomer Center was the only one of its kind, the five high schools sent their foreign non-English-speaking students to the Newcomer Center's Program. Until a new center for literacy was created for them within the district, her class size reached fifty-seven youngsters in one classroom. Now there was no way to teach effectively — roll call alone took at least fifteen minutes.

After three years of requesting money and aid for educational materials to cover so many children and teach them well, her stamina began to weaken. She followed her students' progress for four years. A proud 80 percent of her original international "babies" walked up the stage to receive graduation diplomas.

An educator's payoff, aside from a modest salary, comes from her students' success. Telephone calls have continued reached Alicia Turner for many years: "Hello, Miss Turner, this is Jung Lee. Do you remember me? You told me I could be a doctor if I wanted. Now, I'm a doctor. I had to call you. Thank you, thank you."

And others:

"I am not a mechanic but an engineer ... you told me so."

"I only wanted to learn English to talk to this beautiful Japanese girl, so I paid a lot of attention to your teaching. I'm married to her now."

"I was so lost when I went to the Newcomer Center. I'm the manager of the Palo Alto Creamery, eh? What do you say now? No Spanish please ... "

Alicia Turner learned through the years that the voice she had raised one day had been loud enough to be heard by those who mattered most.

Identidad

¿PASA LA LUNA POR EL CIELO O ES EL CIELO que pasa a través de la luna?

Los astrónomos responderían de inmediato explicando los movimientos exactos del globo celestial.

Aceptamos sus cálculos contando los meses, los días y las horas, pero el tránsito de la luna *ES,* sin mayores explicaciones.

La Señora Luna lo ilumina todo. Si densas nubes desafían su brillantez, se desliza hacia otras rutas emergiendo victoriosa en otra parte. Las estrellas no son competidoras. Forman parte de su infinidad, sin disminuir la majestad de su poderosa presencia.

Desde su posición en las alturas, la Señora Luna observa los acontecimientos en la Tierra.

Los terrestres, hipnotizados por su resplandor, transforman esta energía en enamorarse o en buscar un momento solaz dentro de su alma, perdidos momentáneamente en los quehaceres de la vida diaria.

Nosotros, los terrestres, apreciamos la difusión de la Luna en la tierra y en el mar profundo.

Su luz guiadora crea lustrosas algas marinas que en sensual acuerdo generan otras formas de vida y belleza.

¿Somos hermanas, la Luna y yo?

Atenta e iluminada por su presencia, mentalmente alcanzo lo que la Señora Luna hace desde lo alto. Sus nubes son mis nubes, eventualmente abriéndome a cielos despejados.

Terrestre *soy* diariamente, en casa, en el trabajo. Los seres queridos, los amigos y colegas son las estrellas que me muestran caminos que he errado. Mis hijos extienden la vida que les di, en un mar prometedor de migraciones futuras.

La Señora Luna pasa por el cielo como yo paso por la tierra. ¿Es su eternidad, mi eternidad?

Identity

DOES THE MOON CROSS THE SKY OR DOES THE SKY pass through the moon?

Astronomers answer promptly, explaining the clockwork movements of the celestial globe.

We will accept their equations, counting months, days, and hours to agree, but the transit of the moon *is,* without further explanation.

Lady Moon illuminates everything. If dense clouds challenge her brilliance, she slides into other paths, emerging victorious in another place. Stars are not competitors; they form part of her infinity without diminishing the majesty of her powerful presence.

From her high position, Lady Moon oversees events down on the Earth.

People hypnotized by her radiance transform her energy into love for each other or for a quiet search into their inner soul, momentarily lost in the busyness of everyday living.

We Earthen appreciate the diffusion of moonlight over the land and into the deep sea.

Her guiding light creates glistening seaweeds in sensual accord, generating other forms of life and beauty.

Are we sisters, the moon and I? Are we one?

Aware and enlightened by her sight, I understand what Lady Moon accomplishes from above. Her clouds are my clouds, eventually opening to clearer skies.

Earthen *I Am* daily, at home, at work. Loved ones, friends, colleagues are stars showing me the roads I have missed. My children extend the life I gave them, in a promising sea of future migrations.

Lady Moon passes through the sky the way I do on Earth. Is her eternity my eternity?

Nos encaramos, transcendemos sin esfuerzo, residimos en uno y mil lugares, corregimos faltas para restaurar nuestras debilidades. Brevemente desaparecemos para levantarnos otra vez.

¡Cuán largo es nuestro camino, cuán falto de importancia es nuestra existencia presente!

La Luna y La Tierra. *SOMOS UNA*. Existimos ahora y existiremos una y otra vez.

La Luna y yo.

We stand face to face, transcend without effort, reside in one and a thousand places, correct mistakes to restore our vulnerability. Briefly, we disappear to rise again.

How long our road, how unimportant our present existence!

Moon and Earth. *We are one.* We exist now and will exist over and over again.

The Moon and I.

Los Detalles Importan

EL CARTERO REPARTIÓ TRES CARTAS de sobres rojos en un mismo día. Las colocó al fondo del buzón de los dirigentes porque aunque el sol brillaba, nubes oscuras planeaban tomar posesión del cielo dentro de unas pocas horas.

Los sobres mostraban la fina escritura de rúbrica alta y letras redondeadas de un estilo antiguo que denotaba la clase de alguien que ellos conocían bien. Era una invitación.

María Ruppert tiene el agrado de invitarlos a una fiesta,
el 1ro de septiembre de 2003, en su casa,
147 Spring Garden, Escanaba, Michigan, a las 18: 00 hrs.
PS. Se ruega traer un objeto que Uds. estimen,
pero que estén dispuestos a cambiar por otro de mayor valor.

Las cartas estaban dirigidas a tres parejas: los Steigers, los Folgers y los Kappels.

Cada uno de ellos eran amigos íntimos de María Ruppert, la bienamada amiga, la que siempre asistía a eventos de sus vidas feliz, con afecto y comprensión.

—¿Es un chiste pesado? ¿Está alguien tratando de tomarnos el pelo? ¡Esto es absurdo! ¿A quién debemos responder? ¿Debemos creer esto? El primero de septiembre, ¡es *hoy*!

No importó quién preguntara qué pregunta o quién dijera esto o lo otro. Todos compartieron las mismas dudas y todos decidieron aceptar la invitación.

Los Steigers llegaron primero. Aksel, un ranchero de Bavaria en Alemania, había escapado de la Segunda Guerra Mundial por barco, hacia Canadá. Durante la larga travesía, Gertrude, una mujer pequeñita, tímida y callada había robado el corazón de Aksel. Tres días de romance, matrimonio, una vida juntos.

No hubo hijos en su unión. Un perro, Lux, suplantó el afecto de aquellos herederos que nunca llegaron.

Little Things Mean a Lot

THE MAILMAN DELIVERED THREE LETTERS in red envelopes on the same day. He shoved them deep in the mailboxes of the addressees because, though the sun was shining, dark clouds planned a takeover within a few hours.

The envelopes showed the quaint handwriting, the long strokes and curlicues, of an old-fashioned style, the mark of class of someone they knew quite well. It was an invitation.

> *Maria Ruppert has the pleasure of inviting you to a party,*
> *September 1, 2003, at her home:*
> *147 Spring Garden, Escanaba, Michigan, at six o'clock.*
> *PS: Please bring with you an object that you love*
> *but are willing to trade for another of greater value.*

The letters reached three couples; the Steigers, the Folgers and the Kappels, all very close friends of Maria Ruppert, beloved friend who always responded to family events in their lives with joy, love, and understanding.

"Is this a bad joke? Is someone trying to pull our legs? Are we to believe this? It's absurd! September 1 is *today!*

It didn't matter who asked which question or who said this or that. They all shared the same quandary but all decided to accept the invitation.

The Steigers arrived first. Aksel, a farmer from Bavaria, had escaped World War II by boat to Canada. During the lengthy trip, Gertude, a petite woman, shy and quiet, had stolen Aksel's heart—three days of romance, marriage, a life together.

No children had resulted from their union. A dog, Lux, claimed their affection, replacing unborn heirs.

Los Steigers golpearon la puerta de la casa de María. Una segunda vez y una tercera. Aksel dio vuelta la perilla. La casa estaba sin llave. Cautelosamente, entraron. —¿Hay alguien ahí? —voceó, sin romper el silencio.

Los Steigers entraron al comedor, un lugar antes lleno de amigos, buena comida y música. María vendría con los brazos abiertos a abrazarlos, envuelta en su cálida sonrisa.

Pero no hoy. María había muerto hacía tres meses.

La mesa del comedor estaba puesta; los platos, la cuchillería, las servilletas de estilo.

Seis puestos iluminados por el candelabro que María compró en Viena, indicaban el lugar donde sentarse. Un manuscrito yacía en un plato de fruta al centro rodeado de flores frescas.

Los Steigers extrañados por tal arreglo, tomaron el lugar indicado por tarjetitas escritas con su nombre.

Alguien más venía. Eran los Folgers.

Caminando lento, sigilosos y tomados de las mano, se notaban perplejos. Su apariencia física mostraba interdependencia en gusto y modos, ambos bajos de 5'2", muy rubios con el pelo rizado y vestidos impecables. Podían ser gemelos, pero en realidad eran Tom y Tammy Folger, marido y mujer.

En rápida mirada a los Steigers, los Folges los saludaron con un movimiento de cabeza sin decir palabra, una cortina de despecho evidente entre ellos.

Arribaron los Kappels. Distraídos momentáneamente por los recién llegados, los nuevos invitados se saludaron como lo requería la buena educación.

—¿Hay alguien en casa? —preguntó Angelika Kappel. —¿Dónde está la fiesta? —agregó de buen humor, sonriéndoles. Los Steigers alzaron los hombros, los Folgers también.

Angelika, un vivaracha americana de cincuenta años miró a su alrededor.

Una molestia que los Steigers y los Folgers tenían en común fuera de su nacionalidad y el haber compartido la dura vida del inmigrante,

The Steigers knocked at Maria's door. A second time and a third. Aksel turned the knob. The house was unlocked. Cautiously, they came in.

"Anybody here? he asked, just to break the silence. The Steigers moved into the dining room, a place once full of friends, good food, and music. Maria would come to hug them with her warm smile and open arms.

But not today. Maria had been dead for three months.

The dining table was set: plates, silverware, matching napkins. Illuminated by modern candelabra that Maria had purchased in Vienna, spotlights were aimed at six seats around the table. In the center, a document lay on a fruit platter surrounded by fresh flowers.

The Steigers, puzzled by the arrangement, quietly sat down in the places assigned to them by place cards.

Someone else was now arriving—the Folgers.

Walking slowly and holding hands in awe, they looked puzzled. Their physical appearance showed an equality of taste and manner: both a short five feet two inches, with very blonde curly hair, and impeccable clothing. They could have been twins, but were in fact husband and wife, Tom and Tammy Folger.

Glancing briefly at the Steigers, the Folgers greeted them with only a silent nod, barely hiding their disdain.

The Kappels arrived last. Momentarily distracted by the newcomers, the earlier guests exchanged polite greetings.

Anybody home?" Angelika Kappel asked. Where's the party?" she added, in high spirits, smiling at everyone. The Steigers merely shrugged their shoulders; the Folgers did too.

Angelika, a vivacious American woman of fifty, looked around. One thing the Steigers and the Folgers had in common, besides nationality and sharing the hard life of immigrants, was their unease

era la abierta franqueza de Angelika —una extranjera, tan americana, constantemente preguntándoles acerca de ellos en asuntos que ellos preferían no discutir. Y nuevamente, ninguna de las parejas le dio la cortesía de una respuesta.

Sin embargo, los Kappel, mundanos, bien establecidos y corredores de propiedades, trataron de aliviar el humor del desacomodado grupo con charlas frívolas.

—El tiempo ha estado tan impredecible....

A pesar de sus esfuerzos, no lograron penetrar la porfiada muralla de cautela que habían levantado los invitados.

Siguió el silencio. Unas gruesas gotas de lluvia en las ventanas interrumpieron la forzada quietud, seguida de una fuerte cascada de agua. Ninguno de ellos jamás había puesto atención al sonido de la lluvia, pero ahora lo notaron, haciéndolos reflexionar.

Pasaron veinte minutos. Y cuarenta más.

Angelika se paró. Fue al segundo piso al dormitorio de María, inspeccionó el baño y la cocina, abrió y cerró puertas y ventanas.

—No hay ni una alma aquí —reportó. —Somos los únicos. Todos quisimos a María. ¿Tiene algún sentido esta extraña invitación? Miró fijamente a todos obligándolos a mirarla.

—Esta reunión debe tener un significado ¿no creen? —presionó.

—Sí, pero quién envió la invitación? —habló el señor Folger.

—María. Es su letra.

—Sí, pero no podía haber preparado la casa para nosotros hoy —acertó Tammy Folger con simpleza.

—¿Quién hereda la casa, saben ustedes? —interrogó Franz Kappel.

—Por supuesto que te interesaría *saberlo* —interjectó Steiger. Es sólo para eso que vives. Meterte en las propiedades de otros.

La pasión y rencor con que Aksel Steiger se expresó, dejó a Kappel mudo de sorpresa.

—¿De qué hablas? —tartamudeó.

—¡Tú y tus manipulaciones de negocios! Y el daño que has provo-

at Angelika Kappel's intimidating informality. She was a foreigner, so very American, constantly asking them questions about subjects they preferred not to discuss. Once again, neither couple gave her the courtesy of a reply.

The Kappels, however, worldly, and successful in real estate, were established settlers and tried to lighten the unusual gathering with idle talk: "The weather has been so unpredictable...."

Despite their efforts, they could not penetrate the blinding wall of apprehension in the others. Uncomfortable silence followed. Drops of rain on the windows interrupted the strained quiet of the dining room, followed by a downpour. None of them had ever paid attention to the sound of falling rain, but now they all did, involuntarily lulled into reflection.

Twenty minutes passed and then forty more.

Angelika stood. She went upstairs to Maria's bedroom, then checked the bathroom and the kitchen, opening and closing doors and windows. "There's not a soul here," she reported. "*We* are the only souls. We all loved Maria. Can we make sense of this strange invitation?" She stared at each person until they looked back at her.

"This meeting must have a meaning, don't you think" she pressed.

"Yes, but who sent the invitation?" Mr. Folger spoke.

"Maria. It's her writing."

"Yes, but she couldn't have made the house ready for us today," Tammy Folger said with inane simplicity."

"Who inherits the house, do you know?" asked Franz Kappel.

"Of course *you* would like to know *that*" Mr. Folger readily replied. "That is all you live for, to know about other people's property."

Aksel Steiger's passionate rancor took Kappel by surprise.

"What are you talking about?" he stammered.

"You and your business deals! The harm you created. No regard for

cado. Sin conciencia por nuestra propiedad tampoco. Tu equipo de demolición no puso reparos.

—¿Se trata del proyecto de golf en Green Acres, Aksel?

—Claro, y tú bien lo sabes.

Si recuerdo bien, cada dueño dio permiso por escrito y se les pagó bastante bien para construir en tierras que nadie ocupaba. ¿Dónde cabes tú en todo esto? —urgió Kappel.

—Nunca accedí, pero los vecinos de las tierras colindantes firmaron y no tuve más remedio que abdicar. Igual que le pasó a mi padre. Vinieron los rusos, nos robaron, arruinaron nuestros campos, lo perdimos todo. Yo no quería vender ...

—Una mala situación —intervino Angelika— pero debías habérnolos dicho y hubiéramos considerado tus sentimientos. ¡Lástima! De verdad que los sentimos, Aksel. Fue un accidente y un error.

—¡Que lo *sientes*! —se mofó Gertrude Steiger. —¿Qué saben ustedes de *sentimientos*? Cuando nos visitábamos, ustedes no dejaban entrar a nuestro perro Lux a su casa y debía quedarse afuera. El pobre pescó pulmonía y se murió. No podré perdonarlos por eso.

Sollozó amargamente, mientras que su gemelo esposo, compasivo, le acariciaba las manos.

—¿Nos estás culpando por la muerte de Lux? —exclamó Angelika —¡era un perro viejísimo! Pudo haberse muerto de viejo.

—Bueno, pero eso no fue todo. Ninguno de ustedes ni siquiera mencionó su muerte ni cuando estuvimos juntos, y más tarde, dejaron de invitarnos a su casa. Estaban demasiado ocupados en impresionar a nuevos amigos.

—¡Oh ... uh.! —se escuchó a más de uno.

—Y yo no recuerdo que ustedes nos hayan invitado a su casa —indicó Aksel. —Ustedes, Tom y Tammy se convirtieron en huéspedes eternos, sin molestarse nunca en retribuir nunca nuestras invitaciones. ¡Seamos francos!

—¡Uh, oh! —se espantaron los Folgers. ¡Cuánto lo sentimos!

—Ya que hablamos de verdades —indicó Angelika —en realidad,

our property, either. Your demolition crew would not be stopped."

"Is this about the Golf Green Acres Project, Aksel?"

"You bet, and you know it."

"If I remember correctly, every owner gave written permission and was well paid for land nobody occupied. Where were you in all this? Kappel interjected.

"I never agreed to anything, but the neighbors on the adjacent properties did, and we had no choice. Just like my father. The Russians came, they stole everything, ruined our land. I did not want to sell—"

"A truly bad situation" Angelika Kappel interjected. "But you should have told us about it and we would have tried to consider your feelings. So regrettable. We are truly sorry, Aksel. It was an accident, a mistake."

"*Feel* about it?" Gertrude Steiger chuckled nervously. "What do any of you truly know about *feelings*? When we came to visit, you would not allow our dog, Lux, into the house. He stayed outside. Poor Lux caught pneumonia and died. I can never forgive you for that."

She sobbed while her twin husband held her hands compassionately.

"Are you blaming *us* for the death of Lux?" Angelika asked. "He was a very old dog. He might have died of old age!"

"Well, yes. But that was not all. Neither of you ever mentioned you were sorry for the loss of our dog, never even mentioned it when we came over for dinner. After a while, you didn't invite us to your house anymore. You were too busy charming new friends.

"Uh-oh," more than one of the guests sighed.

"And I don't remember ever being invited to *your* house," said Aksel. You, Tom, and Tammy were the eternal guests, without once bothering to invite us to your place. Let's be truthful about things!"

"Oh, uh..." the Folgers gasped in turn. "So sorry!"

"Speaking of the truth," indicated Angelika, "we have been busy

hemos estado ocupadísimos en relacionarnos con gente afín a nuestro negocio. No parece haber tiempo suficiente para sentarnos y compartir con nuestros viejos amigos. Ruego nos perdonen por no dar las condolencias ante la muerte de Lux. Gertrude, ¿las aceptas ahora, por favor? Gertrude asintió.

—Es fútil que todos nos hayamos separado de una amistad sincera debido a meros detalles —objetó Franz Kappel.

—Pero los detalles importan —agregó Gertrude.

—No suficiente como para estar amargado de por vida —concluyó Kappel.

Un nuevo silencio cayó en el grupo ahora, cada uno admitiendo responsabilidad por no manifestar al otro, las quejas del pasado.

Extraño. La lluvia había arreciado y el sol se atrevió a asomarse en el recinto.

—Abramos los objetos que debíamos traer —sugirió Angelika.

Las tres parejas intercambiaron paquetes: un pase permanente al Club de Golf de Green Acres y un collar para un nuevo perrito vino de los Steigers; un hermoso juego de platos de cena para ocho personas recibieron los Folgers, para cuando tuvieran invitados, y un libro de recetas de cocina alemana y una libreta con teléfonos de todos, para los Kappels.

—¿Y qué hay del manuscrito? —recordó Tammy. —¡Abrámoslo!

Angelika desató el papel enrollado del centro de la mesa y leyó:

Como Uds. pueden ver, siempre han estado en el corazón del otro y lo estarán siempre.
Yo también estaré con Uds.
Los quiero mucho.
María.

meeting people interested in developing our business, and it seems there's never enough time to sit and chat with our old friend. I apologize, and for not giving our condolences at Lux's death, too. "Gertrude, I am sorry. Would you accept my regrets now, please?" Gertrude granted the apology, lowering her head.

"It is frivolous for all of us to have parted from a sincere friendship due to little things and misunderstandings," Franz Kappel claimed.

"But little things mean a lot," added Gertrude.

"Not enough to stay bitter for life," Franz objected.

A new kind of silence fell on the group now, part of a common ground, each admitting responsibility in past grievances.

Oddly, the rain had stopped; rays of sun dared come into the dining room.

"Let's open the objects we were supposed to bring," suggested Angelika.

The three couples exchanged packages: a permanent pass to the clubhouse at the Golf Green Acres, and a dog collar for a new puppy for the Steigers. For the Folgers, a fancy set of dishes to use when they were having company. A German cookbook and a new telephone directory containing the other couples' names and phone numbers for the Kappels.

"What about the document on the table?" Tammy reminded. "Let's open it."

Angelika untied the binding paper from the center of the table and read:

"As you can see, you were in each other's hearts today,
as you will always be.
I will also be with you forever.
I love you.
Maria

El timbre de la puerta sonó haciéndolos brincar. Nadie se movió. ¿Sería el fantasma de María? Angelika abrió la puerta.

—¡Cena del restaurante Andrónico para ustedes! —fue la animada voz de un mensajero. ¡Cortesía de María Ruppert!

The doorbell rang. Everyone jumped. Nobody moved. Was Maria's ghost at the door? Angelika opened the front door.

"Dinner from Andronico's!" said the cheerful voice of a young delivery man. Compliments of Maria Ruppert!"

Riesgo

Génova, Suiza, verano de 2002

—Me gustaría verla otra vez. Peter se sorprendió a si mismo de su espontáneo pedido, más de lo que le sorprendió a ella. —¿Podríamos encontrarnos en el stübli, bar café William Tell, el jueves por la tarde?

—Demasiado peligroso —respondió Chantal. El le tomó la mano, pasándosela por la mejilla y cerró los ojos como para guardar el toque en su memoria. Sonriendo con tristeza, se alejó.

Apenas él había caminado dos pasos, Chantal sintió su corazón quebrarse, abandonada, un dolor punzante castigándola. *Detente, detente mi amor, no te vayas. Necesito decirte...*

Una brisa alpina que venía de las montañas del sur, típica del verano, caliente y maléfica, aquella que descalabraba a los establos suizos, le azotó la cara separándola de la cálida presencia de Peter. El viento Fon, la estremeció.

Era una fiesta de Navidad en el hogar de los vecinos.

Se habían encontrado antes, muchas veces antes; al embarcarse en un bote que cruzaba el Lago Suizo en compañía de sus familias en una excursión el domingo por la tarde, descansando ante la vista de villorrios pintorescos, cruzando caminos cuando arrendaban bicicletas en el puesto de la estación del ferrocarril, celebrando los Viernes Santo y de Pascua de Resurrección. Sus hijos iban a la misma escuela y esquiaban juntos en las colinas nevadas de invierno.

En cada ocasión, una atracción irresistible los enlazaba y bien lo escondían en conversaciones banales. Habiéndose conocido a través de vecinos, eran corteses pero habían evitado ampliar su amistad. Un acuerdo tácito.

Peter y Chantal siempre se apercibían de la presencia y del comportamiento del otro.

Risk

Geneva, Switzerland, summer 2002

"I'D LIKE TO SEE YOU." Peter's spontaneous request surprised him more than it surprised her. "Could we meet at William Tell's *stübli*, bar-cafe, on Thursday afternoon?"

"Too risky," Chantal replied. He held her hand, rubbing it on his cheek, closing his eyes as if to keep the touch in his memory. Smiling sadly, he left.

Peter walked two steps away from her and Chantal felt her heart pounding, abandoned, a needling pain punishing her. *Stop, stop my love. Please don't go away. I need to tell you…*

A spellbinding Alpine breeze began to blow from the south, hot and overpowering, typical of a Swiss summer, upsetting the peaceful Swiss, separating Chantal from the warm presence of Peter. The *Föhn* shook her up.

A Christmas Party at the home of next-door neighbors.

They had met before, many times before. Embarking on a Sunday afternoon boat excursion across the Swiss lake with their families, relaxing at the view of picturesque villages, crossing paths when they rented bikes at the train station, celebrating Good Friday and Easter. Their children went to the same school and skied together on the winter slopes.

At every occasion, an irresistible attraction, poorly hidden by idle conversation, drew them together. Previously introduced by their neighbors, they were civil to each other's spouses, but deliberately avoided encouraging further friendship with them. A quiet understanding.

Peter and Chantal were always keenly aware of each other's presence.

Habían descubierto cositas, pequeñas cositas sin importancia de cada cual. En el restaurante, cenando con amigos, ella notó la preferencia de Peter por la Geschetzeltes Kalbfleish, ternera con crema, mientras Chantal prefería el Canard a L'Orange porque era francesa. A ambos les encantaba el Café Helado y pernote de bajativo.

—Espero verlo otra vez—se había aventurado ella a decirle la última vez que lo vio. *¿Qué hacía? ¿Estaba abriendo la puerta prohibida? ¡Cómo se atrevía!*

Hoy era el turno de Peter de atreverse. Y quería verla a solas. *¿De verdad?*

Desde el asiento en el jardín donde estaba sentada ahora sola y confundida, pudo ver el interior de la casa.

Chantal localizó a su esposo envuelto en alegre conversación con sus asociados de negocios. Peter había encontrado un rincón y bebía lentamente de su vaso, 'agua de vida'. A ella no le daban tregua sus pensamientos.

¡Cuánto lo amo! ¿Qué daría por besarlo y hacerlo todo mío? ¿Soy una desgraciada, una mujer desleal que no puede controlar un deseo tan fuerte como éste?

Una nueva brisa caliente la arrebató. Miró a lo lejos a aquel hombre que desesperadamente quería. Caminó a unirse a la gente.

—¡Aquí está mi chica!—el esposo de Chantal la abrazó en bienvenida—el brazo protector, el padre de sus dos hermosos hijos, un alma confiada, su compañero de vida. Pero ella retrocedió.

—Es tiempo de irnos, David—le dijo.

Porque esta noche se lo diría. ¿Cómo era capaz de engañarlo, aunque no hubiera una unión sexual? Pero la traición estaba en su mente. El engaño, con ella cada día. Este arrobo tan poderoso que no desaparecía. Estaba loca. Se sentía deshonesta. ¿No era un adulterio mental tan malo como uno real?

Peter no se había movido de su rincón. La observaba. Pudiera que ella cambiara de parecer.

Dependía de ella. El esperaba. Siguió paladeando su bebida. Sus ojos conectaron, cargados con esa bujía que les pertenecía sólo a ellos.

They had discovered little things, unimportant things, about one another: at the restaurant with friends, the preferred taste for *geschnetzeltes kalbfleish,* creamed veal from Peter's Swiss taste, while Chantal would go for *canard a l'orange,* roast duck, because she was French. They both loved iced *kaffee* for dessert and Pernot for an after-dinner drink.

"Hope to see you again," she ventured to say the last time she had run into him. *What was she doing? Was she opening the forbidden door? How dared she!*

Today it was Peter's turn to dare. And he wanted to see her alone. *Did he really?*

The bench in the garden where she sat alone and confused gave her a view of the scene inside the house. Chantal saw her husband in lively conversation with his associates. Peter had found a corner in the room, drinking from a glass, *eau de vie.*

Her passionate thoughts wouldn't leave her. *How much I want him. What I would give to kiss him and make him mine! Am I being this unfortunate, disloyal woman who can't control such a desire?*

A warmer draft reached her. She looked from afar at the man she so desperately wanted. She walked in to join the crowd.

"There's my girl!" Chantal's husband cheerfully embraced her — the warm protective arm, the father of their two beautiful sons, a trusting soul, her companion for life. She stepped back.

"Time to go, David," she said.

Tonight she would tell him. How could she cheat on him, though there was no sexual liaison involved? But treason was on her mind. Deceit was with her every day. This feeling, so powerful, wouldn't go away. She was crazy. She felt dishonest. Was adultery less serious if only in her mind, or just as bad?

Peter hadn't moved from his corner. He was watching her, maybe hoping she'd had a change of heart.

It was *her* call. He was waiting. He continued sipping his drink. Their eyes connected, loaded with that familiar spark that was theirs.

Se sonrieron en un convenio secreto. Quizá... quizás.

Una mujer rubia y pequeña les interrumpió. Se empinó hasta alcanzar la cara de Peter.

Con todo amor, le arregló unos flecos de pelo que caían de la cabeza de él y le besó en la nariz.

Su esposa. La esposa de Peter. Ella podía arreglarle el pelo, podía tocarlo. El era de ella.

Angustiada, Chantal enlazó sus ojos con los de Peter una vez más.

—*¡Lo siento! ¡No soy ladrona!*

Peter bajó a la mesa su vaso vacío.

They smiled in secret alliance. Maybe ... maybe.

A petite blonde woman interrupted. Standing on tiptoes, she reached up to Peter's face. Lovingly, she put in place the strands of hair coming down from her husband's head and kissed him on the nose.

His wife. Peter's wife. She could fix his hair, she could touch him. He was hers.

Dismayed, Chantal found Peter's eyes once again. *"I'm sorry! I'm not a thief!"*

Peter put down his empty glass.

Despojado

—¡YA SON LAS DIEZ DE LA MAÑANA y no viene a preparar el desayuno!

El disgusto empieza a crecer en el pecho de Merrill. Clara está más lenta que nunca.

Últimamente, se muestra francamente indiferente ante sus necesidades, y él piensa que es a *todas* sus necesidades.

Merril escucha pasos irregulares bajando las escaleras desde el segundo piso en la casita que compraron hace cincuenta años. Entonces sólo tenían 20 años.

—Buenas tardes —la saluda.

—Buenos días. ¡Oh, no has desayunado aún?

—Esperándote —le replica con sorna. —Las buenas maneras me impiden comer solo.

Te estaba esperando. Comamos.

Clara se detiene a observarlo por un momento y se da vuelta a sacar utensilios para comer de un cajón en la cocina. Dos carpetas individuales; uno de color borgoña que el tío Gerard les dio para la Navidad hace diez años, y uno azul que acaba de comprar la semana pasada.

Le da la carpeta borgoña a Merrill y toma la azul para ella. En seguida, pone algo de cuchillería y platillos.

—No has puesto las carpetas iguales de mesa, Clara —comenta Merrill —¿no ves?

Clara no contesta. Tampoco las cambia.

Mientras se estira hacia el otro lado de la mesa, una puntada de dolor le atraviesa la espalda, pero no se queja. También ignora sus piernas tiesas, en especial por las mañanas.

—Podías haber preparado la mesa, por lo menos —hace notar ella.

—Es para eso que te tengo a ti, mi bella.

—¿Qué quieres decir?

Rebuffed

"TEN O'CLOCK IN THE MORNING and she doesn't come to fix breakfast!"

Growing anger begins to build in Merrill's chest. Clara is slower than ever. Lately, she shows a studied indifference to his needs, and he means *all* of his needs.

Merrill hears her clunky steps coming down the narrow stairs from the second floor. This is the little house they bought fifty years ago. They were in the their twenties then.

"Good afternoon," he greets her.

"Good morning. Oh! Haven't you eaten breakfast yet, dear?"

"Waiting for you," he replies with contempt. "Good manners keep me from eating by myself. Just waiting for you. Let's eat."

Clara stops to look at him for a moment, and then turns to fetch utensils from the kitchen drawer. Two place mats; an old burgundy one Uncle Gerard gave them for Christmas, and a new blue one that she bought last week. She gives Merrill the burgundy place mat and takes the blue for herself. Next she lays breakfast silverware and dishes.

"We don't have matching mats, Clara," Merrill comments. "Can't you see?"

Clara does not respond. She doesn't change them, either. When she reaches to the other side of the table, a sting shoots through her lower back, but she doesn't complain. She also ignores the stiffness in her legs.

"You could at least have set the table, Merrill" Clara remarks softly.

"That's why I've got you, my belle."

"What do you mean?"

—Habiendo trabajado por toda una vida en dolor y miseria, a través de problemas, bueno, ya sabes lo que quiero decir. Merezco descansar ahora que estoy jubilado.

—Tú estás jubilado. Yo estoy jubilada también. Creo que he dejado muchas cosas atrás —dice pensativa.

—Bueno, eso está en el pasado. Comamos —insiste él.

—Pero no es así. Es el presente. Ayer cuando fui al mercado, vi a una madrecita con su bebé en coche. Se parecía tanto a nuestra bebita —se recuerda ella.

—¿A la hijita que perdimos? Bueno, pero recuerda que tú no quisiste tener otro niño, aunque yo lo quería.

—Merrill, tuve planes de tener más familia, pero no pude.

—Quizá fue porque te interesaba más tu preciada carrera —atacó él.

—Oh, no. Siempre quise ser mamá y enfermera. Pero Merrill, desde entonces me has dado cientos de razones para que yo no vuelva a trabajar. Me imagino que fue mi sentido de culpa y tu rabia las que ganaron, ¿cierto?. Has querido castigarme.

—Bueno, ya pasó hace mucho. Comamos. No hay para qué hablar más de esto.

—Pero yo necesito hablar. Tengo unas novedades que contarte —dice con timidez pero firmeza. —A partir de hoy, mis servicios para contigo serán limitados.

—¿Qué estás diciendo? —gruñe él.

—Eso.

El esposo y esposa se sientan a la mesa. Ella ha preparado café y se sirve ella sola.

—¿Dónde está el desayuno? No hay pan, ni mantequilla, ni mermelada, ni queso.

—Pues ni hay nada —le informa con indiferencia.

—Clara, ¿estás bien?

—Nunca me he sentido mejor. Mañana puedes caminar a la tienda. Tus piernas son mejores que las mías y el almacén está bastante cerca, como bien lo sabes.

"Having worked for a lifetime through pain and misery … well, you know what I mean. I deserve a rest now that I'm retired."

"*You* are retired. I'm retired too. I think I left many things behind," she says, pensively.

"Well, the past is gone. Let's eat," he insists.

"But it isn't. It's very much present. Yesterday I went to the marketplace and I saw a young mother with a baby carriage. She looked so much like our baby," Clara recalls.

"The daughter we lost? Well, remember, you didn't want to have another baby, but I certainly did."

"Merrill, I planned for another child but it didn't happen"

"Could it be you were more concerned about your budding career?"

"Oh, no. I wanted to be a mom and a nurse. But Merrill, since then you've given me a thousand reasons for not letting me go back to work. I guess my guilt for failing and your anger won, right? You've punished me.

"Well, that happened so long ago. Let's eat. No need to keep talking about this."

"But I need to talk about it. I have some news for you," she says shyly but firmly. "Starting today, my services to you are limited."

"What are you talking about? he grunts.

"Just that."

Husband and wife sit at the table. She has brewed coffee, serves herself.

"Where's breakfast? There's no bread, no butter, no jam, no cheese."

"There isn't any," she informs him unconcernedly.

"Clara, are you all right?"

"I've never felt better. Tomorrow, you can walk to the store yourself. You have a good pair of legs, better than mine, and the store, as you know, is quite near.

Merrill está hipnotizado. Sus ojos parpadean ante preguntas mentales que ahora no se atreve a pronunciar.

—Mañana—continua ella-empezaré un entrenamiento para enfermeras en el Montana Junior College.

—¡Ah, por Dios! ¿Estás loca? ¿Una vieja de vuelta a la escuela con los chiquillos?

Clara no responde inmediatamente. Luce tan frágil, de pelo blanco, pero se ve muy hermosa iluminada por el entusiasmo de haber hecho una decisión irrevocable.

Merrill ya comienza a enfadarse. Por primera vez, Clara no está atemorizada de los despliegues de ira de su esposo al revelar sus ideas. Sí, ha sido la historia de toda su vida, hacer planes para dispersarlos en la nada.

El esposo mira fijamente a su mujer de cincuenta años.

—¿Vas a dejarme aquí, solo, después de cincuenta y dos años de matrimonio?

—Si, mala pata, pura mala pata —comenta Clara. Es una lástima que a veces uno se demora cincuenta y dos años en crecer.

Merrill is flabbergasted. His eyes blink to puzzling questions that he dares not task.

"Tomorrow, I'll begin nurse-training study for seniors at the Montana Junior College," she tells him.

"Oh, for goodness' sake! Are you crazy—an old woman like you going back to school with the kiddies?"

Clara does not respond right away. She looks frail, white-haired, though quite beautiful, and uplifted by the excitement of an irrevocable decision.

Merrill seems to be getting angry. For the first time in her life, Clara isn't scared by her husband's display of anger of, his rejecting her ideas. Yeah, the story of her whole life: making plans to better herself that dissolved into nothing.

The husband stares blankly at his wife of fifty years. "Are you leaving me here alone, after fifty years of marriage?"

"Tough," she sighs. "Just tough. Too bad it sometimes takes fifty years to grow up."

Honor Robado

Sonoma, California, 1998

Josefina dejó la fiesta. Suficiente por una noche. Cerveza, más cerveza, un pitillo de marihuana seguido de otro para calmarle los nervios. Su vida no marchaba bien.

Se sentía resentida de todos, en especial de sus padres. ¡Mentirosos! Vinieron a los Estados Unidos como trabajadores emigrantes por sólo una temporada, pero se quedaron en Monterey, permanentemente, en vez de regresar a México, la tierra que ella amaba.

Sus padres no la comprendían, tan tradicionales; su padre le imponía a su hermano Diego de chaperón cada vez que ella quería salir.

Diego la seguía fielmente, sin atreverse a contradecirla. Ella le golpearía si él lo hiciera. Pero la paliza sería peor, si él mencionara a su padre que su hermana poca atención le prestaba a sus reglas.

La chica era mexicana sin sentir el orgullo de serlo. La escuela era una lata. Al principio no comprendía el inglés, pero cuando lo aprendió, sus maestras aún pensaban que era una mexicana lerda. Le fastidiaban los gringos... y los mexicanos. ¡Qué chingada!

Josefina se subió al auto, lanzó sus zapatos—manejaba mejor descalza. Se los dejaría puestos cuando solicitara su licencia de conducir, uno de estos días. Sus ojos le pesaban bajo las capas de rimel y de tanto beber. Se echó para atrás su nuevo pelo teñido rubio para ver mejor, pero la madeja de cabellos le cubrió el rostro enseguida.

Diego saltó a su lado antes que ella se marchara sin él.

Tomaron la Ruta del Highway 12.

Stolen Honor

Sonoma, California, 1998

Josefina left the party. Enough for one night. Beer, more beer, one joint followed by another to settle her nerves. Her life was not working. She resented everybody, especially her parents. Liars! They had come to the United States as migrant workers for one season only, but stayed in Monterey permanently instead of returning to Mexico, the land she loved.

Her parents did not understand her, so old-fashioned, her father would send her brother Diego as a chaperone whenever she went out. Diego dutifully followed his sister, not daring to contradict her. She hit him hard if he did. The beating would be worse if he told his father that Josefina paid little attention to his rules.

The girl was a Mexican without the pride of being one. School was a drag. At first she didn't understand English, but when she learned it, her teachers still thought she was a dumb Mexican She disliked gringos ... and Mexicans. Damn!

Josefina got into her car and kicked off her shoes—she drove better barefooted. She would keep them on when she applied for a driver's license, one of these days. Her eyelids felt heavy under the dark shades of mascara and too much to drink. She pulled back her mane of newly dyed blonde hair, but it soon covered her face again.

Diego jumped in beside her before she could leave without him.

They took Highway 12.

Una semana más tarde

Unos golpes duros a la puerta de su casita hicieron que Pamela respondiera apresuradamente la impaciente llamada. Pero antes de tener la oportunidad de ver quién era, la puerta se desplomó de sus goznes. Cuatro policías y tres sheriff se metieron a la casa, apuntándola con sus pistolas.

—¡Dóblese de rodillas, no se mueva!-le ordenó uno.

Ante la brutal intromisión Pamela estaba demasiado sorprendida para desobedecer. No sabía lo que pasaba. Rhyan, su hijito de dos años, se agarró de las rodillas de su mamá, espantado ante la fuerza de la policía.

—La arrestamos por atropellar a dos niñas y huir del accidente en el Highway 12, —acusó uno.

—¿De qué esta hablando? —tartamudeó ella.

Mark, el esposo de Pamela corrió adentro del salón al oír una conmoción poco usual dentro de la casa. —Oiga, ¿qué hace? ¡Suelte a mi esposa! —gritó. Los oficiales lo doblegaron.

—Vamos ahora a la estación de policía —les notificó un policía. Y le leyó sus derechos.

Pamela recordó haber recibido la visita de un policía de caminos la semana anterior. Amistoso y agradable, le preguntó. —¿Manejó usted por la Ruta del Highway 12, el viernes por la noche?

—Sí, conduje por allí —respondió ella sin darle mayores detalles.

—¿Podría ver su coche? Estoy investigando a todos los dueños que tienen una cierta marca de carros como el suyo en esta área.

—Lo que sea —le permitió ella.

Pamela y Mark exigieron más información sobre el arresto. Su pedido cayó en oídos sordos de robots teledirigidos en servir justicia a todo costo.

Esposados y en estado de estupor, los empujaron dentro del carro policial.

Los vecinos curiosos observaron con disgusto el mal tratamiento que la policía les daba a los detenidos.

One Week Later

Heavy knocks at the door of her small house made Pamela run to greet the impatient caller. Before she had the chance to check out the visitor, the door burst open, its locks breaking. Four policemen and three sheriffs made their way in, guns drawn, pointed at her.

"Get down on your knees, don't move," commanded one.

Pamela was too stunned by the brutal intrusion to obey. She couldn't tell what was happening. Rhyan, her two-year-old son, grabbed his mother's legs, mesmerized by so many policemen.

"You are under arrest for a hit-and-run accident on Highway 12 on May 18," one said.

"What *are* you talking about?" she stammered.

Pamela's husband, Mark, ran into the living room when he heard the unusual commotion in the house. "Hey, what are you doing? Let go of my wife!" he shouted.

The officers restrained him.

"We're taking you to the police station now," said an officer. He read her rights to her.

Pamela recalled having been visited by a patrolman, Ernest Williams, the week before. Friendly and pleasant, he asked her, "Were you on Highway 12 last Friday night?"

"Yes, I was," she responded, giving him no further explanation.

"Would it be all right for me to see your car? I'm investigating owners with a certain make of car in this area.

"Whatever you need," she had allowed.

Mark and Pamela demanded to hear the reason for their detention. It fell on the deaf ears of programmed robots enforcing the letter of the law at all costs. Husband and wife, handcuffed, in a state of shock, stumbled into the police car.

A few curious neighbors observed the detention, grumbling their disapproval of the rough treatment by the police.

Excepto los McGuigans. Aunque no se perdían disgustos con los vecinos acerca de prácticamente todo, en su común convivencia dentro del edificio de apartamentos, esta vez no asomaron cabeza.

El Cuartel de Policía de Sonoma se encontraba lleno de personajes sacados de una novela Maquiavélica: duros, desafiantes, subyugados, miserables. Los espacios cuadrangulares en las oficinas estaban ocupados por cuerpos ejecutivos de empleados y detectives en el laberinto legal, documentando las desgracias del prójimo.

Llevaron a Mark a otro lugar y a Pamela a un cuarto de interrogación. Ella los siguió asustada, contrariada, sola con sus pensamientos. Dos detectives con caras hostiles entraron al recinto.

—¿Por qué estoy aquí? —preguntó.

—Tenemos evidencia que en la noche del 18 de mayo, usted fue identificada como aquella que atropelló y huyó dejando heridas a dos niñitas mexicanas en el Highway 12.

—¿Y cómo están las chicas? —fue su pregunta espontánea.

—En el hospital por el momento —replicó el oficial. —¿Estuvo Ud. en la carretera 12 esa noche?

—Sí, estuve, pero —

—¿Pero se le olvidó que atropelló a dos seres humanos? —la acusó el detective con sarcasmo.

—¡Pero eso no es verdad! ¿Qué evidencia tiene? ¿Cree que si yo hubiera causado un accidente me habría marchado? ¿Quién estuvo a cargo de la investigación del incidente?

—Sabemos que usted estuvo en el Highway 12 esa noche —insistió el investigador.

Pamela era una mujer fuerte pero la acusación la dejó muda.

—Necesito llamar por teléfono. Quiero ver a mi marido —requirió.

—Puede llamar si desea pero su marido está en la cárcel ahora. Nos pidió decirle que su hijo está en casa de la madre de él.

—¿Y por qué lo han puesto a él en la cárcel? —protestó ella.

—Por resistir arresto y tratar de golpear a un oficial de la policía.

Las noticias de la detención de Pamela alcanzaron a su madre, la señora Tunner.

Except the McGuigans. Although they actively quarreled with the other tenants about almost everything in their daily mutual lives at the apartment complex, the McGuigans showed no interest in the arrest.

The police station in Sonoma was full of characters resembling Machiavelli's demoniac stories: sultry, defiant, subdued, miserable. The small cubicles formed an office maze called "Police Enforcement," where clerks and detectives daily recorded the misfortunes others.

Mark was taken somewhere. Pamela was directed to an interrogation room. Two unfriendly detectives came in.

"What am I doing here?" she inquired.

"We have evidence that on the night of May 18, 1997, you hit two Hispanic girls on Highway 12 and left the scene of the accident."

"Are the girls all right?" was her spontaneous response.

"They are at the hospital at the present time," the officer answered.

"Were you on Highway 12 the night of May 18?" the detective pressed.

"Yes, I was, but—"

"But you forgot running over two human beings?" the man accused sarcastically.

"That is not true! What evidence do you have of such a thing? Do you think if I caused an accident, I would run away? Who was investigating the incident?"

"We know you were on Highway 12 that night," insisted the investigator.

Pamela was a strong young woman, but the accusation left her speechless. "I need to make a call. I want to see my husband," she demanded.

"You can make your call, but your husband is in the County Jail right now. He asked us to tell you that your son is staying at his mother's house."

El recuento que le dio su hija fue corto y demoledor. Iría a la cárcel, al menos que se pagara $30,000 de fianza hasta que se iniciara el juicio.

—¿Treinta mil dólares? —se espantó la madre. —No tengo esa clase de dinero. ¿Qué vamos a hacer? —Me han dicho que hay una organización que ayuda a la gente en este caso, mamá. Ellos facilitan la cantidad necesaria, pero hay que poner un 10% en efectivo.

—Necesitamos un abogado... voy a verte en seguida —colgó extremadamente perturbada la señora Tunner.

Después de tramitar la liberación de su hija, la madre extendió entonces su única tarjeta de crédito al fiador. Se estremeció. Su apartamento quedó como rehén de gravamen si no respondía al pago. Su hogar, único nido para los años venideros que ya aproximaban.

Pamela regresó a su hogar y recogió a su hijo. La violencia de los días pasados había dañado la mente infantil del niño. Tenía miedo, no quería dormir solito y se sentaba cerca de su madre sin salir a jugar afuera.

Pamela condujo más tarde hasta la Cárcel Pública para traer a su marido. Mientras lo esperaba, revivió febrilmente los cargos con los que se la acusaba y su agotada mente la golpeó con otros conflictos que habían azotado su vida; un esposo amante pero alcohólico, su lucha por vivir bien y el milagro de haber tenido a su hijito. Pero Pamela amaba a su esposo, hombre rubio, alto y bien parecido, cariñoso, y lo disculpaba con una y mil excusas en acciones insensatas que él volvía a repetir.

Los esposos se abrazaron. —Necesito preguntarte —le dijo Mark dudoso. —¿Causaste tú el accidente? Porque no me importa si fue de una manera u otra. Estoy en todo contigo.

—¡Por supuesto que no! Estaba en casa con Rhyan —estalló ella finalmente.

—¿Y qué *prueba* hay de que eres la culpable?.

—La policía me dijo que unos vecinos habían reportado que me vieron regresar tarde a casa la noche del 18 en mi Buick, el día del accidente.

"Why did you put him in jail?" protested Pamela.

"Resisting arrest and assaulting a police officer."

The news of Pamela's arrest reached her mother, Mrs. Tunner, thorough a telephone call.

Her daughter's report was short and devastating. Pamela would go to jail unless bail of $30,000 was posted.

"Thirty thousand dollars?" the mother gasped. "I don't have that kind of money. What are we going to do?"

"They told me about an organization that could help us, Mom. They'll post the whole amount, but they need ten percent in cash.

"We need a lawyer … I'm coming over right away," Mrs. Tunner uttered in dismay.

To help release her daughter, the mother used her only credit card for bail, putting a lien on her home. She shivered. Her home was the only secure nest for her later years, approaching fast.

Pamela returned to her own home with her boy. The violence of the past few days had made him fearful. He would not sleep alone. He kept sitting quietly near mother without going out to play.

Later that day, she drove to the County Jail to bring home her husband Mark. In the waiting room, she recalled the present charges against her. Past problems confronted her, still tormenting her — life with her loving but alcoholic husband, her struggle to live a decent life, and the miracle of having a little boy.

Pamela loved her husband, this tall, blond, handsome fellow, and protected him with a thousand excuses for the faults he kept repeating.

Husband and wife embraced. "I need to ask you," he said reluctantly. "Did you do it? It doesn't matter to me if you did or not. I'm with you."

"Of course not. I was at home with Rhyan." She finally broke down in tears.

"How about the accusation and proof of you being guilty?"

"All the police told me was they received a call from "concerned citizens" who stated they saw me the night of the eighteenth returning home late in my Buick.

—Los desgraciados se han equivocado, ya verás, no te preocupes —trató de animarla.

—Tengo buenas noticias que darte —anunció Pamela. —Estoy embarazada otra vez. Habían planeado tener niños y deseaban ahora darle un hermanito a Rhyan. Se besaron.

—Todo va a salir bien, vámosnos a casa —trató de animarla.

Pero estaba equivocado.

El periódico local, *Sonoma Index Tribune,* reportó las noticias de haber capturado al conductor del delito de atropellar y huir del accidente en el Highway 12. Pamela Parson, 35, de Vista Court, Sonoma, era la causante del accidente que involucraba a dos niñas hispanas, de 10 y 12 años. La residente de Sonoma se encontraba encarcelada, en espera de juicio.

El reportero de la Tribuna había obtenido una información del policía de caminos, lo que hacía automáticamente cada semana. No se preocupó en enterarse que Pamela estaba libre y que su información era errónea.

Las noticias complacerían a la comunidad mexicana que a menudo se quejaba que sus llamadas eran ignoradas por la ley. El vecindario donde ocurrió el accidente no era precisamente uno favorecido por el cuerpo policial.

La policía se tomaba el tiempo para responder a las llamadas de los mexicanos. No había necesidad de apurarse. Se les hacía pesado comprender a los pobres diablos. Ni siquiera hablaban inglés bien para explicar lo que les sucedía.

Una llamada telefónica de Daisy, una amiga, despertó a Pamela por la mañana

—Pam, ¿has leído el periódico?

—No, ¿por qué?

—Te aconsejaría comprarlo. Dice que tú atropellaste a dos niñitas en el Highway 12, de acuerdo al policía de caminos.

—¡Dios mío! ¿Estoy en el diario? Si ni siquiera he ido a la corte todavía. ¿Cómo puede un periódico acusarme públicamente de algo que no he hecho?

What are we going to do? I'd like to go to trial to find out exactly what "proof" they have."

"The bastards have made a mistake; you'll see, don't worry," Mark reassured her.

"I have some good news," Pamela announced. "I'm pregnant again." They wanted a brother or sister for Rhyan. They kissed.

"It's going to be all right" he asserted. "Let's go home."

But he was wrong.

The local newspaper, the *Sonoma Index Tribune,* reported the news of the hit-and-run driver's arrest. Pamela Parson, thirty-five, of Vista Court, Sonoma, had been "nabbed" for the accident involving two Hispanic girls, ages ten and twelve, on Highway 12. The Sonoma resident was in jail pending trial.

The *Tribune* reporter had learned his information from the highway patrol desk, as he did automatically every day, but he had not bothered to follow the dispensation of the case.

He thought the news would please the Hispanic Community, who often complained that the police ignored their calls. The neighborhood where the accident had occurred was not popular with the enforcers of the law.

Policemen took their time responding to calls from Mexicans. No need to hurry. They always had a hard time understanding the poor devils, who didn't even speak English well enough to explain what had happened to them.

A call interrupted Pamela's sleep in the early morning. It was Daisy, a friend.

"Pam, have you read the newspaper?"

"No, why?"

"You'd better get a copy. According to the report, it says you ran over two little girls on Highway 12."

"Oh, my God, really? I am in the newspaper? I haven't even gone to court yet. How can a newspaper accuse me publicly of something I didn't do?"

—Bueno, deberías entonces llamarlos inmediatamente. Dar información falsa es ilegal. También peligroso. Alguien podría tomar la ley en sus manos.

—Gracias, Daisy, llamaré en seguida.

El teléfono del Sonoma Index Tribune estaba ocupado. Y siguió así por horas.

Pamela finalmente pudo hablar con el autor del artículo infame.

—¿Por qué me ha reportado usted con detalles en un accidente que no causé?

—Cada crimen que se anota en los anales policíacos es información pública y está disponible a la prensa a través de la primera enmienda de la constitución norteamericana, que es el derecho de informar al público —replicó el periodista con frialdad.

—¿Y que hay de mis derechos? —le increpó ella. ¿Y que hay de mi honor? ¡Usted ha publicado una mentira! Yo no he cometido delito alguno. ¿No se da cuenta que me pone en peligro? No tiene derecho de hacerlo.

—¡Oiga, consígase un buen abogado y no se preocupe —fue la respuesta inclemente del hombre, colgando el receptor.

La pesadilla había comenzado. Asignaron al caso, uno tras otro abogado. Y a otro.

Los defensores públicos, adjudicados por la corte a aquellos sin medios de ser representados, no tenían ningún apuro en involucrarse en casos que debían tomar, en vez de los suyos propios que les producían más ganancias.

Diecisiete veces dentro de un año y medio, postergaron el caso. Diecisiete días de nervios y de angustia para Pamela su madre y hermanas que debían asistir al tribunal, viajar a Sonoma, perder sueldos, solamente para escuchar que no habría audiencia ese día.

En esos diecisiete días Pamela sufrió un descenso en su empleo, ya que debía aparecer en la corte en fechas inesperadas. También perdieron a algunos amigos.

—Bueno, necesitamos mejores amigos —concluyeron.

"Then you should call the newspaper right away. Giving false information is illegal and dangerous. Someone might think of taking the law into his own hands.

"Yes, thank you, Daisy. I'll call the paper right away."

The telephone at the *Sonoma Index Tribune* was busy. It stayed busy for hours.

Pamela finally reached the reporter who wrote the infamous article.

"Why did you report, with name and address, an accident I didn't cause?" she pleaded.

"Any crime reported to the police is public information and available to the press under protection of the First Amendment, the right to inform the public, the journalist said coolly.

"How about my rights?" she screamed. "How about my honor? You printed a lie! I committed no crime! Don't you realize you've put me in jeopardy? You have no right to do so."

"Get a good lawyer and don't worry about it" said the reporter's indifferent voice, hanging up.

The nightmare had begun. Pamela consulted one lawyer after another and then one more.

Court-appointed public defenders were in no hurry to get started on cases they *had* to take at low pay.

The court postponed the case seventeen times over a year and a half: seventeen days of nerves and anguish for Pamela, of her mother and sisters coming to court, missing paid work and traveling to Sonoma only to be told there would be no case that day.

For seventeen days, Pamela's job suffered when she had to appear in court on unexpected dates. They also lost some of their friends.

"Well," they concluded, "maybe we need better friends."

Nació Shaun, el segundo hijo de los Parsons. Un niño bello que acompañaba a su madre a la corte y lloraba sin parar hasta que ella salía de receso. No había manera de entrenarlo a tomar una botella de fórmula láctea. Demasiado pequeño para hacerle razonar.

Pasanda la décimo octava vez de aparición en la corte, el juez y los abogados planeaban posponer el juicio nuevamente. Escucharon una voz desde el salón judicial.

—Sr. Juez, éste caso ha sido postergado dieciocho veces. Puede ser una rutina para usted, pero ha creado una enorme carga para nuestras familias. Pamela Parson es mi hija, es inocente. Lo menos que puede hace Sr. Juez, es permitirle tener un juicio rápido, si es que va a haber uno. Le pido respetuosamente que ponga fin a esta nefasta situación.

El juez escuchó con atención. Puso fecha y se inició el juicio.

La Fiscal presentó su caso. Una mujer de 45 años, Arlene Speck, no perdía uno. Aunque no gastó mucho tiempo en este juicio en particular, sus ayudantes y un policía se encargaron de reunir evidencias.

Era un caso claro para condenar. La mujer, Pamela Parson, después de cometer el crimen había sido identificada por testigos oculares que atestiguarían y probarían su culpabilidad, sin lugar a dudas.

La defensora de la acusada, Alexis Moyer, estaba allí porque no tenía otra opción.

Se le había pedido servir de defensora pública. La cliente clamaba ser inocente del cargo. Una incomodidad, ya que era más fácil trabajar con un sujeto culpable.

En ese caso, ambas abogadas se reunían, acordaban el castigo apropiado al crimen; caso resuelto, asunto concluido.

Sin embargo, Alexis, una vez asignada a un caso, lo trataba concienzudamente.

Su honradez era irreprochable. Luchadora y dedicada, buscaba la verdad.

El juicio comenzó.

La Fiscal mostró dibujos del lugar preciso donde ocurrió el accidente; el tiempo, la ruta de la defendida, los alrededores y el intenso

Their second son, Shaun, was born. The beautiful baby accompanied his mother to court and cried relentlessly until his mother could be with him at recess. He would not take a bottle. He was too young to reason with.

Going into the second year, judge and lawyers were planning to postpone the case yet again. They heard a voice coming from the courtroom.

"Your Honor, this case has been delayed for eighteen months! This matter might be routine for you, but it has placed an enormous burden on our families. Pamela Parson is my daughter — she is innocent. The least you can do, Your Honor, is to allow her to have a speedy trial if there must be one at all. I respectfully request that you put an end to this horrible ordeal."

The judge listened. He set a date for trial.

The district attorney presented her case. A woman of forty-five, Arlene Speck did not lose in court. Although she had spent no personal time on this particular case, her assistants and a police officer had gathered the evidence.

It was a clear case for conviction. After committing the crime, Pamela Parson had been identified by witnesses who would testify against her in court and prove her guilty beyond the shadow of a doubt.

The lawyer for the accused, Alexis Moyer, was there because she had no choice.

She was required to serve as public defender on this case. The accused claimed to be innocent of the charge — a nuisance, since it was easier to work with a defendant who pled guilty.

In that case, the prosecution and the defense would meet to agree on the severity of the punishment for the offender; case resolved, business taken care of.

However, Alexis, once assigned a litigation, would do her job well. Her honesty was unquestionable. Feisty and dedicated, she would search out the truth.

The trial began.

The district attorney showed the jury charts of the exact location of

sufrimiento causado a dos niñitas, una con una pierna rota, la otra con una cadera dislocada, dejadas allí en el duro pavimento de la manera más atroz, por ésta mujer, Pamela Parson. Procedió a traer a sus testigos.

Las dos niñitas ahora recuperadas, pasaron al frente, tímidas pero despabiladas.

—¿Ven ustedes en este salón a la persona que las atropelló?

—No sé —replicó una de ellas —cruzábamos el camino para ir a dormir en casa de mi prima y el carro venía bien fuerte. Esperamos en el medio de la calle pero el auto se fue de lado a lado y nos pegó.

—¿Quién les pegó? —insistió la Fiscal.

—No sé, era tarde y estaba oscuro —contestó la pequeña. Hablaba bien inglés.

—Requiero la intervención de una traductora de manera de entendernos mejor-exigió la Fiscal. Las chicas no necesitaban traductor. La abogada las despidió prontamente.

Hubo entonces un receso de quince minutos para todos los componentes del juicio.

La mamá de Pamela permaneció en el salón sentada detrás de una señora mexicana quién tampoco abandonó el recinto. Una oficial de la corte se presentó a ella.

—Me llamo María Fernández y soy la traductora de español en esta corte. La dama que le va a hacer preguntas es muy importante aquí. Va a probar el crimen cometido por esa mujer que está sentada a la izquierda del salón. ¿Comprende? La testigo asintió a lo que le informaba en español.

Las instrucciones de la traductora extrañaron a la Sra. Tunner, ella misma de origen hispano. Prestó toda su atención a la conversación de las mujeres.

Arlene Speck caminó hacia ellas. —¿Cómo está? —saludó a la testigo cordialmente.

—Estoy muy contenta que esté aquí. Se le tradujo a la testigo.

—No estoy segura de qué hacer —dudó la mujer mexicana. —Sólo vivo ahí.

the accident, the time, the defendant's route, the surroundings, and the intense suffering caused to the little girls — one with a broken leg, the other a broken hip — shamefully left on the hard pavement by this woman, Pamela Parson. She proceeded to call her witnesses.

The two little girls, now recovered, came to the front of the room, shy but speaking clearly.

"Do you see in this court the person who hit you?"

"I don't know," replied one of them. "We wanted to cross the road to sleep over at my cousin's house and the car was coming really fast. We waited in the middle lane but the car was wobbling and hit us."

"Who hit you?" insisted the district attorney.

"I don't know. It was late and it was dark," answered the girl. She spoke English well.

"I request the aid of a Spanish translator," demanded the prosecutor, irritated. "So that we can communicate better." The girls did not need a translator. They were dismissed promptly.

A fifteen-minute break allowed the jury and the court personnel a brief rest.

Mrs. Tanner stayed in the courtroom, sitting behind a Mexican woman who did not leave the room either. An officer introduced herself to the woman.

"I am Maria Fernandez, a Spanish translator for this court. The lady who is going to ask you questions is very important here. She will prove that that woman sitting on the left side of the room today did the crime. *¿Comprende?* Do you understand?" The witness nodded at the instructions given in Spanish.

The translator's remarks caught the attention of Mrs. Tanner, a Hispanic herself, and she listened intently to their further conversation.

Arlene Speck walked toward them.

"How are you?" she said cordially. "Glad you are here." The salutation was translated.

"I am not sure of what I have to do," hesitated the Mexican woman. "I just live there."

—No se preocupe usted —le dijo maternalmente Arlene. —Solamente tiene que indicar que está de acuerdo conmigo cuando le haga las preguntas. Una precisa traducción siguió las instrucciones de la fiscal.

La señora Tunner reportó a Alexis lo que acaba de presenciar. El juicio resumió.

—Voy a llamar a una testigo ocular, Sr. Juez —anunció Ms.Speck

—Antes de dar este testimonio Sr. Juez, exijo anular este procedimiento debido al hecho que la abogada acusadora ha instruido a la testigo, a través de la traductora, a apoyarla en sus preguntas, haya o no haya presenciado los hechos, y fuera de la presencia del jurado —objetó Alexis.

—¿Y cómo sabe Ud. eso? —indagó el juez.

—La madre de la señora Parson, lingüista profesional, presenció esta conversación durante el receso.

—Pero ella no es parte de este caso y no la ha presentado usted previamente como testigo. Se niega la moción —decidió el juez.

Cuando la testigo subió a la estrada, era una deponente experta.

—Sí, vi el accidente. Salí corriendo. Sí era un Buick verde. Habló más de lo necesario, afirmando su pasado testimonio.

—¿Ve usted a la persona que causó el accidente en ésta sala?. La mujer se volvió a mirar directamente a Pamela. —Sí, esa es la mujer que atropelló a las niñas.

El falso testimonio de la testigo, fulminó a madre e hija ante la falsa acusación.

Otros con-nacionales mexicanos se presentaron. Para ellos, una persona en la corte era un criminal finalmente aprehendido. Habiendo vivido la mayor parte de sus vidas bajo un sistema dominado por los poderosos en México, no contradecían ellos a la ley. Además, alguien había herido a *sus* niños. Esa persona debería ser castigada. —Sí, habían visto a esa mujer la noche del suceso.

Al final de la primera semana, el testimonio parecía inclinarse ante la culpabilidad de Pamela. Madre e hija necesitaron fortitud para apoyarse física y moralmente.

"Don't you worry," said Arlene. "All you have to do is agree with the questions I ask you." More translation accurately followed the prosecutor's instructions.

Mrs. Tunner reported the conversation to Alexis.

The prosecution resumed its case.

"I am calling an eyewitness, Your Honor," Arlene Speck announced.

Alexis interrupted. "Before this testimony, Your Honor, I request a mistrial due to the fact that the district attorney has instructed this witness outside the jury's presence."

"How do you know that?" the judge asked.

"Mrs. Parson's mother will attest to what happened during recess. She is a qualified linguist."

"But she is no part of this case, and you didn't present her as an initial witness," the judge declared. "Motion denied."

When the Mexican woman took the stand, she suddenly became an expert deponent.

"Sí, escuché el accidente. Salí corriendo. Sí, era un coche verde. I heard the accident, came running, saw a green car." She spoke more than the translator reported, corroborating her previous testimony.

"Do you see in this room the person you saw on the night of the accident," Arlene asked. The witness turned to look directly at Pamela. "That's the woman who hit the girls."

This false statement made Pam and her mother shake at the dreadful accusation.

Two other witnesses, Mexican nationals, came forward. For them, someone in a court was a criminal finally apprehended. Living most of their lives under a judicial system dominated by the powerful in Mexico, they would not dare to doubt the law. Besides, somebody had hurt *their* children. They had to punish the guilty one. "Yes, they had seen this woman that night."

By the end of the first week, all the testimony seemed to demonstrate Pamela's guilt. The family needed all of their physical and emotional strength to support each other.

La abogada defensora, Alexis Moyer encontró a la familia contrariada y deshecha.

El jurado no daba signos de emoción.

Vino entonces el turno de Alexis de examinar a los testigos visuales y comenzó rápido.

—¿Vio usted en persona cuando ocurrió el accidente? —se dirigió al primer testigo.

—No, pero mi compadre lo vio.

—¿Dónde estaba Ud. cuando escuchó la conmoción durante el accidente?

—Estaba durmiendo pero fui al lugar del choque inmediatamente.

—Describa a la mujer que usted vio.

—Tenía el pelo medio rubio y teñido

—Si la mujer que usted vio está aquí y tiene el pelo café. ¿Cómo explica eso?

—¡Es que ahorita se lo debe haber pintado! —se rió el hombre, bonachonamente.

Alexis mostró al jurado la licencia de manejar de Pamela de por tres años, en la cual su color de pelo permanecía inalterable.

—¿Qué llevaba la mujer puesto?

—Una falda larga y un tope blanco. ¡Ah...! y había estado bebiendo

—Y cómo lo sabe? —indagó Alexis

—Pues, olía a licor.

—¿Son esta falda y blusa similar a la ropa que ella llevaba esa noche?

—Sí, igualitas.

Alexis tomó unas prendas confiscadas por la policía en el momento de la detención.

—La señora Parson no pudo haber usado esta ropa, entonces. Son de talla 8 y ella tiene talla 14. Aún más, ya que estaba esperando a un hijo. —No hay más preguntas.

El policía de caminos a cargo de la investigación fue el próximo en entrar.

The defense attorney, Alexis Moyer, found the family of the accused in shock and desolate. The jury did not show any signs of benevolent emotion.

It was Alexis' turn to cross-examine witnesses; she began expeditiously.

"Did you actually see the accident occur?" she addressed the first witness.

"No, but my *compadre* saw it," he replied.

"Where were you when you heard the accident?"

"Sleeping, but I went there right away."

"Describe the woman you saw," requested Arlene.

"She was kind of blonde with tinted hair."

"If the woman you saw is here, she has brown hair. How do you explain that?"

"Well, she'd probably color it," chuckled the man.

Alexis then presented Pam's three-year-old driver's license, showing her with the same color hair.

"What was the woman wearing?"

"A long skirt and a white little top, and she had been drinking."

"How do you know that?" Alexis contested.

"She smelled of liquor."

"Was she wearing something like this?"

"Yes, just like that."

Alexis went over a pile of clothing the police had confiscated in search of evidence at the time of Pam's detention. She took several pieces.

"Mrs. Parson could not have worn these clothes, then. They are size eight and she is size fourteen, even larger because she was expecting a baby. No more questions."

The highway patrol officer came next.

—¿Estuvo usted en el lugar del accidente?

—No, señora, otro oficial la hizo escribió el informe.

—¿Por qué no se me dio una copia de tal informe?

—El oficial estaba de vacaciones y no tuvimos la oportunidad de dárselo.

—¿En un año y medio no tuvo usted la oportunidad de hacerlo? —lanzó Alexis.

—¿Quién tomó el reporte entonces?

—El mismo oficial. Verá. Esta gente son mexicanos y le pedimos a una niñita que nos tradujera lo que estaban diciendo los vecinos.

—¿Qué le condujo a la señora Parson?

—Fue una llamada de dos ciudadanos las que nos dieron una pista.

—¿Cómo se llaman?

—Charles y Kathy McGuigan. Sus vecinos.

¿Los McGuigans? Pamela apenas dio crédito a sus oídos al escuchar la revelación final de los culpables de su terrible infortunio. Recordó querellas con ellos, cuando por las noches sus perros ladraban sin parar, despertando a sus hijos.

—¿Procedió usted a entrevistar a otros testigos, a otra gente o seguir otras pistas?

—No, señora.

—¿Por qué no?

—No teníamos ninguna otra pista.

—¿Le comunicó usted a la señora Parson que a ella se la sospechaba de un crimen?

—No, señora.

—¿Examinó su auto para verificar daños o abolladuras, u otra señal de atropello?

—Sí, no encontré raspaduras pero soy un policía de caminos experimentado. Noté que el auto estaba muy limpio. Es lo que hacen los chóferes para esconder evidencia.

—¿Grabó usted su conversación con la señora Parson cuando habló con ella por primera vez?

"Were you at the site of the accident?"

"No, ma'am. Another highway patrolman wrote the report."

"Why didn't I get a copy of that report?" Alexis stressed.

"The officer was on vacation and we didn't have the opportunity to submit it to you."

"In a year and a half you didn't have that opportunity?" taunted the defender. "Who took the report?"

"This same officer, ma'am. You see, these are Spanish folks and we asked a little girl to translate what the neighbors were saying."

"What led you to Mrs. Parson?"

"A call from two concerned citizens gave us the clue."

"What's their name?"

"Charles and Kathy McGuigan, her neighbors."

The McGuigans? Pamela could not believe that her neighbors were responsible for her misfortune. She remembered crossing words with them because their dogs barked incessantly at night, awakening her children.

"Did you pursue other clues, witnesses, people?"

"No, ma'am.

"Why?"

"We had no other clues."

"Did you tell Mrs. Parson she was a suspect the first time you visited her?"

"No, I did not."

"Did you examine her car to search for dents or any other sign of a wreck?"

"Yes, ma'am. I found no dents, but I am an experienced highway patrol officer. I noticed her car was very clean. Normally, guilty drivers wash their cars to hide evidence."

"Did you tape your conversation with Mrs. Parson when you first saw her?"

—Sí, señora.

—¿Le pidió su autorización para hacerlo?

—No, olvidé pedírsela.

—Así es que usted mintió cuando reportó que había pedido su consentimiento.

—Me temo que fue así.

—No hay más preguntas, Sr. Juez. Alexis se sentó, dejando caer sus brazos.

El jurado entró a deliberar a las 6:00 p.m. Salieron a las 6:50 p.m. Les tomó apenas 50 minutos para declarar a Pamela Parson inocente de los cargos que se le atribuyó.

Alexis saltó de contenta. Pamela y su madre se lanzaron a los brazos, sollozando.

Los miembros del jurado estaban ahora libres de hablar pero aún curiosos y en duda de algunas de sus observaciones y vinieron a felicitar a Pamela.

—¿Por qué llegó este caso a un juicio basado en evidencia tan mínima? ¿Qué pasa si gentes que se llaman "informadores confidenciales" señalan a alguien inocente o a una persona de la que quieren vengar por razones particulares? ¿Pueden Uds. demandarlos?

—No. Están protegidos por la justicia y por el fiscal —aclaró alguien.

—¿Recuperará usted el dinero por la fianza? —indagó un jurado a la señora Tunner.

—No, aunque el acusado sea inocente, haya tenido o no un juicio, el dinero no se devuelve—reportó la señora Tunner, habiendo perdido $3,000 dólares.

La Fiscal salió portando un montón de documentos. Todos la miraron.

—Felicitaciones-le dijo. Y acercándose a Pamela le susurró en el oído —pero sé que eres cupable. La inferencia antiprofesional de una perdedora, hizo que Pamela le diera la espalda, uniéndose a aquellos que le deseaban suerte.

"Yes, ma'am"

"Did you ask permission to do so?"

"No, ma'am. I neglected to tell her."

"So you lied when you wrote in this report that you requested her consent."

"Yes."

"No more questions, Your Honor," she sat down, arms hanging by her side.

The jury began deliberations at six P.M. They returned by 6:50 P.M. It took them fifty minutes to declare Pamela Parson not guilty of the charges brought against her.

Alexis jumped up smiling. Pamela and her mother reached for each other, crying.

The jurors were now free to speak, still curious and doubtful of their observations. They came over to congratulate Pamela.

"Why did this case ever come to trial on such flimsy evidence?" "What happens to people calling themselves 'concerned citizens' who accuse someone intentionally?" "Can you sue them?"

"No. They are protected by the law because they're helping to find justice, and they're under the wing of the district attorney," someone pointed out.

"Will you get the bail money back?" one juror asked Mrs. Tanner.

"No. Even if the defendant was innocent, going or not going to trial, that money isn't returned," declared Mrs. Tanner, having lost three thousand dollars.

The district attorney walked out carrying her load of documents. Everyone looked at her.

"Well, congratulations," she said. Getting closer to Pamela, she whispered in her ear. "But I know you are guilty." Hardly believing the sore loser's unprofessional inference, Pamela turned away from her to join her well-wishers.

Josefina no vio a las chicas en un camino mal iluminado.

Las niñas se hallaban paradas en la línea, al medio del camino. Una de ellas comenzó a cruzarlo mientras la otra se quedó atrás porque había avistado las luces de un carro que avanzaba.

—Lorena, espera, viene un carro. Pero su prima Fernanda no la escuchó.

Josefina divisó de repente, una figura a su derecha, otra a la izquierda, al frente suyo. No importaba adónde maniobrara, tendría que atropellar a una. Apretó los frenos fuerte, el coche desbocándose locamente, golpeando a una niña y lanzando a la otra fuera de su vista.

Paró a dos cuadras del episodio, ahogada en pánico y apagó las luces del carro. ¡Dios mío! —gritó.

Diego, su hermano estaba paralizado, los grandes ojos transfigurados por el horror. Josefina estaba por salir del auto, cuando Diego la agarró por el brazo.

—Jose... no vayas, don't go. Te van a poner en la cárcel, they are going to put you in jail. Estás bebida, you are drunk. Has fumado marihuana, you have been smoking pot. Papá te va a matar, Dad will kill you. Ya conoces a los cerdos policiales, you know the pigs. ¡No tienes licencia! You don't have a driver's license.

Josefina se quedó en el carro. Diego poseía la sabiduría que a ella le faltaba a pesar de sus cortos 12 años.

La gente se estaba reuniendo en la escena del accidente. Muy poco de ellos, a hora tan tarde de la noche.

Los vecinos escucharon frenos chirriando y los dos cuerpitos yaciendo en el camino. Acarreaban a las víctimas a la vereda.

—Diego, debo volver allí. Tengo que saber lo que hice.

—Jose... no vayas. Te van a pillar —imploró Diego. Pero ella saltó del coche y caminó las dos cuadras que la separaban del accidente.

¿Qué pasó? —preguntó al grupo de hispanos. La informaron que las chicas estaban mal heridas.

—Yo vi a una huera manejando hacia allá —Josefina informó en voz alta.

Josefina did not see the two little girls on that dark road. The girls were standing in the middle of the highway. One of them started to cross while the other stayed behind because she had seen the lights of an incoming car.

"Lorena, espera, viene un carro. Wait, a car is coming." Her cousin did not hear her.

Josefina saw a slim figure to her right and another to her left, suddenly in front of her. Any way she maneuvered the car, she would run one of them over. She pressed the brakes hard, swaying wildly, hitting one girl and then the other. She came to a stop within two blocks. She was drowning in panic and turned off the headlights. "Dios mío," she cried.

Diego, her brother, was paralyzed, his big eyes fixed in terror. Josefina was about to get out of the car when he grabbed her by the arm.
"Jose, no vayas. Jose, don't go. They will put you in jail. Te van a poner en la cárcel. Estás bebida y has fumado marihuana, You are drunk and smoked marijuana y papá te va a matar, Dad will kill you. También ya conoces a los puercos policiales, you know the pigs, no tienes licencia, you don't have a driver's license.

Josefina stayed in the car. Diego had the wisdom she lacked despite his mere twelve years of age.

Very few people were gathering at the scene of the accident at that late hour.

Neighbors heard the squealing brakes, had seen two little bodies on the road, and were carrying the victims to the sidewalk.

"Diego, I have to go back there. I have to see what I did."

"Jose... don't go. They will catch you," implored Diego. She jumped out of the car and walked the two blocks back to the scene of the accident.

"¿Qué pasó? What happened?" she asked the Hispanic group. They told her. The little girls were badly hurt.

"I think I saw a 'güera' driving by," she volunteered.

Nadie había visto el atropello, pero empezaron a especular quién podría ser el culpable. Quizá fue una mujer blanca en un camión, o si no, fue una mexicana, con el pelo pintado rubio.

Lentamente, Josefina se apartó del grupo. Abrió la puerta de su auto y arrancó el motor. Se dejó puestos los zapatos y se colocó una bandana en la cabeza para sujetarse el pelo.

Sabía que tenía tiempo de sobra para huir. La policía siempre tardaba en venir cuando se les llamaba.

Tenía razón. Ni un carro policial se cruzó con el de ella en la dirección opuesta, y no hubo ambulancia con alarmas estridentes rompiendo la queda silenciosa de los viñedos en Sonoma.

Nota: Huera es la palabra mexicana que indica a una persona de cara y pelo claros.

El *Sonoma Index Tribune* rehusó publicar una retracción que hubiera restaurado el honor de una ciudadana inocente de un crimen.

Nobody had seen it happen, but they started to speculate on the guilty party. "Maybe it was a white woman in a van" "No, it was a Mexican" "Maybe it was a Mexican with blonde hair."

Slowly, Josefina left the street. She opened the door of her car and turned on the ignition. She kept her shoes on and wrapped a bandanna around her head to hold her hair. She knew she had plenty of time to get away. The policemen were always slow to show up. She was right. No police car sped toward the accident from the opposite direction. No ambulance siren broke the stillness of the Sonoma vineyards.

Note: *Huera* is the Mexican word for a person with a fair complexion and light hair.

The *Sonoma Index Tribune* refused to publish a letter of retraction that would have restored the honor of an innocent citizen.

Crecimiento

Una semilla cayó en tierra fértil,
tocando la tierra delicadamente
Fue evidente esconderse rápidamente,
para llevar a cabo un plan sutil.

Riegos fluyentes, vientos desprevenidos,
insectos voraces, pájaros volando,
campesinos de manos, atareados
en campos, fumigando

Semilla solita, creció abajo,
debió permanecer en relajo,
para proteger su crecimiento
de algún inesperado manotazo.

Descansó, absorbió alimento,
existió con virtud de creyente
Estocada por el sol creciente
que nutrió su momento naciente.

¿Seré negra, blanca o rosada?
Con fuerza irreverente, subió arriba
no más solita, ni desamparada
encontrando amigos, parecidos a ella.

Se sabe ahora dulce, madura y crujiente,
alabada por campesinos y elegida,
en los dorados campos de Sonoma
nunca perderá su gran aroma.

Growth

A seed fell on fertile land
touching the earth delicately.
It was evident, to hide quickly,
to carry out a certain plan.

Too much watering, crazy winds,
hungry bugs, flying birds,
busy farmer's hands fumigating
in fields, expanding.

The seed alone crept down,
relaxed, calm, and firm,
to protect her growth
from accidental blows

It rested fine, absorbed her food,
survived with the virtue of a believer.
The sun empowered it well,
guiding its way as a supporter would.

Will I be black, yellow, or pink?
With irreverent strength, it came up.
No longer alone nor at the brink,
it found friends right at the top.

She knew she was sweet and ripe,
a wonder farmers praised.
In the golden fields of Sonoma,
It wouldn't squander her aroma

¡Qué gusto llegar a ser famosa!
En una caja cuadrada, magnífica se siente
Alguien la llama señorita "uva"
¡Es un nombre sobresaliente!

How happy it reached fame!
In a square box, it felt great
Somebody called it "Miss Grape."
Oh, it's a most gracious name!

Una Vocesita de Adentro

EN CUALQUIER MOMENTO, ÉL LLEGARÁ A CASA. Andrea reconocerá el sonido de los pasos de su esposo aplastando las hojas que han caído de los árboles, obstruyendo la entrada del auto, hasta llegar a la puerta principal.

Ella ha mirado a esos árboles antes. La estructura desposeída de los desnudos gigantes, vulnerables en la intemperie, le hace temblar. Andrea siente que es una de ellos.

—¡Hola! —le dice él como de costumbre—estás en casa temprano. ¿Está lista la cena?

—Sí, un estofado de carne en el refrigerador, lo calentaré. Alvaro, necesito hablarte—se lanza sin poder esperar más. —Tengo que hacer un viaje.

—¿Otro viaje? ¿Adónde vas ahora? ¿Otra promoción? Dime para felicitarte—objeta sarcástico.

Andrea ya no puede mentir más. *No es esa clase de viaje.* —Amo a otro hombre, Alvaro. Aunque ha practicado mantenerse calmada, las lágrimas se le escapan.

Alvaro se detiene ante el refrigerador abierto. Estupefacto, alcanza una silla y se sienta por un momento, mudo. —Mejor me lo dices...

—Te lo estoy diciendo. Lo siento, cuánto lo siento. Estoy desolada.

—¿Estás loca? —grita él ahora.

—Es más fuerte que yo, Alvaro. He luchado con este sentimiento por mucho tiempo. Día y noche, me oprime. No puedo concentrarme en mi trabajo. No es justo.

—¿Justo? ¿Para quién? No es sólo injusto. ¡Es un desastre! ¿Dónde está tu responsabilidad?

Agarra su chaqueta y las llaves del coche y se larga dándole un portazo a la puerta. Su auto, veloz alcanza la calle.

The Voice from Within

ANY TIME NOW, HE WILL GET HOME. Andrea will hear the sound of her husband's footsteps crushing the fallen leaves of the naked trees crowding the driveway up to the front door. She had looked at those trees hours earlier. The dispossessed structure of the bare giants, vulnerable to weather, makes her tremble. She feels she is one of them.

"Hi," he says routinely. "You're home early. Dinner ready yet?"

"Yeah, meat stew in the 'fridge, I'll heat it up. Alvaro, I need to talk to you, she blurts out, unable to wait any longer. "I have to take a trip."

"Another trip? Where are you going now, another promotion? Should I congratulate you?" he hedges sarcastically.

Andrea cannot lie any longer. *It's not that kind of trip.* "I love another man, Alvaro."

She has rehearsed this little speech to remain cool, but she feels her cheek getting wet. Alvaro stops his search for food in the refrigerator. Stunned, he reaches for a chair and sits down, momentarily speechless.

"You'd better tell me about it."

"I am telling you. I'm sorry, so sorry. I'm desolate."

"Are you totally insane?" he now screams.

"It's beyond me, Alvaro. I've fought this feeling for a very long time, day and night. I'm depressed. I can't concentrate at work. I know it isn't fair."

"Fair? He mocks her. Fair for whom? This is not just unfair; it's a disaster! Where is your sense of responsibility?"

Alvaro grabs his jacket and the car keys from the kitchen counter, slams the door. His car screeches up the street.

Andrea lo observa con intenso dolor. Lo ama, pero ella también debe partir.

Le ha mentido. No ha cometido una infidelidad. No ha tocado a hombre alguno. No hay amante. Está sola. Es un árbol plantado en una ruta desconocida, despojada ahora pero completa.

Alvaro jamás la dejará. Le preocupa solamente el beneficio del sueldo que ella trae y su lugar fijo al frente de la estufa para cocinar. Y allí todo termina. Debe entonces liberarse.

De vuelta a su escritorio, escribe:

—Finalmente, lo encaro. Ahora, navegaré en el flujo de mi mente. Puedo correr con las palabras, las oraciones y metáforas—otros como yo lo comprenderían. Sin amarras ni de tiempo ni de espacio. Y entonces, me uniré a almas que sienten como la mía. Los pensamientos vendrán incontenibles, excitantes, dominándome con un toque casi sensual.

Ahora estoy libre para escribir.

With intense pain Andrea watches him go. She loves him, but she has to leave. She has lied to him: she has committed no adultery, has not touched another man. There is no lover. She is alone. She is a leftover tree, uprooted, stripped but whole.

Alvaro would never let her be. His expectations are limited to depositing her paycheck in the bank and assuring her place in front of the kitchen stove—all ends there. She must free herself. Another man is far from her future plans, but it is the one reason Alvaro will release her.

Returning to her desk, she grabs a pen.

"I finally face it. I will now navigate the flow of my mind. I can run with words, sentences, and images—others like me would truly understand. To do the only thing I ever wanted to do. No boundaries to hold my time and space. Then, I will join souls like mine. Thoughts will run free and unrestrained, overpowering me, delighting me with a sensual touch.

Now, I am free to write.

Intromisión

Santa Clara, California

LAS ENFERMERAS EN LA SALA DE OPERACIONES me preparan para una cirugía.

Escucho el tintineo de los útiles que rebotan en el bol metálico, y el sonido apagado del respirador que mide el grado de mi pulso y la presión sanguínea. Espero que yo suene interiormente mejor de lo que suenan ellos.

Las enfermeras entran —una, dos, tres —proceden a hacer variadas prácticas médicas en mi cuerpo. Un simple "hola" y comienzan a parlotear acerca de sus próximas vacaciones mientras aplican una inyección a un cuerpo incapaz de luchar.

No quiero estar allí. Caigo lentamente en la inconciencia tan apreciada en días regulares de trabajo, cuando el sueño recupera la energía que necesito por unas horas extras. Ahora la resisto.

En unos pocos minutos, un intruso vendrá. Con eficiencia, cortará una parte escondida de mi cuerpo, la manipulará, la tirará, la coserá y cerrará la herida.

No me gusta que alguien penetre en mí con tal facilidad. Pero, no puedo batallar. Duermo.

—Despierte, despierte —escucho después. —¿Cómo se llama? ¿Dónde está? La mujer sigue repitiendo las mismas preguntas. La voz con acento asiático no suena agradable.

Trato de obedecer apenas, regresando a la tierra. —Deme un minuto...

—¿Dónde está? —insiste ella ignorando mi pedido. —¿Dónde está? ¿Dónde está?

Me deja en paz para charlar con una colega en bemoles guturales. Regresa. —¿Dónde está?

Intrusion

Santa Clara, California

NURSES IN THE OPERATING ROOM are busy preparing me for surgery.

Dropped instruments clink into a metal container, and the muffled sound of a breathing pump measures my pulse rate and blood pressure with an encompassing thump. I hope I sound better inside than they do.

The nurses enter—one and two and three—to do various chores inside me. A quick "Hi" and they start talking about their upcoming vacations as they apply a shot to one more defenseless body.

I don't want to be here. I slowly fall into the arms of unconsciousness—so appreciated after a regular day's work, when sleep restores my energy for a few extra hours. I resist it now.

In a few minutes an intruder will come. Efficiently, he will cut open a hidden part of my body, manipulate it, and sew the wound shut.

I don't like to feel that someone can get inside me with such ease. But I can't fight.

"Wake up, wake up," I hear next. "What's your name? Where are you?" A woman repeats the questions over and over. The strange voice, with an Asian accent, is unfriendly.

Painfully, I obey, trying to return to earth. "Give me a minute—"

"Where are you," she insists, ignoring the request. "Where are you? Where are you?"

She leaves me alone, goes to chat with a coworker in a language with

Le daría una bofetada, pero no puedo moverme. *¿No podría darme algo de respeto ante lo obvio de mi malestar físico?*

—¿Estoy en China? —trato de replicar con sorna.

—¿Cómo se llama? —ataca ella.

—Gloria María Paz Estensoro de la Fuente Ruiz Tagle —digo.

—Mm … la enfermera no lo encuentra chistoso, pero dentro de mi vulnerable ánimo, quiero de alguna manera defenderme y yo pienso que es chistoso.

Medio despierta me conducen a mi dormitorio. Necesito desesperadamente tomar agua. Toco el timbre.

Un tipo fornido y moreno entra al dormitorio portando unas flores que alguien me ha enviado. Las pone en la bandeja giratoria suspendida a los pies de la cama, no lejos de mi cara.

Miro a las flores. *¡Oh, no, son lilas? ¡Me hacen estornudar! ¡No puedo ahora estornudar con mi estómago recién remendado! ¡Me duele!*

—¿Qué quiere? —pregunta. Creo que es de Samoa.

—Agua por favor, pero ¡saque esas flores de aquí! ¿Bueno?

Me mira sin comprenderme y empuja la bandeja **más cerca** mío y se va. *¿Regresará?* No regresa.

Intento alcanzar el florero para lanzarlo lejos, pero el dolor me doblega. Me cubro la cara con las sábanas para evitar el fuerte olor floral.

¡Me muero por tomar una gota de agua!

Durante una semana de recuperación en el Hospital Káiser in Santa Clara, cuento doce enfermeras y asistentes al equipo médico que vienen a ayudarme. Todos son extranjeros.

Siempre he sido muy parcial con los inmigrantes, ya que yo misma, soy una de ellos.

Sin embargo, mi lado feo de inmersión americana, se comienza a notar. En este momento, francamente me desagrada ser tratada tan pobremente debido a problemas de comunicación. ¡Y me avergüenzo de admitirlo!

De vuelta a casa con estrictas órdenes de permanecer en cama, conduzco mi negocio por teléfono. Necesito enviar dinero a Francia.

long, high-pitched sounds. She returns. "Where are you?"

I want to punch her but I can't move. *Couldn't she be thoughtful enough to consider my discomfort?*

"Am I in China?" I attempt a sassy response.

"What's your name?" she attacks.

Gloria María Paz Estensoro de la Fuente Ruiz y Tagle," I say.

"Hmm." The nurse doesn't find it funny, but in my vulnerable position, I want to get back at her, and I think it's funny.

Back to my room, only half-conscious, desperately needing a glass of water, I ring the bell. A big, dark fellow comes into the bedroom carrying flowers someone has sent me. He puts them on the movable food tray suspended over my bed, not far from my face.

I look at them. *"Oh, no! Lilies. They make me sneeze! I can't sneeze now! It hurts!*

"Wha' d'yu wan?" he asks. He must be a Samoan.

"Water, but please take these flowers away, will you?" He looks at me blankly, then pushes the tray *closer* to me and leaves. *Will he come back?* He doesn't.

I try to reach for the vase to dump it, but pain strikes. I cover my face with the sheets to escape the strong floral scent. *I'd kill now for a drop of water!*

During a full week of recovery at Kaiser Hospital in Santa Clara, I count twelve nurses or assistants to the medical team who helped me, all of diverse nationalities.

I have always been very sympathetic to immigrants since I myself am one of them. However, my ugly-American acculturated side starts to show. Now, I frankly dislike being treated so poorly by these foreigners due to communication problems. I am ashamed to admit it!

Upon returning home, still told to stay in bed, I conduct business

—¿Aló? ¿Hablo con Western Union?

—Sí, dónde manda —una voz femenina hispana pregunta. Le doy la información.

—Momento —dice a secas. Ahora responde un hombre. —¿Sí?

—¿Cuál es su dirección? —averiguo. El hombre habla rapidísimo en un lenguaje incomprensible parecido al hindú. Mi profesión de lingüista no me ayuda en absoluto.

—Lo siento, pero no comprendo lo que me ha dicho. ¿Podría repetirlo, por favor?

El hombre se siente ofendido. —¿No habla usted inglés, doña? Si usted vive en América, debería estudiar inglés, ¿sabe?

Tengo que reírme. Me da *a mi* consejos que yo he dado a tantos.

No obstante, mi ego está dañado. **Yo soy** la experta, **yo soy** la amalgamada americana, el abejorro que paga impuestos. Tengo el derecho de ser respetada en los hospitales, en los negocios. *¡Ay! ¡Quiero tener razón a toda costa! ¡Olvidémosnos!*

Pero sobre todo, me siento vulnerable. Quizá yo también sueno extranjera a otros. Pensándolo bien, estoy segura que es así.

La realidad me encara.

Este es el mundo de California en el año 2003.

from my telephone. I need to send money by telegram to France.

"Hello. Is this Western Union?" I ask.

"Yes, where you send," a Hispanic voice answers. I give her the information.

"Moment," she orders. A man now answers. "Yes?"

"Where are you located?" I inquire. The man replies very fast in an incomprehensible language. It sounds like Hindi. My profession as a linguist is not helping me at all.

"I'm sorry, I cannot understand what you are saying. Could you repeat that?"

The man is offended. "Don't you speak English, lady? If you live here in America, you should study English, you know."

I have to laugh. He's giving *me* advice I have given to so many others. But my ego is bruised. *I am* the expert; *I am* the amalgamated American, the righteous WASP. I pay taxes; I have the right to be respected at hospitals, businesses. *Oh, Am I getting on a self-righteous trip! Forget it!*

Above all, I feel vulnerable. Maybe *I* sound foreign to some people too. Actually, I'm quite sure of it now. Reality sets in — this is the world in California in the year 2003.

¡Viva la Diferencia!

HOMBRES Y MUJERES DE HOY EN DÍA, han demostrado mutuo apoyo al confrontar temores, desafíos, aún hasta intercambiar roles genéricos.

Esto no fue por supuesto, lo que ocurrió en el pasado. Las mujeres tenían una función más tradicional, pero ha sido lenta y notoriamente que mucho ha cambiado a través de los tiempos.

Imaginémonos Estas Escenas...

- Una mujer de los años 40: Roberto, querido, me temo que sólo tenemos frijoles de cena para esta noche. Los hemos comido por muchos meses. Puede usted servirse los míos. Creo que debe usted buscar otro tercer trabajo suplente, para poder comer otras cosas. Lo siento, querido.

- Una mujer de los años 50: Roberto, corazón. La recesión ha terminado. Ya sé que te encantan los frijoles, pero quiero un bistec. ¿Me lo traes por favor, lindo?

- Una mujer de los años 60: Roberto, ¡viejo! ¡Ya se te pasa la mano comiendo frijoles todo el tiempo! Ahora tenemos otros mercados y la carne ya no es tan cara. ¡Vete a comprarlos!

- Una mujer de los años 70: ¡Oye, Roberto! Los derechos civiles se están respetando ¿sabes? Me niego a cocinar esos malditos frijoles que tanto te gustan. ¡Ve a comprarte unos bistés y da de comer a los niños. Tengo una reunión política esta noche. No olvides mandar a los chiquillos a la cama, a eso de las 10:00, ¿bueno? Te veo.

- Una mujer de los años 80: ¡Hola Roberto! ¡Caracoles! He tenido trabajo hasta el cuello hoy. ¿Qué has cocinado para nosotros hoy? ¿Fréjoles? ¡Oh, no! Vamos al Sizzler. Deberíamos consumir más verduras.

Vive la Différence!

MEN AND WOMEN OF TODAY often show support for each other's challenges and fears, frequently even trading gender roles.

This was not, of course, how it was in the past. Women had a more traditional function, but slowly and surely they have changed with the passing years.

Just Imagine These Scenes

- 1940 woman: "Robert, dear, I'm afraid we have only beans for supper again. We have had beans for too many months. You can have my portion, but you must find a third job to get us other kinds of food. So sorry, dear.

- 1950 woman: Robert, sweetheart, the recession is over. I know you like beans, but I want steak. Would you get it for me, honey?

- 1960 woman: Robert, baby. It's not that cool to eat beans so often! We're open to other markets now and steaks aren't that expensive anymore. Get some, will you?

- 1970 woman: Hey, Robert, civil rights are in force, you know. I refuse to cook those darned beans you like so much! I have a meeting tonight. Go get some steaks and feed the kids. Put them to bed by ten, okay? See you!

- 1980 woman: Hello, Robert. Boy, I've been busy at the office today! How was your day? What did you cook for us today? Beans? Oh, no. Let's go to Sizzler. We should start eating more veggies.

- Una mujer de los años 90: ¿Qué hubo? Necesitamos una micro-ondas, Roberto para cocer estos frijoles. Has sido muy amable de traer bistés, pero no está bien. Dicen que es malo para el corazón. Y subimos de peso, tú 25 y yo 38 libras.

- Una mujer de los años 2000: ¡Roberto! No puedo creerlo. ¿Son estos frijoles orgánicos? Se ven tan grandes. Nos vas a matar. Iré al mercado a traer tofú y verduras. ¡Y nada de postre!

Ya nos podremos imaginar la respuesta masculina ante las demandas de la mujeres en los años 40, 50, 60, 70, 80, 90, y 2000 dependiendo del temperamento, paciencia y aguante de los cónyuges ante otros signo de problemas.

Las mujeres han luchado valientemente en combinar servicios de todo tipo; caseros, la maternidad, el choferismo y ganar el pan de todos los días, en igual camaradería.

Los hombres se han dado cuenta que las mujeres han evolucionado muchísimo. Deben estar pensando aún, qué sucedió con el modelo antiguo, aunque en la actualidad, reciben una mayor participación de sus compañeras, mejor que en tiempos pasados.

¡Cuánto se necesitan mutuamente ambos sexos!

El lazo de afecto, protección, intimidad sexual que ya no se justifica sólo para mantener la especie y hacer niños, el compartir los eventos y conflictos diarios, pasarlo bien y amar la vida, es todavía un paquete en muchos paquetes.

Y de verdad, algunas de nosotras, *realmente* necesitamos a un hombre cuando ...

Roberto, no puedo levantar esta caja.

Roberto. ¿Podrías remachar este clavo? Sigue metiéndose chueco en la pared.

Roberto. Hay alguien en el primer piso...vete a ver.

Roberto! Mira, hay una araña en el techo. ¡Ahí! ¡Ahí!

Roberto, algo le pasa a mi auto.

Roberto! ¡Un ratón! ¡Mátalo!

¡Viva la Diferencia!

- 1990 woman: Hi! We need a microwave, Robert. These beans take too long to cook the old-fashioned way. You've been nice getting us steaks, but we shouldn't be eating so much meat. It's bad for the heart. Have you noticed that we've gained weight? You twenty-five pounds, and I thirty-eight!

- 2000 woman: Robert, I can't believe it! Are these organically grown beans you're cooking? They look so big. You'll kill us. I'll go to the store to get us some tofu and veggies. And no dessert!

We can only guess at the response a man might give a woman in the 1940s, 50s, 60s, 70s, 80s, 90s, and 2000s, depending on temperament, patience, both partners' endurance, and other factors that could lead to trouble.

Women have courageously struggled to juggle household tasks, motherhood, chauffeuring, and breadwinner partnership.

Guys have realized that women have come a long way. They might still wonder about what ever happened to the old Mama model, but today they get a greater share in all aspects of home management than in old times.

How women and men still need each other! The bond of affection, protection, sexual intimacy for fun, not just for the survival of the species, sharing everyday problems, companionship, and loving life, still comes in one and many packages.

And for *some* of us women, we *truly* need a guy when ...

"Robert! I can't lift this box!"

"Robert! Would you put this nail in the wall? It keeps getting crooked when I hammer it."

"Robert, I hear a noise downstairs ... you go and see."

"Robert! There's a spider on the ceiling! There! There!"

"Robert, something's wrong with my car."

"Robert! A mouse! Kill it!"

Vive la différence!

Desesperación

Barcelona, España, verano de 1988

EL ESTRIDENTE SONIDO DE LLAMADA DEL TELÉFONO en el corredor sombrío, la despierta. La vieja casera, medio dormida, camina tan rápido como se lo permiten sus piernas reumáticas.

—Alo. ¿Quién habla? —pregunta exasperada.

—Con la señora Pascal, por favor. Es la voz profunda y grave de un hombre joven con un tono de urgencia.

Marina golpea la puerta de su más reciente arrendataria. No hay respuesta, pero el olor a cigarrillos se filtra a través de la puerta cerrada.

—Señora Pascal, teléfono para usted —y golpea con fuerza. Aún no hay respuesta. Ahora Marina le da un puñetazo a la puerta. —Señora Pascal, teléfono para usted.

La puerta se abre. La cara de una mujer aparece. Luce descuidada, con el aspecto de alguien que ha estado bajo un mar de agonías físicas. Desgreñada, se alisa con los dedos su cabellera poniendo al descubierto unos enormes ojos esmeralda de mirada angelical, aún así, revelando una extraordinaria belleza. Debe tener unos veinte años. Su investidura suelta no esconde la gracia femenina de un cuerpo bien delineado.

—Bueno, ya voy —replica.

Marina la deja pasar y regresa a la cocina a prepararse desayuno. Por lo menos comerá. No hay objeto volverse a las cama ahora. Imposible conciliar el sueño.

Da una mirada al reloj que confirma su malestar ante cuan ridículo resulta tomar desayuno a tal hora, apenas las 5:30 A.M.

Usualmente, recorre la Avenida de las Ramblas con sus amigas después de las 23:00 hrs. cada noche, entreteniéndose con los vendedores, los cantantes, músicos desamparados y turistas con las manos en los bolsillos protegiendo su dinero de ladrones. Esta es Barcelona.

Despair

Barcelona, Spain, summer 1988

THE LOUD RINGING OF THE PHONE in the dark corridor, usually silent at night, wakes her. The old housekeeper, half-asleep, walks as fast as her rheumatic legs allow.

"Hello. Who's speaking," she asks, annoyed.

"Madame Pascal, please." It is the deep, grave voice of a young man, with an anxious, urgent tone.

Marina knocks at the bedroom of her most recent boarder. There's no answer, but cigarette smoke filters through the closed door. "Madame Pascal, telephone call for you." She bangs at the door forcefully, but gets no response. Now Marina uses her fist. "Madame Pascal, you have a telephone call."

The door opens. The unkempt face of a woman appears, showing someone under a sea of emotional pain. She straightens her uncombed mane, uncovering huge, emerald-green eyes of an angelic look, sad without diminishing her outstanding beauty. She could not be more than twenty years old. A floating gown does not hide a graceful figure.

"All right," she replies at last. "I am coming."

Marina lets her pass and returns to the kitchen to prepare breakfast. She might as well — it will be impossible to get back to sleep now!

A quick glance at the clock reinforces her uncomfortable sense of how absurd it is to even consider eating at such an early hour, just 5:30 in the morning.

Customarily, she walks back and forth through the Ramblas with her friends after 11 P.M. each night, entertained by sellers, singers, starving musicians, and intriguing tourists who keep their hands in their pockets to protect their vacation budgets. It is Barcelona.

Más tarde, las amigas se sirven "churros con chocolate" en un café, o helados en la Cremería Italiana. Regresa a casa generalmente pasadas las 24:00 horas. ¡Levantarse temprano no es una costumbre española!

Marina se asoma a darle una segunda mirada a la mujer en el teléfono. Ha tenido cierta reserva con esta residente. La señora Pascal no se ve, bueno... de confianza.

La joven ha arrendado el cuarto libre, sin dar lugar ni a una mínima conversación. Ha traído una maletita, sus ropas están arrugadas. ¡Una mal educada!

Sin embargo, la mujer paga al contado por siete días de estadía. Saca un rollo respetable de billetes que los ojos codiciosos de Marina bien que se enteran, suavizando su reticencia hostil, y los guarda bajo la apertura de su falda suelta.

Madame Pascal ya no está en el corredor. Un mensaje breve, asume Marina. El agua en su tetera, aquella que no pudo resistir comprar, la americana, tiene un pito fuerte que distrae su atención. Es tan conveniente, sobre todo ahora que ella no escucha bien.

Mientras come, Marina escucha un ruido apagado que parece venir del cuarto de la señora Pascal, aunque no puede definirlo. ¿Es tela que se raja o son papeles que se cortan?

Levantándose, impaciente de interrumpir su desayuno, cubre la humeante bebida de café con otro platillo y se dirige a la habitación.

—Señora Pascal, ¿está bien ahí? Espera pero no obtiene respuesta.

La puerta está sin llave y entra al dormitorio. Una oleada de fuerte nicotina le invade las aletas hacia la nariz. —¿Aló, señora?— cautelosamente pregunta otra vez.

No hay nadie allí. La cama está sin hacer. La maletita está sobre la silla, cerrada.

Marina busca en el baño. Los cosméticos de la señora Pascal se encuentran en el botiquín, pero ella tampoco se encuentra allí. La ama de casa no la ha visto salir. Habrá quizá salido a la calle con esa bata suelta y de mal olor que tiene.

Marina está confundida con esta misteriosa situación. Se culpa de no escuchar bien y dejar que sus arrendatarios hagan lo que les plazca.

Later, they go for *churros con chocolate* at a café, or the great gelato at the Italian creamery. It is usually past midnight when she returns home. Getting up early is not a very Spanish custom!

Marina leans out, taking a second look at the woman on the phone. She had reservations about renting to this guest. Madame Pascal did not seem to be … reliable. The new resident had asked for the available room without further conversation with her. She carried only an old small piece of luggage, and her clothes were wrinkled. How rude! However, the woman paid cash for seven days out of a stack of rolled bills that she kept beneath a slit in her loose skirt.

Marina is well aware of the woman's money. Her greedy eyes soften the hostile attitude she has toward her.

Madame Pascal is not in the hall anymore. A brief message, Marina assumes. The boiling water in her kettle, the one she could not resist buying, the American brand with a whistle, gets her attention. It is so convenient now that she is not hearing well. While eating, Marina catches a sound she cannot define coming from Madame Pascal's bedroom. Are clothes being torn or paper being cut?

Leaving her seat with a sigh of impatience, breakfast interrupted, she covers the steaming-hot tea she has poured for herself with another saucer and hurries to the room.

"Madame Pascal, is everything all right?" She stays put but gets no answer.

The door is unlocked and she enters the bedroom, the strong odor of nicotine invading her nostrils. "Hello, Madame?" she cautiously asks again.

No one is there. The bed is unmade. The small suitcase is on the chair, closed.

Marina searches the bathroom. Madame Pascal's toiletries are on the top shelf. No one there. The housekeeper has not seen her leave. *Would she go out in the street wearing that awful smelly garment of hers?*

Marina is puzzled by the mysterious situation. She blames herself for her poor hearing and for getting too old to keep her boarders in line.

La señora Pascal no regresa esa noche. La casera la ha estado esperándola en vano.

Le dirá que espera más respeto de sus residentes, avisarle si estarán ausentes de la pensión por uno a dos días. Pero otra noche pasa y la señora Pascal no aparece.

Marina sale a encontrarse con sus amigas en las Ramblas esa tarde. Se besan en ambas mejillas e inician la rutina de preguntarse por la salud de las susodichas familias, aunque sea sólo ayer que se preguntaron lo mismo.

Sin embargo, esta es España y las costumbres españolas lo requieren. Maneras nobles. Maneras principescas. Hay un conde o una condesa escondidos pero presentes, en cada corazón español.

—Oye Marina, ¿supiste del accidente? —le pregunta una de sus amigas.

—¿Un accidente? No.

—Bueno, fue cerca de tu casa-reporta la amiga.

Marina quiere saber los detalles. Compra en el kiosko el periódico "Las noticias".

No necesita mirar adentro. Encuentra lo que busca en la primera página.¡Allí está! La señora Pascal en plena vista. El menudo cuerpo vestido con esa ropa que ella conoce bien, cubierta con un abrigo, la cara cenicienta en un rictus final de agonía que ella ha visto antes.

El periódico informa a los lectores que una gitana, reina de su tribu pero rechazada por ellos por haberlos abandonado, enamorada de un aristócrata, pariente lejano de los Borbones, monarcas reinantes en España, aunque aparentemente bien pagada por su discreción, se había suicidado el martes o la mañana a las 6:30, lanzándose bajo las ruedas de un automóvil. Nadie reclamó su cuerpo.

Marina lanza el periódico, camina de vuelta a casa más rápido que nunca, sin siquiera despedirse de sus amigas. Entra al cuarto ocupado por la gitana. La maletita está llena y sin llave. La abre.

—¡Oh, no! gime con desesperación.

Adentro se amontona un millón de billetes de pesetas, rajados en mil pedacitos.

Madame Pascal does not come back home that night. The house-keeper has waited in vain. She will tell her she expects more respect from tenants, if they go away for a day or two. Nevertheless, another night goes by. No Madame appears.

Marina meets her friends at the Ramblas that evening. They kiss on both cheeks and start the routine of asking each other about their families, even though they shared a similar greeting only yesterday. This is Spain, and Spanish manners, noble, royal manners so require; there is a count or a countess hidden but present in every Spanish heart.

"Hey, Marina, did you hear about the accident?" asks one of her friends.

"An accident? No, no."

"Well, it was near your house," she reports.

Marina wants to know the details. She buys the newspaper, *Noticias,* at the kiosk.

She doesn't even need to look inside. On the first page, there is Madame Pascal, in full view, a small body dressed in a gown Marina knows too well, an overcoat on, her ashen face in a final grimace of anguish Marina has seen before.

The newspaper tells her that on Tuesday morning at about 6:30, a gypsy woman, queen of her tribe, though banished for leaving, in love with an aristocrat — a distant relative of the Bourbons, the reigning monarchs of Spain — and apparently well paid for her discretion, threw herself under the wheels of a car. The body was unclaimed.

Marina dumps the paper, walks back home quickly, not even saying goodbye to her friends. She enters the room of the gypsy woman. The suitcase of the deceased resident is full but not locked. She opens it.

"Oh, no!" she says, despairing.

Inside lay bills amounting to a million pesetas, torn in thousands of little pieces.

Ética

Ser o no ser. Esa es la cuestión.

Por cierto que la frase no es original mía, sino de Shakespeare, pero ¡que sabia es!

El tema de ser o no ser, hacer algo o no nos encara todos los días, en todas partes, en especial cuando entramos a un estado de madurez opuesto a los desafíos de la juventud.

Fue así que un día mi hija me abordó, hablando con plena tranquilidad.

—Mamá, me voy a ir a vivir con mi novio. ¿Nos prestas tu camioneta para mudarme?

No hubo en ella ni un intento de consultarme en su decisión ni de pedirme permiso. Es cierto que la había criado demasiado independiente. Llamaradas se encendieron en mi cabeza ante su pedido, provocándome un corte circuito que atravesó la razón y claro, la ética.

—Lo conoces de apenas tres meses. Eres muy joven. ¿No es demasiado pronto para ejecutar este cambio?

—Mami, tengo diecinueve años, no soy tan joven. Estamos en el 2003, ¿recuerdas?

—Sí, pero … Se sonríe, me abraza y parte a trabajar. No hay más discusión.

Primavera del Año 1964 en Valparaíso, Chile

Apoyándome en la balaustrada de fierro de un puente que da al mar en el puerto de Valparaíso, la cara sostenida entre las manos y codos, no me atrevo a divulgar mi secreto. Todavía no.

Barcos y botes menores de pesca se acercan al muelle. Hoy, el mar a lo largo de la costa chilena fluye furioso, impulsado por una corriente poderosa que los pescadores no logran controlar, haciéndolos regresar a tierra.

About Ethics

"To be or not to be. That is the question."

Sure, it's not my original sentence, it's Shakespeare's. But what a line! The subject of being or not being, doing or not doing, faces us each day, everywhere, especially when we are entering phases of maturity directly opposite those that challenge the young.

My daughter approached me one day, speaking casually.

"Mom, I'm going to move in with my boyfriend. Will you lend us your truck?"

There was no "May I?" or " What do you think if I ... ?" So much for raising her to be independent.

Lightning flares in my head caused a short circuit between clouds of reason and, of course, ethics.

"You've known him barely three months. You're very young. Isn't it too soon for this move?"

"Mom, I'm nineteen, that's not too young. It's the year 2003, Mom, remember?"

"Yes, but ... " She smiles, hugs me, and leaves for work. End of discussion.

Valparaiso, Chile, spring 1964

Leaning forward on the iron railing of the bridge overlooking the bay, face supported by my open hands and elbows, I don't dare bring out my secret. Not yet.

Ships and small fishing boats are approaching the wharf. Today, the sea along the Chilean coast flows wildly, driven by a powerful current fishermen cannot control, bringing them back to shore.

Es el ritmo de la naturaleza. Los peces están apresados en sus redes plateadas arriba de las olas borrascosas. A poco, su vida acabará por extinguirse.

Es tiempo que tome una decisión. Mi decisión. *¿Mi decisión?*

Estoy enamorada de Cristián. Está en mis pensamientos cada minuto aún cuando estoy ocupada. La pasión nos consume, pero el matrimonio para mí, se ve lejos. Otros planes más excitantes alimentan mi mente hambrienta. Y sí, la ética, la moralidad, la presión dominante de la sociedad en que vivo, me sofocan.

Mi padre está sentado en su gran silla, mi madre a su lado asiente sus afirmaciones y opiniones. Nos dan la bendición para casarnos. ¿Por qué aceptan? ¿No pueden detenerlo? Pero si soy yo, la que que pide permiso.

El naipe de mi destino, se ha lanzado. Soy el pez vivaz cazado en mi propia corriente, un barquito arrastrado por una brisa pero sin saber de tormentas.

Descender a la realidad es duro pero real. ¿Cómo no haberlo adivinado entonces?

La ética de mis padres deciden por mí. Más tarde, es la integridad la que me dará suficiente coraje para responderle a mi propia conciencia.

Debo separarme de Álvaro. Parto.

Mi hija regresa del trabajo cansada pero feliz. Dice que se verá con su novio más tarde.Hay una brillantez de felicidad anticipando el encuentro. *Abierta honradez-admito, me alegro por ella.*

—Bueno, mami. ¿Qué tal si nos prestas tu camioneta para mudarme el fin de semana?

El viejo carril de mi mente computarizada insiste en volver a la primera parte de la proyección. Sin embargo, debo ser leal a los valores éticos que con tanta dificultad adopté.

Ser o no ser. Esa es la pregunta.

—Puedes usarla, pero prométeme que te cuidarás mucho y me llamarás si necesitas que traiga tus cosa de vuelta a casa.

—¡MAMI!

Nature is taking its course. Nets filled with a cargo of silver fish quiver on top of the unruly waves. For them, life will soon be no more.

It is time for a decision. My decision. *My decision?*

I am in love with Christian. He shows up in my thoughts every minute, even when I am busy. Passion consumes us, but marriage is far from my mind. Other challenges feed my hungry brain. And yes, the ethics, morality, and dominant pressures of the society I live in suffocate me. Is there an honorable way out?

Father is sitting in his big chair, mother by his side nodding silently in affirmation of his opinions. They grant permission for us to get married. Why do they? Couldn't they stop it? But it is *I* who am asking for permission. We get married.

My destiny card is drawn. I am the lively fish caught in my own wild flowing, a ship taken away by a breeze, oblivious to storms. Landing on reality is hard but real. How could one guess?

My parents' ethics decide for me. Later in life, my integrity will make me brave enough to respond to my own conscience. I must part from Christian. I do.

My daughter returns from work tired but happy. She says she has a date with her boyfriend after dinner. The brightness of her happy eyes reflects her anticipation and excitement about the evening. *Open honesty, I admit. I envy her and I'm happy for her.*

"Well, Mom, how about lending us the truck next weekend?"

The old reel in my computerized mind insists on winding back to the first part of the movie. However, I must be loyal to the values I worked so hard at adopting.

To be or not to be. That *is* the question.

"You may use the truck, but promise me you'll take good care of yourself and call me if you need to bring your things back home.

"MOM!"

El Almuerzo

Puerto Aysén, Chile

LA BODA RESULTÓ GRANDIOSA. Se notaba perfección en cada detalle —el servicio religioso, los bien vestidos y guapos invitados, una recepción con discursos muy sinceros, una cena con magnífica comida.

Sonia y Roberto se besaron, comieron , se besaron otra vez. Eran el uno para el otro. De inmaduros dieciocho años, monos mal criados por ambos padres, celebraban su matrimonio obligado, sólo debido a la estrecha vigilancia de los adultos durante su noviazgo.

—Sonia, esto es súper rico—expresó el novio, poniéndole en la boca una ostra envuelta en fritura de maní. —¿Sabes cocinar?

—Por supuesto—afirmó ella, no deseando desilusionar a su marido con la verdad tan temprano en su nuevo estado de casada.

—¡Estupendo! Puedes entonces empezar a cocinar para los dos ahora, mi amor.

Sonia le detuvo las palabras con otro beso. —*Compraré un libro de cocina. No debe ser tan difícil aprender a cocinar-pensó.*

Al día siguiente la joven pareja abordó un avión a Puerto Aysén, situado en la punta sur de Sudamérica, a ocho horas desde donde residían en la capital de Santiago de Chile.

Roberto entusiasmado con su primer trabajo y Sonia lista para convertirse en una esposa perfecta, viajó con él, solos al fin.

Un aeroplano local los llevó a su destino.

Una escena de asombrosa belleza apareció en el plano terrenal. Esta era la región de archipiélagos y canales llamados "la última frontera del mundo". Glaciales azulados pintaban de blanco los picos andinos, aguas congeladas aprisionaban verdores intensos rodeando cadenas de montañas y volcanes amenazantes. Bahías, fiordos, islas y campos de nieve se deslizaban bajos las alas de la aeronave.

The Luncheon

Port Aysén, Chile

THE WEDDING TURNED OUT GRAND. Perfection was evident in every detail: the church service, the beautifully dressed guests, an elegant reception with moving speeches, and a dinner with magnificent food.

Sonia and Roberto kissed, ate, and kissed again. They were made for each other. Eighteen, young, cute, and spoiled by both set of parents, they celebrated their marriage, a rather obligatory choice due to the stern vigilance of their elders during courtship.

"Sonia, this is so good," groaned the groom, shoving another oyster in a peanut-bread wrap in his mouth. "Do you know how to cook?"

"Of course I do," she affirmed, not wanting to disappoint her husband with the truth so early in her married state.

"Great! You can cook for us from now on, my love." Sonia stopped his words with another loving kiss. *I will buy a cookbook—it can't be that difficult to learn,* she thought.

Next day, the young couple boarded a plane to Puerto Aysén, situated at the southern tip of South America, eight hours away from their home in Santiago, the capital of Chile. Roberto, excited about his first job, and Sonia, looking forward to being the perfect wife, departed happily, alone at last. A domestic carrier flew them to their destination.

Scenery of astonishing beauty appeared on the plains below. This was the region of the archipelagos and canals called "the last great frontier of the world." Blue glaciers tinted the white Andean peaks, icy waters captured intense shades of green; surrounding chains of mountains and menacing volcanoes, bay shores and fjords, islands and snow fields, slid beneath the wings of the plane.

Fascinado, Roberto no despegaba los ojos de la tierra mágica. Sonia, cansada y cada vez más ansiosa le preguntó, —¿Dios mío, ¿no hay edificios allí?

El aterrizaje en Puerto Aysén, después de dos horas extras de sobrevuelo debido a fuertes vientos, halló a los dos jóvenes amantes agotados y mareados.

El pueblo, una encantadora pero desolada caleta pesquera. Su hogar.

—Es lindo aquí, ¿verdad? —Roberto trató de animarse después de darle al villorrio una rápida mirada al caserío. Un lugar especial para nosotros, Sonia.

—¿Vamos a vivir aquí? Es para congelarse —objetó Sonia. Su marido la rodeó con sus brazos. —Yo te mantendré calientita, mi amor.

Una furgoneta vino a recogerlos y los condujo al Club Social Nieves Eternas, para empleados y sus familias en Puerto Aysén.

El presidente de la Compañía de Petróleo Beacon, en persona, el señor Gordy, un tipo robusto con una esposa tan saludable como él, vinieron a saludarlos.

—Bienvenidos al paraíso —los saludó, de verdad creyendo lo que decía.

Sonia, educada en las gracias de la sociedad en Santiago y queriendo mostrarse de esposa adecuada, les brindó una invitación. Había visto a su madre hacer este gesto simpático.

—Vengan a almorzar el próximo domingo. Los Gordys aceptaron de inmediato.

Marido y mujer se acomodaron en la casita que la compañía les había asignado.

Con tanto amor, ni se fijaron en las temperaturas bajo 0° grados centígrados de afuera.

Después de cuatro días, Sonia se dirigió al centro a comprar alimentos. El mercado le dio asco —los olores de carne cruda, verduras azogadas y otros tufos que no pudo definir.

Lo dejó para buscar una librería que no encontró sino un kiosco de revistas, sin libros de cocina. —*Bueno, voy a comprar un pollo. No puedo equivocarme con eso.*

Fascinated, Roberto could not take his eyes off the magic land. Sonia, tired and increasingly anxious, asked "Oh, God, are there any buildings here?"

The landing in Puerto Aysén — after two extra hours of flight due to strong headwinds — found the two young lovers exhausted and airsick.

The town, a charming but isolated fishing village, their home.

"It's beautiful here, isn't it," Roberto attempted reassurance after giving the settlement a fast look. "This is the place for us, Sonia."

"Are we going to live here? It's freezing cold! she gasped. Her husband put his arms around his wife's shoulders. "I'll keep you very warm, *mi amor.*"

A small van came to pick them up and take them to the Eternal Snows Social Club for employees and their families in Puerto Aysén.

The president of Beacon Oil Company himself, Mr. Gordy, a robust fellow with an equally healthy wife, came to greet them.

"Welcome to paradise," he said, sincerely meaning it.

Sonia, educated in the graces of high society in Santiago, and wanting to show she was an adequate wife, volunteered an invitation. She had seen her mother do this as a gesture of cordiality.

"Please come for lunch next Sunday." The Gordys readily accepted.

Husband and wife settled into a cozy little house that the company had assigned them.

So much in love, they hardly noticed the below-zero temperatures outside their home.

After the fourth day, Sonia went downtown to buy groceries. The market nauseated her — the smells of raw meat, soggy vegetables, and musty odors she couldn't identify.

She left to look for a bookstore, but all she found was a magazine stand with no cookbooks. *Oh, well, I'll get a chicken, can't go wrong with that.*

Regresó al Mercado Central para enfrentarse con una espeluznante exhibición de gallináceos colgados de una cuerda, cogote abajo, sacrificados frescos o quizá abandonados a la muerte por causas naturales. Rápidamente, Sonia eligió uno.

Almuerzo del domingo. Los Gordys llegaron puntualmente a la hora convenida.

Mientras los invitados parloteaban, Sonia echó el pollo completo a una cacerola con agua hirviendo. Vino a mirarlo a los treinta minutos, pero el ave estaba todavía tiesa. Más conversación continuó con sonrisas y simpatías, todos sintiéndose ya con hambre.

—Perdón-interrumpió la Sra. Gordy. —Pero hace bastante frío aquí. ¿Por qué no hace fuego en la chimenea? Siempre dejamos troncos de madera en el patio, cortesía para los empleados recién llegados.

—Gran idea—respondió Roberto. —Lo haré inmediatamente.

Sonia nunca había visto a Roberto hacer fuego, pero se sintió muy orgullosa de ver a su marido encargarse de tarea tan masculina.

El esposo regresó con madera que estaba todavía húmeda, agregó bolsas plásticas y cajas de cartón de sus bultos desempaquetados y prendió una cerilla. En segundos, el cuarto se llenó de humo, haciéndoles difícil respirar.

—Lo siento, no está resultando—se disculpó.

—¿Abrió la palanca del aire dentro de la chimenea? —preguntó el Sr. Gordy tosiendo.

—Oh no, no! Roberto se sonrojó y procedió a abrirla, dejando pasar un ventarrón glacial dentro del aposento, tornándolo más frío.

—Lo siento, pero tengo que dejar la palanca abierta para sacar el humo. Y corrió a abrir ventanas y puertas. De paso, les tiró a todos sus parcas.

—Bueno, no les importe tanto el humo —Sonia vino al rescate. —Sentémonos a la mesa. El almuerzo ya debe estar listo.

Levantó la tapa de la olla. Unos pedazos de pollo flotaban en la superficie, el resto del ave aún se veía duro, pero ella se las arregló para cortarlo. Sirvió cuatro platos de generosas porciones de pollo a cada uno.

Back at the farmer's market, she faced a gory display of gallinaceous corpses hung from a rope, neck down, newly sacrificed or left to die of natural causes. Quickly, she bought one.

Sunday lunch. The Gordys were punctual. While the guests made conversation, Sonia dumped the whole chicken into a pot of boiling water. She came to check it after thirty minutes but the bird was still quite stiff. More conversation followed, smiles and sharing, everyone getting a little hungry.

"Excuse me," indicated Mrs. Gordy, "It's very cold. Why don't you make a fire? We always put some courtesy wood in the patio shed for our newcomers."

"Great idea," responded Roberto. "I'll get it right away."

Sonia had never seen Roberto make a fire, but she felt proud of his "manly" task. The husband returned with some wet wood, added plastic bags and pieces of cardboard left from their unpacked belongings, and struck a match.

Within seconds, the room filled with heavy smoke, making it difficult for all to breathe. "Sorry, this is not very good," he apologized.

"Did you open the fireplace lever? Mr. Gordy asked.

"Oh, no, I didn't." Roberto blushed and proceeded to open the lever, drawing a glacial draft into the room, making it smokier and colder than before.

"Sorry, but I have to keep the lever open now to get the smoke out." He ran to open windows and the front door as well. He handed out their parkas.

"Well, don't mind the smoke," Sonia came to the rescue. "Let's sit at the table. Lunch should be ready by now."

She lifted the lid of the boiling pot. Some pieces of chicken floated on the surface. The rest of the bird still looked hard, but she managed to cut it. Four soup plates with a generous amount of chicken meat were served.

—Comamos —invitó con encantadora sonrisa. Así lo hicieron en una gran cucharada.

Uno siguiendo al otro, tanto invitados como dueños de casa escupieron el alimento.

Sonia probó su esfuerzo culinario. La sopa estaba amarga. Los pedacitos de carne flotando arriba no eran sino puro excremento de pollo que Sonia no se preocupó de limpiar.

Todos se levantaron de la mesa, limpiándose las bocas con asco.

—Debemos irnos rugió el señor Gordy, cogiendo a su esposa por el brazo rescatándola de mayores desastres.

Roberto y Sonia permanecieron congelados en su sitio, la vergüenza más fuerte que palabras de perdón podrían justificar.

—Sonia, ¿no dijiste que sabías cocinar?

—Te mentí.

"Let's eat," she invited with a charming smile. They did, each taking a good spoonful. One after the other, guests and host spat the food onto the table. Sonia tasted her culinary effort. The soup was bitter, the drifting pieces on top pure chicken shit from the bird she hadn't dressed.

The four of them got up from the table, coughing, and wiping their mouths in disgust.

"We must go ... " groaned Mr. Gordy, taking his wife by the arm, rescuing her from further exposure.

Roberto and Sonia stood frozen in place, embarrassment more powerful than any words of apology.

"Sonia, didn't you say you knew how to cook?

"I lied."

Sugerencia temática de discusión y reflexión

ATRÉVETE
Temores. ¿De dónde vienen? ¿Cómo podemos manejarlos?

LA PÉRDIDA DE ALÁ
¿Cómo afectan la religión y etnicidad la vida social de la gente en el mundo?

EL ESPÍRITU DE UN HOMBRE DE MADERA
¿Son el éxito y la riqueza las mismas cosas? ¿Es posible tener una intensa vida espiritual cuando se tiene mucho dinero?

EL COLOR DEL MIEDO
La intromisión política de los Estados Unidos en los países mencionados en el poema.

UNA MUERTE EQUIVOCADA
Discuta la desconfianza que existe entre los ciudadanos y la policía en los Estados Unidos.

¿Están las clases minoritarias en desventaja al acusárseles de un crimen?

TERREMOTO
¿Cómo se producen los terremotos? ¿Ocurren más fatalidades adentro o afuera de un edificio?

EL SECRETO
¿Qué son estas peculiares criaturas? Encuentre el nombre que se les da en inglés y en español.

* La escritora sugiere no tratar de librarse de alguien de manera tan drástica como en el cuento.

Suggested Topics for Thought and Discussion

DARING
Fears: Where and how do we acquire them? Discuss ways to overcome them.

THE LOSS OF ALLAH
How do religion and ethnicity affect the social lives of people around the world?

THE SPIRIT OF A WOOD MAN
Are success and wealth the same thing? Can a very wealthy person have a strong spiritual life?

THE COLOR OF FEAR
Political interference by the United States in the countries named in the poem.

A WRONGFUL DEATH
Discuss the mistrust between citizens and the police in the USA. Are minorities at a disadvantage when suspected of a crime?

EARTHQUAKE
What causes earthquakes? Where and how do most fatalities occur? Do they happen inside or outside a building?

THE SECRET
What are these peculiar creatures (medusas)? Find out the original names people give them in English and in Spanish.

The writer suggests that you never try to get rid of someone in such drastic fashion.

Música en Moscú
El rol de Miguel Gorbachev en la vida económica y política de la Unión Soviética.

¿Hay ventajas y desventajas en un régimen comunista? ¿Y en la democracia?

Un paseíto diestro
El tráfico en países extranjeros. ¿Por qué la gente maneja opuestamente a nosotros en otros países? ¿Dónde y por qué? Relate alguna experiencia única que usted haya experimentado al viajar afuera del país.

Sombras
La edad: respetada en el resto del mundo pero abiertamente menospreciada por el comercialismo en los Estados Unidos. ¿Por qué el comercialismo resta humanidad?

Las estaciones
¿Afecta la geografía del país el comportamiento y la disposición de sus habitantes?

¿Influyen en usted los cambios de temperatura? ¿Hay un explicación científica?

Rufino
¿Puede el dinero por si solo traer la felicidad? ¿Como podrían los pobres beneficiarse de las riquezas naturales que su país tiene? Discuta a Rufino. ¿Ganó o perdió él al ganar la lotería?

Algo inexplicable
Las religiones —¿no sería lógico asumir que fueron creadas para hacer el bien? ¿Lo hacen?

Music in Moscow
The role of Mikhail Gorbachev in the social and political life in the Soviet Union.

Are there advantages or disadvantages to a communist regime? To a democracy?

The Longest Ride
Traffic overseas. Why do the people in some countries drive in the opposite lane than we do in the USA? Where and why? Tell about any tricks the natives played on you while traveling in a foreign country.

Shadows
Age is well respected in most countries in the world, but undervalued in the United States'

Commercialism. How does it diminish human values?

The Seasons
Does the geographical place of origin affect the behavior and disposition of its inhabitants?

Is your mood affected by changes in the weather? Is there a scientific explanation for that?

Rufino
Can money alone bring happiness? Could the poor benefit directly from their country's rich resources?

Discuss Rufino. Did he win or lose by winning the lottery?

The Unexplained
Religions—would it be logical to assume they were created to do good? Do they?

Jale-Ah!

Descubra tres errores básicos que hizo esta abuela al preparar la jalea.

El corazón de un guijarro

La brecha generacional, ¿es posible cerrarla? ¿No sería estupendo compartir experiencias, historias? Entreviste a su abuelo o abuela, amigos, y a cualquiera que quiera contarles su vida. ¡Ya verán lo que descubren!

El bosque

Descubra las similitudes y diferencias entre las civilizaciones aztecas, maya, e inca.

Investigue sobre el Gran Pajatén y Machu-Pichu en Perú.

Extraño intercambio

¿Por qué es tan difícil la vida del inmigrante? Han venido a otro país para mejorar sus condiciones de vida y a educarse. Sin embargo, muchos ya tienen una alta educación y deben relegarse a labores serviles. ¿Pueden mejorarla? ¿Diga si hay inmigrantes en su familia?

La ánfora que se llevó el mar

¿Qué diría usted en un funeral para recordar a un muerto que no ha hecho bien en su vida?

La operación de un cóndor

La presencia norteamericana en la República de Chile. ¿Ea aceptable que un país poderoso intervenga en la manera de vivir de otros?

Esa mujer

¿Por qué será que a veces vemos a una persona y la despreciamos inmediatamente?

Este cuento puede darles una pista.

JELLO-OH!
Find out which three mistakes this grandmother made to spoil the Jell-O.

THE HEART OF A PEBBLE
The generation gap—is it possible to bridge it regardless of age?
Wouldn't it be great to share stories? Interview your grandfather, your grandmother, or anyone willing to tell you about their lives. See what you discover!

THE FOREST
Find out similarities and differences among the Aztec, Mayan, and Incan civilizations.
Research the Great Pajaten and Macchu-Picchu in Peru.

A FOREIGN EXCHANGE
Why is the life of immigrants so hard? They have come to another country to improve their living conditions and to be educated. However, many *are* well educated, yet do menial jobs. How can they better their status? Do you have an immigrant in your family?

THE AMPHORA THE SEA CARRIED AWAY
What would you say at the funeral of a deceased person who has done little good in his life?

THE OPERATION OF A CONDOR
The North American presence in the Republic of Chile. Is it right for a powerful country to interfere with another country's way of living?

THAT WOMAN
Why is it that sometimes you see a person and immediately dislike him or her? This story might give you a clue.

LA VACACIÓN EN COLOMBIA

¿Cuáles son las drogas más populares del momento? ¿Cómo atacan al sistema humano?

¿Son el alcohol y la nicotina menos dañinos?

SIEMPRE MAMÁ

¿Podemos aprender acerca del comportamiento humano observando a los animales y a los pajaros? ¿Nos parecemos en algo?

UNA QUEJA DE VERDAD

¿Merecía Annie que le regresaran el dinero? Algunas personas maduras piensan que otros han envejecido, pero ellos, no.

CARIDAD

El valor del dinero. Una vez que se tiene, se compra todo y se gasta. ¿Qué queda? ¿Piensa usted que es obligación del adinerado compartir su fortuna con otros?

LOS DERROTADOS

Descubra a que estados de USA llegaron los ciudadanos alemanes después de la Segunda Guerra Mundial. ¿Tiene usted algún antepasado alemán. O de otros orígenes?

UNA DECISIÓN IMPETUOSA

Todos tenemos momentos amargos cuando las circunstancias parecen imposibles de superar. Diseñe y discuta la manera de combatir la pesadumbre.

EL TREN A VARSOVIA

¿Ha conocido usted a una persona muy importante? ¿Por qué le impresionó? ¿Le hubiera gustado ser como él o ella? Investigue acerca de Polonia. Descubra cuáles han sido las innovaciones del Papa Juan Paúl II en la iglesia católica.

THE COLOMBIAN VACATION
What are the most widely used drugs at the present time? How do they affect the human body? Are alcohol and cigarettes less harmful?

ALWAYS A MOTHER
Can we learn about human behavior by observing animals and birds? Are we alike in any way?

A GENUINE COMPLAINT
Was Annie entitled to a refund? Some older folks think that others grow old, but not themselves.

CHARITY
The value of money. Once you have it, buy material things, spend it. What else is there?

Do you think a wealthy person is obligated to share his or her fortune with others?

THE DEFEATED
Discover in which states in the USA German citizens arrived and lived after World War II. Do you have a German ancestor? An ancestor from another country?

AN IMPETUOUS DECISION
Everyone has bitter moments when circumstances seem to be too hard to overcome. Design and discuss ways to get out of the doldrums.

THE TRAIN TO WARSAW
Have you known a famous person? Why were you impressed? Would you have liked to be like them? Discuss pros and cons of being famous. Learn about the innovations Pope John Paul II has brought to the Catholic Church.

CAMBIANDO FRONTERAS

Es más fácil aprender un idioma extranjero usando los sentidos —los ojos, los oídos, el lenguaje. ¿Cómo aprendió usted un idioma fuera del suyo?

IDENTIDAD

¿Cree usted que las constelaciones planetarias influyen en su ánimo?

LOS DETALLES IMPORTAN

Cosas insignificantes para una persona son importantes para otras. Observe que es importante para su familia y amigos.

RIESGO

¿Qué hizo a Chantal renunciar a Peter? ¿Cuáles son las consecuencias de la traición?

DESPOJADO

Nunca es tarde para hacer lo que uno realmente quiere hacer. ¿Qué piensa usted de esta afirmación?

HONOR ROBADO

Bajo las leyes vigentes en California, ¿es más sencillo probar la inocencia o la culpabilidad de un acusado? Discuta el carácter de Josefina y cuál era su problema.

CRECIMIENTO

El vino en el mercado mundial. ¿Cuáles países reclaman tener los mejores vinos?

¿Cuáles son las bebidas favoritas en Japón, en Grecia, en el Medio Oriente?

CHANGING BORDERS

It is easier to acquire a foreign language when you use your senses — eyes, ears, speech. How did you learn a foreign language?

IDENTITY

Do you think the constellations have the power to change your mood?

LITTLE THINGS MEAN A LOT

Little things may be big things for someone else. Observe your family and friends and discover what is important to them.

RISK

What made Chantal give up Peter? What are the consequences of cheating your partner?

REBUFFED

"It is never too late to do what you truly want to do." What do you think of this statement?

STOLEN HONOR

Under the present laws in California, is it easier to prove innocence or guilt?

Discuss the character of Josefina. What was her problem?

GROWTH

Wine in the worldwide market. Which countries claim to have the best wines?

What are the favorite drinks of people in Japan, Greece, the Middle East?

Una vocesita de adentro

Cuando surge un deseo intenso de alcanzar un objetivo, ¿debería usted considerar los obstáculos primero? ¿No se arrepentiría después de no haberse arriesgado?

Intromisión

¿Ha tenido usted una experiencia similar a la relatada en la historia? ¿Hay lugar para ambos hablantes tratarse con deferencia y cortesía?

¡Viva la diferencia!

Discuta los cambios radicales entre hombres y mujeres en los años 1900 al presente.

Desesperación

Las clases sociales en España y en los Estados Unidos. ¿A quiénes consideran "Realeza"?

Ética

¿Qué hizo a la madre contraer matrimonio, y más tarde separarse de su esposo?

El almuerzo

¿Le gusta a usted cocinar? ¿Qué hizo que a usted le agradara o no, cocinar? ¿Debería usted probar alimento de otras culturas? ¿Sí o no?

A Voice from Within

Having a strong desire to pursue something; should you do it regardless of obstacles?

Later on, would you regret not having done it?

Intrusion

Have you had an experience similar to the one in the story? Is there room for a better understanding and courtesy on both sides of the language barrier?

Vive la Différence!

Discuss the radical changes in the roles of men and women from the late 1990s until the present day.

Despair

The social strata in Spain and in the United States. Whom do they consider royalty?

Ethics

What made this mother commit to marriage, and later separate from her husband?

The Luncheon

Do you like to cook. What made you like or dislike cooking? Who taught you how to cook? Should you taste food from other countries? Why?

Helping Kids Learn Multi-Cultural Concepts

A Handbook of Strategies

Michael G. Pasternak

George Peabody College for Teachers
in Collaboration with the
Nashville Consortium Teacher Corps
Nashville, Tennessee

Research Press Company
2612 N. Mattis Avenue
Champaign, Illinois 61820

This book is dedicated to James M. Yonts, Jr., whose unfailing commitment to the education of children provided the impetus that made this book possible. It was with love, strength and courage that he took the risks necessary to support the concept of pluralism in our schools where it had frequently been treated with fear and indifference. He was a leader, a friend and an educator unique among educators. His untimely death, shortly after the completion of this book, left a great many people deeply saddened. It is with a sense of deep appreciation and love that this book is dedicated to him.

The materials reported herein are provided pursuant to Grant No. G007501212, to the Teacher Education Alliance for Metro, Nashville, Tennessee by Teacher Corps, Office of Education, U. S. Department of Health, Education, and Welfare. Grantees undertaking such projects under government sponsorship are encouraged to express freely their professional judgment in the conduct of the project. Points of view or opinions stated, therefore, do not necessarily represent official Office of Education position or policy.

ISBN 0-87822-194-8

Library of Congress Catalog Card Number 79-63052

82 83 84   9 8 7 6 5 4 3

What's the Difference Being Different? The Nashville Teacher Corps Multi-Cultural Program is a 16mm color film showing teachers and kids engaged in multi-cultural learning activities. For further information about the film, or for additional copies of this book, write to: Research Press Co., 2612 North Mattis Ave., Champaign, Illinois 61820.